《大国大转型——中国经济转型与创新发展丛书》
编委会

大国大转型

中国经济转型与创新发展丛书

中国（海南）改革发展研究院组织编著

"十二五"国家重点图书出版规划项目

以人为本的教育转型

PEOPLE-ORIENTED EDUCATION TRANSFORMATION

储朝晖 ◎ 著

ZHEJIANG UNIVERSITY PRESS

浙江大学出版社

图书在版编目（CIP）数据

以人为本的教育转型 / 储朝晖著. —杭州：浙江
大学出版社，2016.3（2017.12 重印）

（大国大转型——中国经济转型与创新发展丛书）

ISBN 978-7-308-15232-7

Ⅰ.①以… Ⅱ.①储… Ⅲ.①教育工作－中国－文集
Ⅳ.①G52－53

中国版本图书馆 CIP 数据核字（2015）第 234120 号

以人为本的教育转型

储朝晖　著

丛书策划	袁亚春　王长刚
责任编辑	吴伟伟 weiweiwu@zju.edu.cn
责任校对	杨利军　於国娟
封面设计	卓义云天
出版发行	浙江大学出版社
	（杭州市天目山路 148 号　邮政编码 310007）
	（网址：http://www.zjupress.com）
排　版	杭州中大图文设计有限公司
印　刷	浙江印刷集团有限公司
开　本	710mm×1000mm　1/16
印　张	22.5
字　数	272 千
版印次	2016 年 3 月第 1 版　2017 年 12 月第 2 次印刷
书　号	ISBN 978-7-308-15232-7
定　价	56.00 元

总 序

2020:经济转型升级的历史抉择

迟福林

13亿多人的大国,正处于"千年未有之变局"。变革、转型、创新,是这个时代的主旋律、主音符。在增长、转型、改革高度融合的新时代,"大转型"是决定中国命运的关键所在:不仅要在转型中全面清理传统体制遗留的"有毒资产",而且要在转型中加快形成新的发展方式,释放新的发展动力。

"十三五"的中国"大转型"具有历史决定性。以经济转型为重点,社会转型、政府转型都处于承上启下、攻坚克难的关键时期。总的判断是,2020年是一个坎:化解短期增长压力的希望在2020;转变经济发展方式的关键在2020;实现全面小康、迈向高收入国家行列的关节点在2020。如果谋划好、把握好2020这个"中期",就能奠定中长期公平可持续增长的坚实基础;如果错失2020"中期"这个重要历史机遇期,就会失去"大转型"的主动权,并带来多方面系统性的经济风险。

"十三五"实现经济转型升级的实质性突破,关键是把握和处理好"四个三"。首先,抓住三大趋势:一是从"中国制造"走向"中国智造"的工业转型升级大趋势;二是从规模城镇化走向人口城镇化的城镇化转型升级大趋势;三是从物质型消费走向服务型消费的消费结构升级大趋势。其次,应对三大挑战:一是在经济下行压力下,加大结构调整力度,实现结构改革的重大突破;二是应对全球新一轮科技革命,加快提升创新能力,实现"弯道超车";三是在改革上要"真改"、"实改"。当前,转型更加依赖于改革的全面突破,对改革的依赖性更强。没有制度结构的变革,转型寸步难行,增长也将面临巨大压力。再次,实现三大目标:一是在产业上,加快推进制造业服务化进程,形成服务业主导的产业结构;二是增长动力上,形成消费主导的经济增长新格局,消费引导投资,内需成为拉动经济增长的主要动力;三是对外开放上,形成以服务贸易为主的开放新格局,实现服务贸易规模倍增。最后,处理好三大关系:一是短期与中长期关系,做好2020"中期"这篇大文章,立足中期、化解短期、着眼长期;二是速度与结构关系,在保持7%左右增速的同时,加快结构调整的进度;三是政策与体制关系。在经济下行压力下,关键是在制度创新中形成政策优势。

近40年的改革开放,给我们留下许多宝贵的财富。最重要的一条就是:越是形势复杂,越是环境巨变,越需要坚定改革的决心不动摇,坚持转型的方向不动摇。这就需要对"大转型"进行大布局、大谋划,需要实现产业结构、城乡结构、区域结构、所有制结构、开放结构、行政权力结构等改革的重大突破,需要对绿色可持续发展、"互联网+"等发展趋势进行前瞻性的谋划,布好"先手棋"。

基于对"十三五"转型改革的判断,中国(海南)改革发展研究院与浙江大学出版社联合策划出版这套"大国大转型——中国经济转型与创新发展丛书"。丛书在把握战略性、前瞻性和学术性的基础上，注重可读性。我们期望，本套丛书能够对关注中国转型改革的读者有所启示，对促进"十三五"转型改革发挥积极作用。

　　本套丛书的作者大多是所在领域的知名专家学者。他们在繁忙的工作之余参加了丛书的撰写。作为丛书编委会主任，我首先对为丛书出版付出艰辛努力的顾问、编委会成员，以及作者和出版社的领导和编辑，表示衷心感谢！

　　本套丛书跨越多个领域，每本书代表的都是作者自己的研究结论和学术观点，丛书不追求观点的一致性。欢迎读者批评指正！

2015 年 9 月

导　言

从经济、政治、军事角度看社会,各种变化总有稍纵即逝的感觉。从教育角度看社会,虽然也在变化,总是相对缓慢的。虽然人的思想观念、社会经济基础、科学技术水平发生过巨大变化,虽然教育技术和形式变化诸多,慕课(MOOC)一出现就吸引了全世界人的眼球,两千多年前教育的基本元素却依然在现今活跃。

因此,在当下经济社会大转型背景下看教育的变化依然需要用显微镜,甚至还要采用有过滤功能、抗干扰功能的仪器协助,或者靠分析功能健全强大的人的大脑去分辨,才有可能看清教育的变化趋势。

人类自从有了教育,便在不断追问教育的功能是什么。对这一问题的回应众多,诸如建国君民、明人伦、培养哲学王、培养自由人、培养和谐人、培养君子、培养绅士等,经过人类社会生活的丰富体验之后,历久不渝或最终归向是人类的幸福。创造人类幸福才是教育的终极价值。法国哲学家孔多塞道:"人类精神在解脱了所有这些枷锁、摆脱了偶然性的王国以及人类进步之敌的王国以后,就迈着坚定的步伐在真理、德行和幸福的大道上前进。"①中国教育家陶行知对《大学》中的"大学之道"做了修改,把"明明德""止于至善"修改为"大学之道,在明民德,在亲民,在止于人民之幸福"。② 智者所见预示着人类教育的转向,即便不能用幸福概括人类所有个体对教育的全部诉求,它是人类经历过数千年的生活体验后对教育功能的集中指向当是确定不疑的。

30 多年来中国经历巨大的变革,第一次大转型是从传统计划经济体制过渡到市场经济体制,使中国从低收入国家进入中等收入国家行列。第二次大转型是即将从经济体制改革过渡到全面改革,其中包括教育改革。教育改革的主要目标是人的身心健全发展和中华民族复兴以及人类进步发展,一切阻碍这个大目标实现的做法,即便眼下能获得一些好处,或一部分个人和组织获得好处,也必须尽快停止、改变和完善。中国教育当下所面临的困局是如何由教育实现人的幸福,如何由教育实现人人得以享受的幸福。

现实中,人们感受强烈的是需要忍受教育之苦,所能看到的是中国学生出国留学成潮,城乡到处是"择校"成风,教育生态不平衡。国内外教育都存在着偏态分布现象,引发对中国社会的抽吸作用,增加国内居民的生活压力,影响人类福祉。

追究上述现象深层原因,根子在于教育的总体人本值较低,且各地高低不均。人本值即人的价值定位与社会组织及其他客观存在的价值定位之比。

简而言之,解决问题的办法就是实现教育向以人为本的方向转变,整体提高教育的人本值。将人生最值得追求的幸福作为教育追求的目标,瞄准人民幸福办教育,培养人创造和享受幸福的能力,缩小中国内部不同地

---

① 孔多塞:《人类精神进步史表纲要》,何兆武,何冰译,生活·读书·新知三联书店,1998 年,第204 页。
② 陶行知:《陶行知全集》(第4卷),四川教育出版社,1991 年,第 623~624 页。

区间和国内与国外的教育人本值的差距,才能减小偏态,建立教育的平衡生态,才能降低现有教育对社会的抽吸作用。

顺应人类文明数千年发展趋势,实现教育的神本位、君本位向人本位的转变是大势所趋,也是中国当下一段时期内教育所必须经历的过程。这是应对当下中国教育所面临挑战的对策,又是顺应人类社会发展潮流的别无他途的选择。这一转变又是一个庞大的系统转向,包括以下子系统。

第一个子系统是教育与社会同步变化。

中国社会实现经济产业的升级换代,走出中等收入陷阱需要提升人的创新能力;实现城市化需将农民和农村劳动力转化为新市民。社会转型对人的普适特征的要求是:通才与公民、充分的自主与个性化、思想崇尚者、快速信息处理能力。

社会转型需要教育重新定位,从纵向社会层级的升降梯转变为扁平社会的立交桥,从国家工具转变为基本的民生、民权。

社会转型需要教育结构和形式转变以提高教育的人本值,改变单一结构,增加教育多样性和教育供给能力,教育供求关系改变才能消除人身依附,实现人人平等;随着教育的选择性增加和人性化水平的提高,教育的人本值就会得到提高。

人本教育所要培养的是人中人,并努力消除人上人、人下人现象。人本教育寻求在人与人、人与外界各种存在间的平衡基础上的教育,着眼于人的个性发展与社会对个体发展需求的相互彰显和相互满足,这样的教育人本值约等于1。

第二个子系统是教育价值从国家主义转向以人为本。

落实以人为本是在"通古今之变"视野里当下教育最急需、最深刻、最符合人性需求的转变,它不仅能支撑大国真正实质性的转型,而且极大地利于中华民族乃至人类未来的兴旺发展。

中国教育受到国家主义的深度影响,中国社会转型需要教育价值从国

家主义转向以人为本,转型过程中必然面临诸多矛盾和问题,其中关键要实现以下转变:

一是教育者由从前社会代表者身份向真诚的相互学习者转变,除了专业教师还会有更为广泛的人人相师互学,借助信息传播的多渠道形成更为多样性的师生关系,年龄长幼不再是分别是否是教育者的必要条件,教育者将会是共同成长或他人成长需要满足者,认同者为师将会成为更广泛普遍的现象。

二是受教育者首先属于他自己,受教育者与教育者共同构成教育的主体,不为任何社会组织所绑架,是平等合作的学习者。

三是进一步明确人是目的,不是工具,学生成长发展是教育终极目的,学校的最佳境界是成为师生的精神家园,要为学生充分自我实现创造条件。转型就需要消除一切体制机制障碍,回归以人为本的教育原生态。

第三个子系统是教育体制从国家包办转向多元主体。

受国家主义教育观影响,中国建立起世界上最大的国家包办教育的体制,或称之为"集中统一的计划体制",撤销私立学校,统一招生,给学生生活待遇,包分配,统一发毕业证和学位证。这一体制建立几年后就遇到严重的供求矛盾,不得不寻求"两条腿走路"的政策变通,60多年来"改革"不断,依然难以解决这一体制问题,难以有效满足需求,难以充分调动各方面发展教育的积极性,难以在规模、结构、质量、效益等方面实现可持续的问题。

摆在中国人面前的教育体制选择简而言之就是要"大锅饭"还是"自助餐",保留"大锅饭"就难以消除长期以来的自主权饥渴,就不能满足多样性诉求,就不能在政治与教育之间划分出明晰的边界,也就难以实现依法治教和管办评分离。

教育体制建立的原理性基础是:人的先天多样性与社会需要多样性是一致的,教育体制建立需要走出单一性困境,顺应并发展人的多样性,需要办学主体多元化，弥合已经断裂的学校管理责任链，实化多样性办学主体的有限责任制度。

第四个子系统是建立基于学生成长发展需要的现代学校管理。

学校管理的过度行政化已成为全社会的共识，去行政化虽然被多次写进政府的教育政策文本，落实起来却漫长难耐。依法自主办学就必须去行政化，摒弃用管理行政机构的简单方式管理学校，让学校管理回归依据专业组织特性的专业管理。

如何管理学校与如何定位管理直接相关，塑造的学校管理人本值较低，服务的学校管理才能提高人本值，学校管理的第一依据是学生成长发展需求，然后参考社会对人才的需要执行政府的相关政策。依据整个社会的法治需要，建设现代学校才能更好满足学生成长发展需要。

确立学校的非企业法人地位，明确界定政府与学校边界，制定学校章程并切实依章办学是建立现代学校制度的关键性前提。除了现代学校制度建设，学校还需要依据人本治理原理设计管理程序，以学生成长需求为导向，实行扁平化、低中心、网络化、互动型、非对称的管理，在各个不同环节尽可能提高管理的人本值。

第五个子系统是建立多元自主的教育评价体系。

中国考试的历史悠久，当下的教育测评专业水平却落后于世界多数国家，主要原因在于长期在行政权力控制下使用单一的评价方式，缺少竞争和比较，导致出现一个标准天下无人才的境况。

走向多元与自主是人本教育评价的必然方向，因为符合人天性的多元自主评价才会人才辈出，才能满足中国社会发展的需要。如何评价教育和人是与如何假定人性直接相关的，当评价权掌握在行政权力手中，评价的主要功能就是管控或选拔，以人为本的学生成长发展评价的终极依据是人的天性，依据人的天性对人进行评价而不应依据行政当权者的主观臆断评价学生。

人本评价需要明晰评价与被评价者的责权边界,建立多方参与的评价体系,有什么样的人就需什么样的评价,而非以评价来塑造人。

第六个子系统是建立满足生活向前向上发展需要的个性化教学。

受教育被窄化的观念影响,以及制度化教育体制限制,人在体制面前显得越来越渺小,由此引发教育教学与生活渐行渐远。脱离生活不是好教育,在这方面既有教育先驱所下的判断,也有大量教育实践例证表明教学不能脱离个性化的生活。

人本教育所遵从的教学原则是用生活教育,为满足生活向前向上发展的需要而教育。用生活教育就是充分利用生活资源,这样才能使教育内容、形式、方法更加丰富,需要建立生活本位的课程,教学上要在体验基础上嫁接新知。满足生活需要的教育就需要为学生实现人生使命而教,为养成个性而教,为追求真理做真人而教。

人本教育需要以教学对象真实的初始状态为起点,紧跟成长发展需求,保护学生的兴趣和自主性,鼓励他们的自主选择,倡导做自己生活的主人,从而使学生能够对自己的未来生活进行规划、设计和全面负责,使学生有能力不断地超越现实生活世界,不断提升自己的生活质量和生命价值。

第七个子系统是确立并保障每位教育当事人的自主学习权利。

每个人的教育效果如何最终是由自己决定的,所以无论作为社会存在的教育其存在状态如何,坚守我的教育我做主是一条真正对自己负责的底线。

长期以来,教育管理者和教学人员僭越了教育当事人的不少权利,教育当事人的教育权利意识尚未觉醒,也缺乏维护和有效使用自身教育权利的能力,以致培养出大量被动型人格的人。

人本教育需要创造或自觉选择自由自主的环境,使自己处于觉醒状态,维护并有效运用自己应有的选择权。需要学会在多样性中选择而非跟随,寻找自己的成长路径,生成自己有效的学习方法,充分利用自己可用的教育资源,找到并拥有自己的灵魂,处理好万物与自我的关系,选择适合自己的方式向着自己的人生目标努力,做最好的自己。

教育对于社会的发展发生根本性的作用,因此教育变革也是社会最深层次的变革,是深入人心的变革,也是最为艰难持久的变革。在教育变革过程中总是存在强大的功利诱导或人为力量左右其走向。未来几年中国将处在承上启下的关键时期,把握转型大趋势,遵循规律推动教育优化改进,需要在全社会达成提高和均等教育人本值的共识,并落实到教育的管理、评价和教育教学中,这是本书写作的初衷。

实现这一初衷的基本方式当然不是给出标准答案,而是需要把数千年来教育的本原讲清楚,从人的整个进化和发展过程去找到解决当下问题的系统办法,解决人的思想观念、方式方法等一系列的问题,先解决对人的成长发展规律和社会发展趋势的认识问题,再解决教育价值取向、教育管理、教育评价、教育教学的问题,最终要落实到每个人如何去选择教育。

这样教育的转型就是与每个人直接相关的事,所以这本书不只是写给教育工作者看的,而是希望对每个关注自己成长发展的人有所启迪,最终如何做还是由每个人自己决定。

目　录

第一章　困局:教育如何实现人的幸福

当下,中国学生出国留学成潮,国内"择校"成风,教育生态不平衡,国内外教育都存在着偏态分布现象,引发对中国社会的抽吸作用,增加国内居民的生活压力,影响人类福祉。追究其深层原因,则在于教育的人本值较低,且各地高低不均。整体提高教育的人本值,缩小中国内部不同地区间和国内与国外的教育人本值的差距,才能减小偏态,建立教育的平衡生态,才能降低现有教育对社会的抽吸作用。顺应人类文明数千年发展趋势,实现教育从神本位、君本位向人本位的转变是大势所趋,也是中国当下教育所必须经历的过程。所以,提高教育的人本值,将人生最值得追求的幸福作为教育追求的目标,瞄准人民幸福办教育,培养人创造和享受幸福的能力,实现教育向以人为本的方向转变既是应对当下中国教育所面临挑战的对策,又是顺应人类社会发展潮流的别无他途的选择。

现实中的每个人都身处教育之中，在受益于教育的同时，又感受到教育不如人意之处。在试图改变的时候又不明了问题所在，多数人能抓住一些具体问题，却不了解全局；能从众地发表意见和呼吁，却缺乏专业的洞见。同时，由于社会体制及观念的迟滞效应，实现任何一种转变都会面临各种各样的艰难，教育如何更好地通向人的幸福，我们一起来探讨。

一、教育的偏态分布与抽吸作用

稍有常识的人都能直觉感受到世界不同地区的教育是存在差别的，除了体现在文化、价值、个性等方面外，还存在质量、品质、发展水平等方面的不同。教育质量的差距还仅是中国教育外显的缺憾，管理行政化、缺乏竞争机制、缺乏创新人才的培育机制才是更深层次的问题。而且各地的教育又与当地的经济、政治、社会生活密切相关。

在过去的一两百年里，欧洲和北美先后成为世界教育的高原，非洲等地区是教育的凹地，17世纪前曾一度教育领先的中国迅速落后于欧美，整个世界形成教育高低差别显著，整体上偏态分布的格局。这一格局至今没有根本性的改变。最近若干年的世界大学排名即可作为参考,排在世界前100名的大学主要在美国和欧洲。根据 2011 年的《泰晤士报》的全球大学排行榜,世界排名前 500 的大学中美国有 103 所,英国有 52 所,德国有 42 所,澳大利亚有 21 所,加拿大有 21 所,作为人口大国竞争更加激烈的中国(含香港、澳门、台湾地区)仅有 12 所。

偏态分布不仅是世界范围内的格局,而且由于 1998 年启动,2001 年政府从节省财政教育经费开支出发,以"优化农村教育资源"名义而进行了十年全国农村中小学布局调整的"撤点并校",从 1997 年到 2010 年的14 年间,全国减少小学 371470 所,其中农村小学减少 302099 所,占全国小学总减少量的 81.3%。于是使得这种偏态分布在中国进一步恶化。

【案例 1-1】

中国乡村学校个案[①]

苏北某乡镇中心小学,有 23 个教学班,1419 名学生,顶岗上班的教师有 59 人,师生比例是 1∶26,其中还有代课老师。教师中老中青比例严重失调,老年教师几乎占到一半,教师平均年龄为 50 岁。中心小学尚且如此,村小学几乎是老年教师在坚守岗位。近几年生源反弹,学生数增多了,而教师并没有增多,新招聘的教师数很少,乡镇能分来一个算是不错的了,有的乡镇还分不到一个,校长着急也没有办法,只好请代课教师,只好把退休的老教师返聘回来,代课教师及返聘教师的工资仅仅千元。

差别的存在就必然引发流动。根据统计,在过去 30 年间,全世界出国留学的各国留学生总人数一共增长了 5 倍,从 1980 年的 80 万人次发展至

---

① 个案资料来源自该校教师给本书作者的电子邮件。

2014 年的 450 万人次,尤其是 2000 年以来发展迅速。出国留学生中有一半以上来自于亚洲的中国、印度、韩国。另一方面,这些国家的国际留学生中有近一半人进入美国、加拿大、法国、德国的学校。

多项研究得出一个共同结论,中国正在出现自改革开放以来的第三次留学移民潮,如果说第一次主要原因是自封闭转入开放的释放效应,第二次主要原因是政治因素,第三次则不能不说主要原因在教育上,当然还有更深层复杂的社会原因,反映了中国教育领域问题很多,民众对短期内改善的信心已经丧失,以致不少人宁愿退去在国内“成功人士”的光环,为子女谋求更好的未来,“牺牲我一个,幸福后来人”几乎是中国很多海外移民的共同心理。

与改革开放之初的出国潮相比,这次主要是父母在推动,带有更强的移民倾向,生源素质差异很大,有人形象地形容为那时出国的学生口袋空空却充满信心,现在出国的学生是口袋鼓鼓却脑袋空空,他们的父母都有一个心照不宣的共识:下一代不能再像我这样生活了。正因为此,中国赴美留学人数近些年来一直保持持续增长的趋势,从 2005—2006 学年的 62582 人增长到了 2012—2013 学年的 235597 人[①],创造了新的历史纪录。中国赴美留学人数在 8 年间增长了 3 倍多,美国成为中国留学生的第一留学目的国。与此同时,中国留学生在美国国际留学生中的占比也不断增加,从 2007 年的 11.6% 增长到了 2013 年的 28.7%。据美国《门户开放报告》显示,直到 2008 年,美国国际留学生最大生源国是印度,中国仅排第二,而在 2009 年中国上升到第一位,中国已连续 5 年成美国最大留学生源国。在 2012—2013 学年,中国在美留学人数达 235597 人,在全美国际留学生中所占比重为 28.7%,创下历史新高。2013—2014 学年,中国在美留学生人数进一步攀升到 274439 人,比 2013 年又增长了 16.5%,在全美国

---

① 以下未标注的留学数据来源为中国教育部官方数据、美国国际教育研究所(IIE)发布的美国《门户开放报告》《中国留学发展报告(2014)》(社会科学文献出版社,2014 年)。

际留学生中所占比重达到 31%，即 10 个在美国际留学生中就有 3 个中国学生，超越第二大生源国印度（11.6%）19.4 个百分点。

随着赴美留学人数的增加，美国各大名校录取要求不断提高，尽管中国学生申请人数不断攀升，录取率却逐年下降，录取难度加大。2004 年，耶鲁大学、布朗大学、康奈尔大学、斯坦福大学这四所美国名校的申请人数最少的布朗大学仅有 15286 人，申请人数最多的康奈尔大学也仅为 20822 人。到 2013 年，康奈尔大学和斯坦福大学的申请人数几乎达到 4 万人，布朗大学 2012 年申请人数就已经达到 28742 人，耶鲁大学 2013 年的申请人数比 2004 年申请人数增加了 1 万人，达到了 29610 人。几所大学的录取率也在下降，康奈尔大学录取率由 2004 年的近 30% 降到 2013 年的15.56%。耶鲁大学录取率也由 2004 年的 9.9% 下降到 2013 年度的6.9%。斯坦福大学的录取率由 2004 年的 12.97% 下降到 2013 年的5.69%。斯坦福大学 2013 年录取率低于 6%。中国留学生入读美国名校的概率越来越低，同时中国学生学术能力与美国名校录取要求存在的差距也在拉大。

中国赴美国、英国、澳大利亚、加拿大留学的人数占出国留学总数的74%。中国留学生第二大留学目的地英国自 2008—2009 学年以来接纳中国赴英国留学的人数不断攀升。据英国高等教育统计署资料显示，2012—2013 学年，第一次在英国高校注册的中国留学生人数达到了 56535 人，比2008—2009 学年增长了近 1 倍。澳大利亚移民局学生签证统计数据显示，中国赴澳洲留学人数在 2009 年达到最高峰 91524 人以后，受 2009 年澳洲私立职业学院倒闭风波的影响，中国赴澳洲留学人数曾出现下滑的态势，2013 年中国赴澳洲留学的人数 4 年来首次出现增加，达到 78277 人，接近于 2008 年中国赴澳洲留学人数。加拿大政府移民统计数据显示，中国赴加拿大留学人数从 2004 年起一直呈上升的趋势，到 2012 年，中国赴加拿大留学的新生人数达到了 25346 人，比 2004 年增长了近 2.5 倍。

中国教育部统计数据显示,2013年中国出国留学总人数为41.39万人,比2012年增加14300人,增长了3.58%,这是近年以两位数持续高速增长5年后,增速有所下降。

中国学生留学低龄化的趋势愈加明显,硕士留学在中国出国留学总人数中所占的比例明显下降,本科留学的人数迅速增加。以中国赴美国留学人数为例,美国国际教育研究所(IIE)发布的美国《门户开放报告》数据显示,中国赴美读研究生的人数仍然在持续增长,从2005—2006学年的47617人增长到2012—2013学年的103427人。2005—2006年,仅有9309人赴美国读本科,是当年赴美读研究生人数的1/7。而2012—2013学年中国赴美读本科的人数增长到93768人,8年间中国赴美读本科的人数增长了约10倍,研究生仅比本科生多1万余人。2005—2006学年中国赴美读研人数占中国赴美留学生总人数的76.1%,而到2012—2013学年,中国赴美读研人数在中国赴美留学生总人数中占比下降至43.9%,已经不足总人数的一半,下降幅度约达30%,同时2013年本科生层次留学生的比例却上升至39.8%。2013—2014学年,中国在美研究生层次留学生的比例进一步下降至42.1%,在美本科生层次留学生的比例则上升至40.3%。这一比例的变化是在读研究生的中国留学生绝对数量仍在上升,本科生层次的中国留学生快速增长的情况下发生的。

另外,高中留学人群也开始急速增加,成为继研究生、本科生之后的第三大出国留学人群。加拿大是最受中国高中留学生欢迎的留学目的国,有近三分之一(32%)的中国学生选择在加拿大就读高中。美国、澳大利亚和英国则分别位居第二、第三和第四名。从最受欢迎程度来看,在过去7年里,最受男生欢迎的高中留学目的国首先是美国(33%),最受女生欢迎的高中留学目的国首先是加拿大(34%)。据美国国土安全局统计数据显示,在2005—2006学年,中国在美国就读私立高中的人数仅为65人,而3年后的2008—2009学年达到4503人,2012—2013达到23795人;在美国公立和私立中学中持 F-1 签证的中国留学生数量从 2003—2004 学年的 433 人增长到 2012—2013 学年的 26919 人,10 年来增长了 60 多倍。最近 5 年,出国参加"洋高考"的学生出现井喷势头,2012 年美国《门户开放报告》显示,2011—2012 学年美国国际学生总数 764495 人,较上一年增长了 5.7%,其中中国内地学生增长最快,总人数 19.4 万人(占美国国际学生总数的 25.4%),比上学年增加 23.1%,就读本科人数暴增 31%。中国教育国际交流协会秘书长综瓦介绍,2010 年中国出国留学 28.47 万人,2013 年增至 41.39 万人,且每年增加 4 万～5 万人,2014 年出国留学人数约为 46 万人[①],大部分是本科以下的学生。

美国移民与海关执法局(ICE)下属机构学生和交流访问学者项目 2015 年 2 月 6 日的 SEVIS 系统数据显示,全美共有 113 万名国际学生,持 F(学生)签证或 M(职业)签证在全美 8979 所学校就读。这标志着全美留学生较 2014 年 1 月增加了 14.18%。而同一时间段,美国 SEVP 认证的学校数量仅增加了 1%。76% 的国际学生来自亚洲,中国留美人数最多。这份报告还显示在过去 5 年里,就读 STEM 专业的女性留学生数量增加了 68%,从 2010 年 2 月的 76638 人增加到 2015 年 2 月的 128806 人。其中 62% 来自中国和印度。[②]

做出低龄留学选择和判断的不排除有些跟风的人,其中多数父母至少有一方是有高学历、高职位和高收入背景并深度感知国内教育体制的种种弊端的人,他们主要是不愿再让子女承受沉重的课业负担、机械的训练与高考的压力,以及未来的低成才概率。

随着低龄学生对于国际化教育的需求量越来越大,高中国际班开始在国内迅速发展起来。国际班的数量和招生人数逐年增长。由于国际班学费普遍较为昂贵,大多数在 8 万～10 万元/学年的区间,远远超过普通高

---

① 郭莹,李琦:《赴美读研人数首现负增长》,《京华时报》,2014 年 11 月 18 日。
② 《美国 113 万外国留学生 76% 来自亚洲　中国学生最多》,中国新闻网,2015-03-26。

中每学年几百元的定价标准,成为一些逐利组织与个人生长的空间,他们借着学生和家长希望能更早受到国际化教育的期望,助长了生态不平衡下的教育。近些年来,开设高中国际班的学校数量、招生人数迅速扩张,国际班学费也水涨船高。从2009—2013年的5年间,北京市公立高中所开设的国际班增加了16个,其增幅超过了2.5倍。2009年,北京市所有公立高中国际班的计划招生人数为440人,而2013年,其计划招生人数已经达到了1355人,约为2009年计划招生人数的3倍。① 高中国际班在一线城市发展迅速的同时,正向二、三线城市蔓延,就连中西部一些经济欠发达地区的城市贵阳、乌鲁木齐、银川等地也开始设立高中国际班。

低龄出国留学者增加当然与中国高等教育质量有关,实际上小学、初中、高中、大学所面对的问题有一定的连续性,很多大学的问题表现形式和中小学不一样,但是其性质与实质以及背后的深层次原因是相通的,在这种情况下,各级学校要改变现有状况就要改变现有办学方式,提高对学生成长发展需要的关注程度,进一步更好地为学生成长发展服务。

留学本身成为一种巨大产业,其逐利性推动并强化了抽吸作用。据测算,中国留学生学费、生活费总数约可达到1500亿～2000亿元人民币,其中留学生境外支出占中国留学行业产业规模的85%。在国内的留学行业市场中,语言培训占总市场份额的13%,据调查留学考试培训的市场规模大约已到达了300亿元人民币,此外还有留学中介服务费用占市场份额的2%,约有50亿元人民币。这些费用的支付方几乎都是收入远低于美国和欧洲的中国家庭。

抽吸作用并没有在出国留学环节完结,还会延伸到就业环节。随着近些年出国留学人数的不断增长,留学人员成分的变化,越来越多的人难以在留学国就业,于是回国人员也日趋增多,其增长速度超过了出国留学人

---

① 数据来源:北京市教育局网站及学校官网。

数的增长。据教育部最新统计数据显示,2000 年留学回国人员仅为 9121 人,2013 年留学回国人数达到 35.35 万人;而当年出国留学的人数为 41.39 万人。从 2000 年到 2013 年留学生回国人数增长率有 11 年都保持了 20％以上的较快速度的增长,只有极个别年份的增长率低于 20％,有 5 年的增长率超过了 40％。在 2008 年、2009 年,中国留学生回国人数增长率一度超过了 50％,分别达到 57.5％、56.2％。2013 年留学回国人员的增长率为 29.53％。虽然较前两年的增长率有所下降,但仍保持较大增长。

选择回国的留学生就业压力也越来越大。留学生就业问题产生的一个重要原因在于出国留学时专业选择与国内的需求不对应,构成对中国社会的进一步抽吸。不少留学生热衷于选择商业管理、工程学等留学热门专业,从而造成了留学生专业扎堆的现象,这也直接影响了留学生就业情况。据中国(教育部)留学服务中心发布的 2012 年《万名留学人员回国就业报告》显示,在学科分布上,管理学、经济学、理学和工学最热门,这四个学科的留学回国人数占到总留学回国人数的 80％。美国《门户开放报告》显示,2012—2013 学年中国在美留学生的专业分布中商业管理、工程学和数学及计算机学位列前三名,其中,学习商业管理的学生占中国在美留学生总人数的 29％,工程学比例是中国在美留学生总人数的 19.2％,有 11.20％的中国留美学生学习数学及计算机专业。英国国际学生事务协会官网数据显示,2011—2012 学年英国国际留学生专业分布中商业管理、工程学、社会科学三大专业位列前三名,其中学习商业管理的学生占英国国际留学生总人数的 29.99％,工程学占 11.90％,有 8.91％的英国国际留学生学习社会科学专业。澳大利亚政府统计数据显示,2012 年澳大利亚国际留学生专业分布中商业管理、社会与文化、信息技术三大专业位列前三名。其中学习商业管理的学生占 57.41％,位列第二的是社会与文化专业,其比例是澳大利亚国际留学生总人数的 7.87％;另外,有 6.80％的澳大利亚国际留学生学习信息技术专业。学习这三个专业的澳大利亚国际留学生比例约占其总人数的 70％。

由于留学生的专业扎堆,在国内的就业竞争十分激烈,压力较大,留学生的就业竞争力呈现出下降的趋势。2013 年中国就业"红黄绿牌"专业中,国际留学生最集中的工商管理专业再次入选黄牌专业,其失业量较大,就业率较低,月收入较低,就业满意度较低。由于出国留学付出的成本远高于国内就学,大多数留学生对于留学后的就业期待较高,对于起薪的要求也过高,赴美硕士留学的中国学生期望的就业第一年年薪在 6 万元以上的比例占到 89.9％,而 67.2％的留学生回国后第一次就业的起薪绝大多数低于 6 万元,其中 36.5％的海归的就业起薪低于 4 万元,仅有 32.8％的留学回国人员的就业起薪在 6 万元以上。在国内,留学生的光环逐渐消退,需要学生和家长承担一部分抽吸的压力。

与中国 41 万多人出国留学相比,2013 年在华各类外国留学生共计356499 人,其中读学位的仅有 10 多万人,其他大量人则只是在华学习语言文化。2011 年不到 30 万的在华留学生中,约 60％是参加短期语言培训的,剩下 40％的学历生中,本专科生超过 74％,硕士生不到 20％,博士生则不到 6％。与中国理工科人才大量外流形成鲜明对比,来华留学生以文科生为主,约 80％学习汉语、中医、法律、经济等,其中超过一半是学汉语为主。与其他国家招生须经严格考试筛选相比,中国学校招生几乎无门坎、不考试。

学费那么便宜,门槛如此低,中国政府还为外国留学生补贴大量财政经费提供各种奖金,在华留学生为何还是如此之少? 来华留学生比例低于世界平均水平,更大大低于发达国家水平。依据经济合作与发展组织(OECD)统计的 2011 年世界部分国家高等教育接收国际留学生比例显示,中国国际留学生仅占学生总数的 0.3％,而在澳大利亚这一比例为19.8％,英国为 16.8％。与留学生人数逆差相伴的,还有留学支出费用的逆差。2011 年,在华留学生约 29 万,中国在海外留学生约 110 万,逆差 81 万。按照文科类本硕博每年学费从 1.4 万～3 万元不等,来华留学生缴纳学费总计接近 50 亿元人民币。而海外留学生学费标准以美国私立大学学费最低的每年 2.5 万美元计算,中国学生支出的学费总计超过 1500 亿元人民币,尚未计算中国政府提供给公费出国留学和来华留学生的资助。

面临全球生源竞争,国际留学生对高校意味着生存和发展,对一定范围内的社会来说则意味着经济和人才双重红利的获取,意味着一个地区是处于教育生态的洼地还是高原,是处于被抽吸、被抛弃状态,还是处于激活、兴旺状态。在这方面,美国成功的重要因素之一就是善用全球人才,美国市值排名前 50 的上市公司近一半是移民创建或参与创建的;1960—2013 年,美国有 72 名移民科学家获得诺贝尔奖。

在整个世界范围内中国的教育处于严重不均衡状态的同时,国内教育的偏态分布引发大范围持续升温的"择校潮"。国内的不均衡状态主要体现在师资、教育的理念、设施、条件、教学水平严重不均衡,差异很大,它所形成的效应是,在中国内部大量的人流动到教育比较好的地方,比如农村地区家庭的孩子会到乡镇去上学,这也是当时"集中办学,撤点办校"的重大推力产生的结果,乡镇的家庭有一定条件的就希望自己孩子去县城上学,原来在乡镇建起的许多校舍成为漂亮的薄弱学校。由于乡镇干部及教师的孩子都送到县城或更大的城市上学了,他们完全失去办好乡村教育的责任和动力,导致乡村教育进一步空虚,成为推动更多的孩子到外地上学的动力。由于大量农村家庭把孩子送进县城上学,导致县城学校普遍出现大班额,130 人的教学班成为常见现象。如此大班又影响到县城学校的教学质量,造成既误了城里学生,又毁了乡村教育的双重损伤。

生活在县城里有一定条件的家庭又产生对教育现状的不满,他们想方设法将自己的子女送到区里、市里,市里有一定条件的家庭的就会把孩子送到省城或者北京、上海、广州等大城市上学,整体上形成"倒金字塔"形压力较大的择校恶性循环,在国家内部形成恶性不平衡的教育生态。这种不平衡到达边界以后就引发或不断加大中国学生出国留学的效应,增加由中国到国外留学的推动力,很多城市家庭看到中国教育缺陷后,就会把孩子送往国外上学,这就使中国教育在国际上形成一个流量巨大的低洼"洼地",国人不断寻找四周比较高的教育"高地"去上学,这就是整体的一种生态状况。国内的择校与出国留学是一个整体上的相关联的现象。从个体身上看不到这一点,从整体上看中国孩子到国外留学,也是国内孩子从乡村到县城,从县城到市里,从市里到省城,从省城到北京、上海等地流动的整体组成部分。

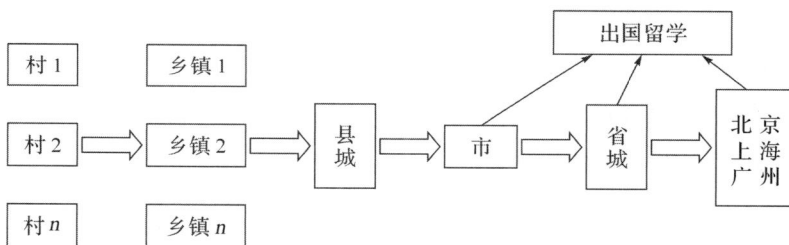

图 1-1 中国教育不均衡偏态分布及学生流动图示

长期的城乡分离的户籍制度产生城乡之间教育的级差,为在教育上实现抽吸创造了条件。人们公认的"教育改变命运",在中西部或中国乡村的教育如果能改变当地居民的命运,就需要付出对他们来说更加巨大的相对成本,反而使他们越来越困苦,在一些地区和家庭造成因教致贫的现象。

【案例 1-2】

一个农村学生常见的经历①

父母亲为了培养孩子借了一身的债,待他高中毕业到城里打

_____

① 这段文字在网友帖子基础上做了文字删节。

工,每月的工资千元上下,须用几年时间打工来还债。还清债攒够一定的钱他就准备回到小山村去结婚,接着或带新婚妻子打工,或再不来打工了。继续打工就会把孩子丢在家乡成为近6000万留守儿童的一名,回到乡村就会复制父辈的经历。40多岁后不回山里城里人也不会要他打工了,再回到乡村,原来赖以为生的生产也难以继续。现在的农村教育与农村居民生活几乎没有任何相关性,贫穷的父母亲负债支付了巨额的教育成本,好不容易培养一个高中生,他把15~40岁黄金岁月付出了,到了40多岁,快要老了,却未能为自己老年生活确定保障,又要为下一代支付高昂的教育成本,把自己养老的包袱又甩给了乡村,甩给了穷人。所以这样的教育是抽水机,不断地把中西部的资源向发达地区抽,不断把乡村的资源抽到县城乃至更大的城市,不断地把穷人的资源抽给富人。

我读小学时,几毛或一块钱读一年;初中时,一年两块钱;高中时,三块五块读一年;大学时,国家一个月补贴20多块钱,35斤粮票。现在我的孩子读书呢?小学100多元,中学1000多元,中考把录取分数线提得高高的,缺一分100元、几百元不等。现在我们读大学,国家给一点钱甚至不给,更多的是学校收钱。我计算了一下,从1985年到目前为止,农产品的价格涨了不到7倍,相当于农民的收入(在价格上)长了7倍。但现在农民教育支出涨了几百倍甚至几千倍,你说农民怎么不穷!农民能够卖的一点钱,都被教育吸得一干二净,农民是要负债来培养自己的孩子,并且是给发达地方培养人才。

人口流动和留学仅仅是的一个表征,它的直接作用就是将义务教育阶段的投资转移到城市和留学国,教育的偏态分布引发的效应就是对整个社会的人才、资金、社会事业等各方面形成强大的抽吸作用。

在人才方面，这样的教育偏态与社会的用人机制相组合将会导致中国出现深层持续的人才危机。人才危机的初始阶段显现为高学历人才的净流出。接下来将会出现的是同时存在流出流入，高端人才的去而不返，低端人才留学后返回，这同样是一种抽吸的表现形式。2013 年多年积聚的"留学潮"就开始转化为"海归潮"的征兆，截至 2013 年 11 月归国人数比前一年全年增长了近 50％。2012 年，中国出国留学人员 39.96 万人，延续了过去 3 年 15％以上的增长态势，归国留学生 27.29 万人①，"留学热"继续强劲升温，与往年不同的是，由于留学人员成分的变化，除了少数能在国外顺利找到就业机会的人外，越来越多的留学生需要回国找工作，这一趋势预计未来将延续。而在国内，2013 年全国高校毕业生 699 万，创历史新高，被称为"史上最难就业季"。这两股潮流相遇，使得今后若干年的就业形势变得更加严峻。而实际上，社会中"用工难"和"就业难"同时并存。所以，一方面必须通过改善基础教育，提高教育与学生生活的相关性，提高教育为生活向前向上发展服务的能力，也提高出国留学生的竞争力；另一方面落实和扩大学校的办学自主权，让国内大学办出个性和特色，形成高等教育和社会经济发展的良性循环，以共同化解未来长期存在的就业压力。

人才危机的长期效应就是使得中国内部的人才结构失调，高端人才不足，社会凝聚力下降，体量庞大，灵活性不足。中国教育自身品质提升能力下降，培养一流人才的进程将继续延缓，对世界一流人才的吸引力减弱，同时一流人才的外流速度也在加速，中国教育整体上与世界一流教育的差距将会更大。

在资金方面，留学的成本一般要比在本国学校上学高出 5～20 倍，这些资金的源头主要是中国。这种资金流动不仅仅只流向国外，国内的择校流动也会形成教育投资的马太效应，使全国各地的基础教育财政和私人投

---

① 刘桔：《回国潮》，《人民日报》(海外版)，2013 年 12 月 28 日。

资都流到大城市,作为社会根底的乡村更是一步步衰弱。

就经济总量而言,中国已成为世界第二大经济体,在未来若干年甚至还会成为第一大经济体,但就其人均和结构来说,缺少高端人才依然构成资金吸纳和流动方面的限制。在世界范围内,资金随高端人才和新技术流动的可能性要远远大于随低端人才和技术落后产业流动。所以,从这种角度说,能吸引最优秀的人才、最尖端的技术就能吸引到最优质的资金,经济强国的最终根底是人才。

中国在过去 30 多年的经济发展主要是靠完成义务教育的 2 亿左右农民工群体,在国内市场中调动低端劳动力的流动,减少它的壁垒,劳动力全球化、全国化流动带来了经济的繁荣。中国过去的主要财富是依靠不具备高技术含量的劳动密集型商品出口,要从劳动力出口转变为科学方面的出口关键在于人才和技术,目前已到转型的关口,未来 30 年中国人口红利正在下降,实现转型所需的尖端人才非常缺乏,于是特别需要靠全球化的人才流动获得顶尖人才,特别是要把从中国出去的人才吸引回来的同时,吸引其他国家的人才到中国来,才能实现从中国制造转到中国创造,从投资拉动转到人才拉动,才能建成创新型国家。恰恰在吸引全球一流人才方面中国目前的软环境和机制不够成功,所能吸引的本国"海归"高尖端的人才数量不多,理工科的博士 90% 还留在海外,更多的仅是知识移民。

抽吸作用更深刻地反映在体制上,即便政府在特定时段采取特定政策吸引高端人才,良禽择木而栖仍是常态。精英人才聚集的增多,又会增加社会体制改进的机会;精英人才的稀少,又会延缓社会改进的步子。李光耀曾直言:"中国是在十四亿人口中选人才,而美国则是在全球七十亿人口中选人才。"将中美两国的战略、视野、胸怀、机制、社会开放度的差异言简意赅地表达出来。而事实上中国十几亿人口中的精英又正在大规模、源源不断地流向北美以及其他发达国家。这样的状况导致中国多项改革屡屡出现盲人摸象,难以找到真问题,难以解决真问题的现象。

　　具体体现到教育上，民众期待教育改进，而身边的教育改进状况与期待相比显得缓慢，一些地方和学校的教育改革仅仅是"书面改革""报告旅行""文字游戏"，于是部分民众对教育改善失去信心，越来越多的人选择用脚投票。从更广的范围看，显现出知识阶层对国内现有教育的信任危机，若不能采取果断的教育改革措施重建国民对教育的信任，将会引发中国未来发展的一系列人力资源、经济和政治难题。

　　就近入学原本就是最经济的选择，为什么家长愿意付出高达 10 倍、20 倍的成本把孩子送到外地或国外读书，造成孩子从镇里、县里、市里、省城、北京等地的逐级择校流动，引发教育生态更加不平衡？解决这一问题的根本在于采用符合教育内在规律的办法把自己的学校办好，改良教育生态。

　　由于教育不平衡生态的存在，在整个人类社会已形成一股强劲的龙卷风式的社会抽血机器，跨越国界、种族、地域边界，从各区域持续不断地抽吸符合一定资质的成员，导致整个人类社会成员的资质不均匀。这个过程与结果都会引发人类福祉出现各种各样的危机。

二、教育平衡生态奠基人类福祉

　　人类福祉的关键构成要素有：维持高质量生活的基本物质需求、自由与选择、健康、良好的社会关系及人身安全。[①] 教育是向人类福祉提供的一种最为基本的支持服务，教育的状况决定着人在贫困与福祉的多维连续体上所处的位置，它几乎在满足人的物质、社会、心理、精神需求方面都发生大小不同的作用。

　　中国人口数量在世界各国中居第一，13.4 亿人口中约 3 亿人失业或

　　① 联合国千年生态评估项目组：《生态系统与人类福祉：评估框架》，张永民译，中国环境出版社，2006 年，第 73、19 页。

隐性失业①,2 亿人口流动,单身 1.8 亿,近 6000 万农村留守儿童生存与教育状况不良,93.87％公民不具科学素养。② 整体而言,中国教育的不均衡偏态的现状不仅以各种方式广泛而深刻地影响着中国人的生活,增加了中国人生活的压力,降低了民众生活的幸福指数,也成为影响人类福祉的重大障碍。中国教育的生态不平衡,人类福祉的基础就不牢固。

对于国内的各阶层民众而言,不平衡的教育生态使人们身陷其中,难以自拔,在经济上人们不得不节衣缩食,不断增加用于子女教育的开支,相对于中国的居民收入,与国际社会相比,中国仍然属于居民教育支出负担沉重的国家之一③;在人际关系上,不得不为了子女上学求人找关系,增加了人际间关系的人身依附属性,也恶化了社会人际关系的氛围。

在偏远的乡村,村民要为子女上学路途遥远发愁,偏远乡村适龄儿童辍学率增高,产生 2000 多万义务教育阶段的留守儿童,一方面难以享受充分的亲情,另一方面又拖累爷爷奶奶,需要他们隔代照管,甚至需要他们到乡镇或县城租房居住以便辅助孩子上学。

从小县城到大都市的择校更让人们的生活苦不堪言。在 2014 年北京实行严格就近入学新政之后,各地房价出现环比下降态势的大背景下,在北京、广州等地仍然出现有人花 135 万元买个 4.4 平方米根本不能住的房子,只为给上学买个进门证。即便如此,仍一"坑"难求④。学区房逆势上涨,甚至供不应求,是由于家长意识到购买学区房成了择校的"最后通道"。有的业主买完房子,孩子报完名马上就出卖。从"递条子""送票子"转化为

---

① 关于隐性失业总人数一直没有权威统计,主要包括城镇下岗职工、失地农民和乡村剩余劳动力几大群体,比较认可的测算为 2.6 亿以上。相关分析参见:邓志旺,蔡晓帆,郑棣华:《就业弹性系数急剧下降:事实还是假象》,《人口与经济》2002 年第 5 期。

② 2010 年第八次中国公民科学素养调查表明基本具备科学素养的公民为 3.27％。2015 年 9 月 19 日,中国科学技术协会发布的第九次中国公民科学素质调查结果显示中国具备科学素质的公民比例达到 6.20％,这一结果一公布就受到质疑。

③ 沈百福、杨治平:《居民教育支出与公共教育支出的国际比较》,《教育理论与实践》2013 年第 19 期。

④ 乌梦达,丁静,吴燕婷:《北京 4.4 平米学区房 135 万卖出 不能住只为上学》,新华社,2014 年 11 月 10 日。

"拼房子",从"拼爹""拼孩"到"拼房",显示出教育资源偏态分布状态下民众的无奈。说明教育资源分配失衡的问题一朝得不到解决,百姓生活就不得安宁。

这种教育状况牵扯到成人的工作和生活,不少父母要当孩子的陪读,为孩子辅导功课,"孟母三迁"式地改变居住地,由此影响到父母的职业生涯,影响到整个社会的秩序,影响到日常的交通和心情,影响到人生定位。众多正处年富力强的中年父母为孩子做出牺牲的同时,放弃了为社会做更多更好的专业工作的期待与可能。

在这种教育生态下,生源流入地或留学国是否就受益了呢?当然,他们在优秀生源、资金投入等方面确实会有不少收益。但由于这种不平衡态下的生源流动难以预知、不可控地无序发展,同样让流入地居民难以安宁。在县城,大班额降低了当地居民子女受教育的质量,在大中城市,中国政府在 2003 年确定了义务教育流入地为主、公立学校为主的政策,并未能真正解决流动人员子女上学难题,城市原有的教育事业规模难以满足不断变化的新需求,打工子弟学校不断受到打压,2014 年北京等地实施的严格就近入学政策使近 2 万名流动人员子女不得不回到原籍,又造成北京市辖区县的一些学校生源不足,造成众多家庭的福祉直接受到影响。

在留学方面,对北美一些大学的调查表明,他们对中国的留学生大量涌入又爱又恨。他们感到可爱的是有大量新的生源,带来大量资金(这些大都是中国家长的血汗钱)。恨的是他们不像所考的高分显示的那样优秀,他们在基本素养上有这样那样的缺陷,他们作业或发表文章时常夹杂抄袭行为,移民倾向的留学又会带来诸多社会问题。更为尴尬的是,一些在北美历史上排名靠前的大学,由于招进较多中国留学生,使当地高端生源选择退出另选其他大学,使学校的生源多样性受到影响,也使学校在当地或世界排名中出现下滑现象,一些州议员提出限制亚裔学生的议案,这些都是学校所不愿意见到的结果。

因此，多数美国大学招生时采取不明言的限制亚裔（主要是华人学生）招生比例的做法，大多数大学尽可能把这一比例定在10％或20％以内，极少数最高的定在40％左右。尽管如此，中国的教育生态不平衡对世界的影响依然强劲，它的不确定性让双方都感到不安。

由此可见，平衡的教育生态成为创造整个人类生活福祉的需要。世界各国都意识到中国现在是留学生生源最多的国家，这种状况对于那些以商业牟利的人来说是难得的机会，而对人类教育和社会的良性发展而言，一方面大大提高了教育的成本，另一方面扰乱了教育的秩序。在人类社会历史上，留学应需要而产生，当它的发展在一定的比例范围内属于正常，可在流出地与流入地实现双赢。当它失去平衡或超出一定的范围，或单项逆差过大，则会造成流出地与流入地的双输，不利于人类福祉。解决这一问题当然不能简单阻止留学，而是要相关当事方意识到自己的差距，通过缩小差距，实现教育生态的平衡减少过量留学。

2000多年前，孔子回答一个国家如何治理的问题时有段对话："子适卫，冉有仆。子曰：'庶矣哉！'冉有曰：'既庶矣，又何加焉？'曰：'富之。'曰：'既富矣，又何加焉？'曰：'教之。'"①2000年后，人类社会进入到一个新的发展阶段，人口的多少不再成为国家好坏的先决条件，既有人口多的弱国、穷国、落后国家，也有类似以色列那样人口少的强国。常态社会里的生存已不成为问题，富裕与幸福有一定相关性，但富裕对幸福的决定性作用也大大降低，依照庶富教的次序，在人类社会的现有发展阶段教育在人类福祉中的作用进一步凸显。

依据马斯洛的需要层次说，在常态的社会中，一般社会成员生理需求、安全需求满足已基本没有问题，而社交需求、尊重需求和自我实现需求不断增长，满足这些需求的前提是保障提供与个体成长发展需要相适应的恰

① 《论语·子路》。

当的教育,这也说明人的高质量生活越来越依赖于地域的自然环境和个体的教育状况,教育越来越成为基本的民生需求和民权体现,个体能够受到何种教育直接决定着人的福祉实现程度。

这样说并不意味着教育能决定社会的一切,在现实当中,还有不少直接决定教育的因素,不少表面看起来属于教育的问题,实质上是属于社会问题、政府管理问题,比如法制不健全、政府管理体制不够合理有效、社会资源配置、社会保障、收入分配、社会阶层、专业遴选体制,这些都会决定一个地域的教育状况如何,教育的生态如何。教育对于人类福祉来说是一种有引导性、可持续、基础性、具有多重价值的前提。

正因为此,只有在一个相对平衡的教育生态环境,教育才能正常履行自身职能,才有利于奠定人类福祉的基础。对此全社会尚没有形成共识,也未意识到它的重要性,尤其是不少人对于"什么是好教育""教育究竟应该把孩子们带向何方""究竟是效率优先还是公平优先"等根本问题,没有形成相对一致的看法。地方乃至一些国家的中央政府在决策时仅孤立地看到一所所学校、一个个阶层或相互孤立的地方,并在投资、管理、评价、教学上只见树木,不见森林。

通常,人们以一种适合发展教育的名义破坏教育的平衡生态,前面提到的撤点并校便是典型例证。对中国而言,长期使用行政指令办教育管教育,而非依法治教;长期以来教育的决策链过长,难以及时有效解决教育实际问题,滞后于教育事业的发展。中央政府与地方政府的关系、政府与民众的关系、教育者与受教育者关系、学校与教育者关系、学校与受教育者关系、学校与政府的关系调节缺少法律规则,这些都不断积累地造成中国教育生态不只难以平衡,还在不断造成或增大新的不平衡,从而损伤本国内部的民众福祉,也未必有利于其他国家的国民。

如果教育搞不好,一代代的年轻人缺乏创造性,不只是引发短期的人才短缺,还会危及中华民族,中华文化也会随之衰落。没有创造性是人类历史上很多辉煌文化走向衰落的主要原因。

无论过去还是未来,只有当中国成为教育强国,而不仅仅是教育大国的时候,才会对整个人类的福祉有利。教育与经济相互交织发生作用,产生一个相对富裕且明智的阶层,构成社会的稳定器,推动社会稳步前行而不致颠覆。这个阶层的覆盖面越大,对人类的福祉越有利。不只是幼儿园和小学需要就近入学,在教育生态平衡的状态,大学阶段的就近入学依然是最经济、最符合教育当事人利益的,胡适曾作《非留学篇》把这一道理说得很清晰,就近入学一般是低投入、低消耗、高收益的,远距离留学则必须是高投入、高消耗的,其结果可能是高收益,也可能是低收益,引发的社会问题却是多样且不可控的,这种资源的浪费就是对人类福祉基础的销蚀。唯有在教育生态不平衡的时候,才会有居民不得已选择大规模、远距离的留学现象出现。唯有实现教育生态平衡,才不会有居民不得已选择大规模、远距离的留学现象出现。

中国教育生态的失衡还在于自主性的丧失,对学生创造天性的忽视或摧毁,独立人格的磨损,趋同、从众的个性养成,在这种教育氛围中成长的人,由于难以明了什么是人的真正幸福,难以有效地利用身边的福祉为自己和身边的人创造幸福,也就难以奠定人类的幸福基础。

与教育生态失衡相关的是人才失衡,影响到一个社会的政治、经济、金融、文化、教育自身和其他社会事业等各方面的发展,既会影响到失衡地区的社会福祉,也会影响到人类社会福祉。

从整个世界看,国与国之间的差别客观存在,它是造成教育不均衡的现实条件,然而这并不意味着政府对教育不平衡态势就束手无策,或可以坐视不管。世界各国都存在教育复制和传承社会阶层的现象,即出身社会底层的人由于受教育条件差将仍处于社会底层,出身社会上层的人由于教育条件好长期处于社会上层;同时,教育又确实可以使一些人向社会上层流动,成为推动社会阶层流动的力量。各国政府所能且应该做的是为不同阶层、处于不同发展状况的区域、城乡或地理条件差异的地区提供相同的教育机会和教育条件保障，至少在各国政府法定的义务教育阶段切实保障这一点。这是维系教育生态平衡的一块重要平衡石，唯有做到这一点，才能避免因财富差距造成教育差距拉大，消弭收入差距对教育发展的制约，实现教育乃至社会的公平，从而保障更多的人因教育而获得福祉，而非因教育生态失衡而失去福祉。

三、人本值较低是中国教育内外生态失衡的主要原因

中国教育生态失衡已成为普遍存在的不争事实。造成这一问题得到公认的原因是中国现有教育管理体制官本位、层级过多、行政化，遇事主要是领导说了算，扼杀各种创新。同样得到公认的是教育要搞好，首先要去行政化，不能谁官大谁说了算，必须谁掌握真理和规律谁说了算。

中国人在更加开放之后看到的更多就能在更大的范围内进行选择，这是一个正常的现象，更多的人到其他的国家和地区去上学，本身有其合理性。造成这些现象的直接原因有：第一，开放之后人的流动性更大，中国人可以通过互联网了解更大范围内教育的实际情况，拥有更大范围的选择权，其中就包括送自己的孩子去国外上学；第二，与中国经济的发展直接相关，目前真正把孩子送往国外的都是有一定的经济基础的家庭，如果没有一定的经济基础，比如农村的农民，要做到这一点就不太可能，所以整个经济增长了，一部分人才有条件、有经济基础把自己的孩子送到国外上学；第三，中国的教育确有其缺点和缺陷，除了整体教育生态的失衡，具体的还表现为单一的评价标准和过于行政化的管理制度，使孩子的自主性和选择性不能充分地发挥和发展。

对中国教育做简约的评价就是"量大质弱"，与世界其他国家尤其是发达国家相比较，中国的教育质量存在着差距。当然也有人说目前国际上对

中国基础教育总体质量还是普遍认可的。整体上来说,中国的基础教育在规模、受教育年限、入学人数等方面基本进入了没有多大增长空间的状态,比如虽然辍学的孩子还是很多,普及率增长的空间已经有限。

中国严重的"留学逆差"的原因是中国培养人才的国际化素质与国际水准还有很大差距,教师国际化水平不足,比如2010年中国内地高校外籍教师占教师总数不到1%,截至2011年,中国排名前十的高校中,外籍教师比例不到5%,其余学校则仅为2%左右,且多为语言类教师;而中国香港地区高校中外籍教师比例为40%～50%,且99%的教师都拥有国外学习经历。再看美国斯坦福大学,外籍教师比例高达65%;哈佛大学多个院长都不是美国人,有印度人、伊朗人、墨西哥人。中国大学对在华留学生管理的理念基本是隔离的,他们不能跟中国学生同住宿舍,留学生难以融入中国文化,现在政策还不允许和鼓励留学生与中国学生课外深入地交流和接触。

由于中国招收留学生本质上是国家招生而非学校招生,收费标准由国家确定,至今仍沿用1998年《关于调整自费来华留学生收费标准的通知》及附件《自费来华留学生收费标准》。这两个文件规定,在华留学生文科类本科生学费应定在1.4万～2.6万元人民币/学年,理科类可适当上调。高校没有自主确定留学生学费价格的权力,也就缺乏提高自身教育质量、开拓留学生生源市场的动力。2014年北大招收国外留学生学费标准仍为文科2.6万元/学年,理科3万元/学年,而加州大学伯克利分校招收"非本州居民新生"时,在"本州居民新生"需缴纳的1.5万多美元的各种费用基础上追加学费近2.3万美元。而牛津大学对英国居民和欧盟居民学生的最高收费额度为9000英镑/学年,但对海外留学生的学费则定在1.4万多到2.1万多英镑/学年,此外留学生还需额外缴纳近7000英镑/学年的"学院费"。折算成人民币,美国和英国学生到中国留学最多每学年只用交学费3万元人民币,而中国学生到美国和英国则要每学年交学费逾23万～28万元人民币。即便学费差别在10倍,留学生源的逆差的低端却在中国，有人简单将这一现象背后的支撑归结为教育质量。

由于对质量的定义在不同人看来是有差异的，对中国教育现状的评价不同的人看法不一样，主要的原因就是每个人对教育的要求和需求是不一样的。比如，对普通人来说，目前这样的教育很多人可能很满足了，多项教育满意度的调查数据显示越是落后地区的居民对教育的满意度越高，越是发达城市的居民对教育的满意度越低，这并不能说明发达地区的教育比落后地区的教育差多少，而是说明人们对教育的需求与期望不一样，具体细化到如何满足人的成长发展需要时，中国的教育还是存在较大差距和不少问题的。一旦某一地区居民认识到当地教育存在的问题时，就会带着自己的子女想方设法地进行跨区域教育选择，这是引发教育生态失衡的微观过程。

其他国家也有人对中国教育表示认可，首先他们是从外部看，没有切身的感受。他们的评价有一定的客观性，所看到的却是外在的状况或结果。再就是从中国的传统文化出发，中国人自己看自己的时候，往往看到的是优点。其他国家情况或许正相反，最典型的就是美国，美国人很少看自己的优点，或很少宣扬自己的优点，往往看到的是自己的问题。例如，1957年苏联卫星发射之后，美国政府认为国家处在危机之中，教育有问题，要进行改革，其实当时美国的教育，并不像政府文件中所说的那样面临危机，而是预感到自己世界第一的地位受到挑战，其教育基础等综合评价还是比较好的。而中国人喜欢强调的是自己取得多大的成就，这两种文化的差异就导致很多中国人在看本国教育时，总是希望看到外国人从正面给出的评价，而没有深入细致地分析自己的问题，以致出现了一边"认为自身还不错"，一边选择逃离的情况。

这种现象出现还是自己不够自信的表现。如果一个人很自信，可以很坦然接受别人的批评，别人说有问题就会改正；而一个人不自信，就会认为别人的批评是诽谤，进而否认自身的问题。这种心理体现在教育上，不仅个人有这样的想法,政府特别是一些县、乡基层政府也有这样的想法,如果你说它的教育有问题,它肯定不高兴;体现在家长身上,就是他们希望自己的孩子好,不认为自己的孩子有问题;体现在对文化的评价上,家长在心里认为中国的教育有问题,所以会把自己的孩子送到国外去留学,不把他们放到这个没有自信的教育环境里,很多父母送孩子出国留学的背后也受到这一心理的左右,这成为导致中国教育失衡的意识和心理机制。有这种心理的人,其理性成分是不高的。

从教育的要素上看,中国教育生态失衡问题与教育自身的多样性和自主选择性不足直接相关。首先,在教育理念上,中国人习惯把教育当作是一种工具,政府把教育当工具实现自己的管理目的,学校把学生和教师当工具实现自己的政绩,家长依然把教育当工具作为家业振兴的台阶,学生本人也把学习当工具作为找工作、评职称,获名得利的工具,作"为人之学"而非"为己之学",而不是以人的成长作为目的。

其次,在管理上,长久以来用管理行政的方法管理教学和学校,使得教育畸形化。不同对象适用不同的管理,对工厂的管理最简单,对行政部门的管理比对工厂企业的管理要复杂一个层级,对教育这类专业机构的管理又比对行政单位的管理复杂一个层级。长期以来,以管理行政部门的方式管理教育和学校,导致整个教育品质难以提升,积久的差距便成为生态失衡的条件。

最后,在评价上,不是依据人的天性评价,而是依照某一个主观想象的标准进行评价,或仅仅依据某一个组织对教育的需求做评价,而非依据社会多样性的需求由多样性的主体对教育做多样性的评价,评价标准过于单一。于是,一方面这种教育不能满足各不相同的学生成长发展的需要;另一方面这种教育又不能满足社会对人才的多样性需求,由此产生了教育在一个更大范围内选择的需求,也就是产生了教育不平衡的需求,同时是教育失衡的诱因。这些问题的存在都必须正视,必须面对,然后想办法解决,在此基础上,才有可能逐渐解决教育中长期存在的失衡问题。

历史上,在对各国各地区教育质量进行比较时,学者们采用了各种各样的指标,比如入学率、受教育年限、性别差异等,也有人用教育的参与自由、经济机制、社会机会、透明性等对教育问题加以分析。已有指标在评价教育差异性方面显然有其价值,却都难以准确表述中国乃至人类教育的失衡的现象,也难以对这种现象的原因做深层的分析。

经过 30 多年大面积实地调查,也经过对世界各国教育的比较,对人类教育的历史状况的分析,从多个角度汇聚起来的同一性认识是:必须从更综合更本质的意义上引入新的概念来描述中国教育的失衡问题,这个概念就是"人本值"。

人本值即人的价值定位与社会组织及其他存在的价值定位之比。以算式表达为:

人本值＝人的价值/社会组织及其他各种存在的价值,或表示为

$$H＝Vm/Vt。$$

以人本值来评价和描述教育,就是要看在教育的各个环节中,人本值的大小如何。当把人的价值估得高,社会组织或其他存在的价值估得小于人的价值时,人本值就大于 1;当把社会组织或其他存在的价值估得高于人的价值时,人本值就小于 1。人的估价越高,或社会组织以及其他存在的估价越低,人本值就会越高;反之,人本值就会越低。

从质性上确定教育的人本值是一个极其复杂的问题,需要比较长时间的不断探索,也需要测量作为技术基础。但从特征上说,人本值高低在教育上体现为所施行的教育在多大程度上与人的本性一致,在多大程度上有利于还是有害于人的天性充分发展。

事实上,中国不少孩子自己都感受到教育太无趣了,难以忍受这种全面而由单一的应试教育带来的无意义的痛苦,仅仅把考大学作为最终目标。基础教育负担过重,孩子们学得太苦只为考高分,学得没有兴趣,到大

学阶段又放得太松,这就不符合人的成长发展特性。孩子本身是多样的,教育却过于单一而非多元化、多样性也是违背人的天性的。把学生当容器灌输,而非通过教育使其获得人生启发,缺少师生双方、同学之间的平等对话。诸如此类都是教育人本值较低的体现。越来越多的中小学生到国外去上学,很大程度上是"用脚投票"逃避人本值过低的应试教育。而现有的社会机制对此反应非常迟钝,又导致教育的人本值长期得不到提升,导致越来越多的中国人对中国的教育改善失去信心。

教育是否切实落实了以人为本,或者落实到什么程度,可以人本值对教育的各个环节加以衡量,人本值高则说明落实得好,人本值低则说明未落实好。教育的转向转到什么程度也可以"人本值"概念加以描述。从这个角度分析,世界各地教育人本值的高低不同、城乡教育人本值的差距才是教育生态失衡和失序的根本原因。总的趋势是生源由人本值低的区域向人本值高的区域流动,由乡村到县城再到市区、到省会以及北上广,由一地流到另一地,基本是沿着人本值由低向高的方向流动。

从提升教育的人本值角度看,当下中国的教育不仅考试要改革,教育方法要改革,教育目标也需要基于以人为本重新定位,是一个系统工程。

中国要解决以教育为媒介的被抽吸问题,客观上存在人本值的边际效应:当一个地方的学校办得好到不同程度,就会有不同数量的人回流到当地。在实地调查中有个实际的例子:某个市里的以前教育办得最差的一个区,老师和学生都争着去区外其他地方,大量外流。后来当地的教育局进行了董事会领导下的校长负责制改革,成立董事会对学校负责,校长由董事会遴选任命,向董事会负责,同时给予学校更大自主性,董事会能给学校提供更多的资源,提高教师待遇,解决其福利问题;教师因此更注重关照学生,明显变化是学校内的人本值提高了,过了两年,有一些教师回来了,有一些学生回来了。由董事会选出的校长与现在体制内的校长不一样,现在的校长更多实行的是行政指令,很多事情爱干不干,而董事会任命的校长要想办法把学校办好，求着教师，教师对学生也更负责任，学生也就回流了，学校就能办得更好。

这个例子说明，要解决留学及资本外流问题，改良教育生态的根本之道就在于要进一步提高教育的人本值，改变教育管理、教育评价以及教学，教育要进一步转向以学生为本，转向瞄准学生成长发展需要，为学生提供服务。这种转向不是一对一的，而是一种整体效应，如果不改变这种状况，到国外留学的趋势会不断扩大，会有更多的人选择用脚投票，如果有所改善，会减缓这一趋势甚至反过来有更多的学生回来。这一趋势的推力很大，从镇里、县里、市里、省城、北上广到国外是相互联系的整体，中国内部的择校热与到国外的留学潮是一个整体。减少这一推力，从根子上就是提高学校教学、管理以及教育行政管理和评价等各个环节的人本值，把学校办好，改变教育教学，提升质量，让孩子在学校学得好，家长对学校认可，这才是要解决的问题。

教育的人本值是与它所处社会的人本值存在较大的相关性的，中国在近一两百年来，整个社会的人本值是不高的，以至陶行知说"在中国人命是最不值钱的"，"要等到人命贵于财富，人命贵于机器，人命贵于安乐，人命贵于名誉，人命贵于权位，人命贵于一切，只有等到那时，中国才站得起来"。[1] 即便在当今，保守估计中国每年的失踪儿童总数在 20 万左右，而能够被找回来的只占 0.1%。[2] 中国疾病预防控制中心公布的一项调查结果表明，意外伤害是中国 0～14 岁儿童的首位死亡原因，每年有超过 20 万的 0～14 岁的儿童因意外伤害而死亡，64 万名儿童因意外伤害致残。此外，儿童死亡数字庞大，性别歧视、遗弃、拐卖等现象仍大量存在。这些都直接或间接影响到教育上人本值的高低。

在这种情况下，教育领域提高人本值缺乏一些社会基础。但不能因此

① 陶行知：《陶行知全集》（第 2 卷），四川教育出版社，1991 年，第 134 页。
② 中国广播网，2013-06-02。

就放弃在教育领域提高人本值的努力。反而在一定意义上说，提高教育的人本值是提高社会的人本值的先声，社会需要教育领域人本值的提高来实现对生命价值的提升。

以人为本是通古今之变视野里当下教育最急需、最深刻、最符合人性需求的转变，它不仅能支撑大国真正实质性的转型，而且极大地有利于中华民族乃至人类未来的兴旺发展。然而要明了为何不能实现这一转变，或者说为何要进行这一转变，还需要更宽的视野，回溯历史源流，才能理顺各方面的逻辑关系，以便更为自觉地在知其所以然的基础上进行转换。

四、止于人民幸福

在人类 6000 年文明史上，以人作为坐标原点看教育，则教育经历过对人的游离与回归过程。

人类早期的教育就是新生儿诞生后在与成人的交往中进行，本能地是以新生儿为中心的。到古埃及、古希腊，儿童教育主要在家庭中进行，也不会离开人本多远。

当人类有了对神的信仰，教育便在不同程度上受到神的左右，甚至最终发展到依据神的旨意教育孩子，于是教育进入到一个比较长的神本时代，其中包括以神来奴役人，教育开始脱离人本。这个时段很长，在人类世界的不同地域长短不一，大约有 3000 年，并且在 3000 年后神对教育的影响至今在一定范围内存在。

接下来人类不同地区先后进入君主制社会，教育又发展到君本位，同样不是以人为本。君本位的教育延续了近 3000 年，在世界的不同地区时间长短不一。

在中国历史上，早期的学校形式同样很多，后来发展为庠、序、校等比较定型的形式，其早期的功能无论是养老还是育小，基本上还是以人为中心的。先秦时期的"变易"之学（"有对"之学）最后归结到人自身，《周易》所说"自强不息"即以人为本体。在老子、孔子、墨子的学术中，依稀可见人的地位，人道的地位。其中孔子"仁"的概念提出，孟子的"民为本"都不乏这些思想。同在那个时代，也出现了天命论，并由此产生不同于人本的天命教育观。

在春秋（前770—前476）战国（前475—前221）期间500年左右，中国古代社会发生剧变，从血缘宗法社会向统一的传统社会发展。当时丰富多彩的"诸子学"，有阴阳家、儒家、墨家、道家、法家、名家、纵横家、农家、兵家、杂家、小说家，各个学派的思想相互争辩，形成了"百家争鸣"的局面，其中对教育价值取向就有不同观点。道家主张"天而不人"，要人们向大自然回归，儒家荀子批评它是"蔽于天而不知人"，认为仁义道德是天地万物的普遍法则。道家则批评儒家观点狂妄无知，庄子举例说，"毛嫱、丽姬，人之所美也，鱼见之深入，鸟见之高飞"。毛嫱、西施是人见人爱的美女，但鸟类看了都会高飞而去，鱼儿见了会沉于水底，可见人的审美标准不能为鸟类鱼类认同；又如人喜欢住在华美的屋子里，泥鳅却要生活在污泥里，而猿猴却喜欢栖身于树林中，可见人的居住需求不能为动物界认同。如此类推，怎么能说仁义道德是天地万物的普遍法则呢，批评儒家夸大"人"的作用，从而形成"天道"与"人道"两大派别分野。

孔子思想中有三个重要的理念：一是"道"，即人生目标、理想，孔子说，"朝闻道，夕死可矣"，"士志于道"，"君子忧道不忧贫"等；二是"仁"，即爱人，由亲亲扩展到爱大众，进一步主张"己欲立而立人，己欲达而达人"，这是孔子的核心理念；三是礼与乐，孔子认为这是社会和谐的基石。总体上说这一思想的人本值还是比较高的。

战国时儒学分为八派，其中有两派影响最大：一是子思、孟子学派；二是荀子学派。孟子主张治国者应实行"仁政"，倡导"民贵君轻"的民本思想，是人本值较高的一个思想流派。孟子还从哲学理论的高度论述人不同于其他动物，与生俱来地有恻隐之心、羞恶之心、恭敬之心、是非之心，经过后天的学习，将这些人性中的潜质加以发扬，形成君子必须具有的仁、义、礼、智四性。在孟子看来，人与其他动物的区别在于人有道德操行，即道德自觉，而其他动物没有。孟子还提出"大丈夫"的概念："富贵不能淫，贫贱不能移，威武不能屈"。以荀子为代表的儒家学派主张吸收法家的若干思想，主张德治与法治二者相结合。

中国最早的一部教育专著《礼记·学记》在叙述这段历史时，显然是以当时的当代史视角来表述："是故古之王者，建国君民，教学为先。"①意思是说建立国家，管理民众，教育为最优先、最重要的事情。将教育的目的归集于治理国家和民众，这种观念便一直在中国延续了数千年，与现今常用的口号"优先发展教育，建设人力资源强国"一脉相承。

《礼记·大学》中更进一步将教育对国家与个人的关系具体表述为："古之欲明明德于天下者，先治其国；欲治其国者，先齐其家；欲齐其家者，先修其身；欲修其身者，先正其心；……心正而后身修，身修而后家齐，家齐而后国治，国治而后天下平。"并指出大学的目的"在明明德，在亲民，在止于至善"。

西汉确立统一多民族国家的"国格"观念，如董仲舒倡导"无辱宗庙，无羞社稷"，强调"君子生以辱，不如死以荣"。史学家司马迁将"国"放在首位，称赞"先国家之急而后私仇"的观点。汉武帝时苏武出使匈奴，19年受尽折磨而不改其志，始终坚持民族气节，留名青史，确立了"忠君"的典范，影响了2000多年来的学人价值取向。

汉武帝接受大儒董仲舒的建议，在思想文化上"罢黜百家，独尊儒术"，力求使政治、经济和思想文化很好地结合起来，以巩固统一的多民族国家，从此在名义上接受儒学，又将儒学当成儒术，作为君本位的工具，教育由此等而下之，教育的人本值由此下降。汉章帝建初四年(79)在京师洛阳白虎

---

① 《礼记·学记》。

观召开儒家经学的会议,皇帝亲自裁决,统一对经书的理解,规定对经书的阐述都必须贯穿"三纲五常"的核心理念。"三纲"是指:君为臣纲,父为子纲,夫为妻纲。"五常"即仁、义、礼、智、信。从而形成宗法制度最基本的原则和君本位对全民的支配体系。

佛教传入中国对中国君本位的社会结构是一次震动,一是佛教中某些宗派关于人的主体意识"心"的论述,二是佛教中某些宗派对"本体"理念的阐述,三是佛教对"高深智慧"的重视,在一定程度上提高了中国社会思想的人本值。

宋代学者朱熹在他所著的《大学章句》中,把《大学》提出的"明明德""亲民""止于至善"三者称为"大学之纲领",把"格物""致知""诚意""正心""修身""齐家""治国""平天下"八项称为"大学之条目"。后人称之为"三纲领八条目",简称"三纲八目"。可以说在中国近 3000 年中,教育基本上是君为本的,学统总体上是受到政统支配的,期间仅有间隔性极为短暂的若干变化间隙。

欧洲在经历漫长的中世纪后,著名的人文主义教育家、意大利的维多里诺(1378—1446),在 1423 年制订了五条办学原则,还办了一所学校,自己给学校取名为"快乐之家",自称是仁爱之父,学校充满人文精神。

当时还有两位人文主义教育家,一位是法国的刺伯雷(1494—1553),他的代表作《伽刚丘和潘德格罗尔》,对君主制度作了有声有色的讽刺,对从旧制度下解放出来的新人给了崇高的礼赞,他主张要使全部教学变成愉快、轻松、富有吸引力的活动,"以致觉得与其说它像学生的学习,毋宁说它像国王在消磨时光"。另一位是法国的茝旦(1533—1592),他要求发展学生的思考力、自动性和积极性。

这个时期的一批著名教育家在教育上奠定了人文主义的教育思想,提出了发展儿童积极性、自动性的要求,重视智力的发展,提出了广泛的课程表,除人文学科以外,还增加了自然、物理、地理、历史、数学、天文学等内容。特别提出尊重儿童人格、发展儿童人格等观点。

1530年，哥白尼(1473—1543)提出日心说，人类先贤开始在君本位的世俗体制下挑战神本位。又过了100多年，牛顿的朋友——科学家约翰·洛克提出，要用规律意识、理性精神观察社会发展，人类社会的中心是人而不是神，社会发展有规律可循，治理社会的基础是人类的利益。后来，美国人根据洛克的思想写了《独立宣言》，马克思称其为"人类史上第一个人权宣言"，人类由此在理论上明晰了人本的大方向。

被誉为教育领域的哥白尼的法国教育家卢梭(J. J. Rousseau)在批判君本位和成人本位的儿童观后，旗帜鲜明地提出儿童本位的教育观，在所著《爱弥儿》中旗帜鲜明地提出："大自然希望儿童在成人以前就像个儿童的样子。如果我们打乱了这个次序，我们就会造成一些早熟的果实，它们长得既不丰满也不甜美，而且很快就会腐烂。……儿童是有他特有的看法、想法和感情的。"[①]卢梭所提出的"天性为是"原则至今不仅不为过时，在很多教育实践中还远未实现。

十八九世纪，瑞士教育家裴斯泰洛齐(Johan Heinrich Pestalozzi)(1746—1827)提出"尊重儿童的本质"，教育的最终目的在于发展每个人的一切天赋与能力，而且这种发展应当是全面的、和谐的，但他又指出发展不能只是依靠本身的力量，而是要外界加以帮助，所以主张要合理安排教育，创立了"要素教育"的理论。裴斯泰洛齐深信每个人都有与生俱来的发展机能和受教育的平等权利，强调情感教育，爱的教育。他强调教育者首先必须具有一颗慈爱之心，以慈爱赢得学生们的爱和信赖。因此，教师要精心照顾好儿童，注意儿童的需要，对儿童的进步和成长报以慈爱的微笑。教师要用亲切的话语、情感、面部表情及眼神打动儿童。当爱和信赖在儿童心中扎下根以后，教师要尽力激励它、增强它，使之不断升华。

---

① 卢梭：《爱弥儿》，李平沤译，商务印书馆，1978年，第91页。

美国教育家杜威（J. Dewey）沿着提高教育人本值的方向提出了他的儿童本能观，明确提出儿童中心的理论，认为儿童是太阳，教师、教育工作一切要围着太阳，强调要将教育的重心由教材、教师和其他一切教育工作转移到儿童，所以也被称为教育领域的"哥白尼式的革命"。他在《我的教育信条》中指出："唯一真正的教育是通过对儿童能力的刺激而来的"，"儿童自己的本能和能力为一切教育提供了素材，并指出了起点"。[①] 儿童的能力、兴趣和习惯都是建立在它具有独特生理和心理结构的原始本能上，如果没有潜在可能性就不能获得生长和发展。

杜威儿童本能的内涵是潜藏在儿童身体内部的一种生来就有的能力，它"最初是自发的，而且没有一定形式；它是一种潜能，一种发展的能力。……它是一种独创的和具有创造性的东西；是在创造别种东西的过程中形成起来的东西"[②]。它"是天然生来，不学而能的种种趋向，种种冲动"，是儿童发展和教育的基础。杜威认为儿童潜藏着语言和社交本能、制作本能、研究和探索本能、艺术的本能。其中最重要的是制作本能。"这四方面本能是天赋的资源，是未投入的资本，儿童的生动活泼的生长是依靠这些天赋资源获得的。"[③]

兴趣和自由是杜威儿童观的两个重点关注点。"兴趣是生长中的能力的信号和象征。……兴趣显示着最初出现的能力。"[④]自由是生长和发展的自由，包括内部和外部两方面的自由，"对儿童来说，自由就是提供机会，使他能尝试他对于周围的人和事的种种冲动及倾向，从中他感到自己充分地发现这些人和事的特点，以致他可以避免那些有害的东西，发展那些对自己和别人有益的东西"[⑤]。自由不是放纵，"自由若不加以限制，就是自

① 杜威：《杜威教育论著选》，赵祥麟，王承绪编译，华东师范大学出版社，1981年，第1～2页。
② 杜威：《杜威教育论著选》，赵祥麟，王承绪编译，华东师范大学出版社，1981年，第295页。
③ 杜威：《杜威教育论著选》，赵祥麟，王承绪编译，华东师范大学出版社，1981年，第38页。
④ 杜威：《杜威教育论著选》，赵祥麟，王承绪编译，华东师范大学出版社，1981年，第10页。
⑤ 杜威：《学校与社会·明日之学校》，赵祥麟，任钟印，吴志宏译，人民教育出版社，1994年，第297页。

由的消极面"。

意大利教育家蒙台梭利（M. Montessori）对增高人本值的现代儿童观作了充分的运用，她认为："儿童并不是一个只可以从外表观察的陌生人，更确切地说，童年构成了人一生中最重要的一部分。"①她说："存在一种神秘的力量，它给新生儿孤弱的躯体一种活力，使它能够生长，教他的话，进而使他完美，那么我们可以把儿童心理的和生理的发展说成是一种'实体化'。"②她认为幼儿有两种本能：一是主导本能，对处于生命初创时期的婴儿提供指导和保护；二是工作本能，使幼儿通过不断地工作进行创造，使自己得到充分满足，并形成自己的人格。

蒙台梭利还提出"精神胚胎"论，认为幼儿的发展具有隐藏和秘密特点，幼儿是个"精神（心理）胚胎"，拥有最丰富的潜力和感受能力，通过自身努力能够形成独特的个性和创造性，秩序、细节、行走、手动、语言各种发展具有敏感期，敏感期对敏感对象极度敏感，对其他的东西无动于衷。

她还认为："如果说心理的压抑会影响新陈代谢，并因此降低了一个人的活力的话，那可以肯定，相反的情况也会发生：富有刺激的一种心理体验能增加新陈代谢的速度，并因而促进一个人的身体健康。"③

蒙台梭利通过"儿童之家"的实践观察到："由于存在一个有敌意的和不相容的环境以及成人的压抑和干涉，幼儿的心理会在不知不觉的情况下出现各种畸变，如心灵神游、心理障碍、依附、占有欲、权力欲、自卑感、恐惧、说谎等。而且，在一个幼儿身上同时出现几种心理畸变的现象。这样就会使幼儿的心理处于紊乱的状态，而那些畸变将可能伴随他的终生。"④

德国教育家福禄培尔（Friedrich Wilhelm Froebel）创办第一所幼儿园（德文 kindergarten），旨在"发展儿童和少年的活动本能"，不同于此前英

---

① 蒙台梭利：《童年的秘密》，冯荣根译，人民教育出版社，1990年，第17页。
② 蒙台梭利：《童年的秘密》，冯荣根译，人民教育出版社，1990年，第41页。
③ 蒙台梭利：《童年的秘密》，冯荣根译，人民教育出版社，1990年，第136页。
④ 蒙台梭利：《童年的秘密》，冯荣根译，人民教育出版社，1990年，第60页。

法两国的"幼儿学校"(infant school),福禄培尔称它的不同之处在于"它并不是一所学校,在其中儿童不是受教育者,而是发展者"。[①] 游戏是儿童内心需要和冲动的外在表现,强调:"游戏是人的这一阶段上最纯洁的精神产物,同时是人的整个生活、人和一切事物内部隐藏着的自然生活的样品和复制品。游戏给人以欢乐、自由、满足,内部和外部的平静,同周围世界的和平相处。"[②]游戏既是儿童内在本质的自发表现,又是内在本质出于其本身的必要性和需要的向外表现。

上述各家形成人类经历君本位以后在教育上追求人本位的一条线索,也是在教育上逐渐提高人本值的不断努力。

在 20 世纪,中国也有一批教育家朝着增加教育的人本值方向发展自己的教育思想。1919—1921 年,杜威在华两年多,出版了《杜威演讲录》和《杜威五大演讲》。经过他的学生胡适、陶行知、陈鹤琴、凌冰等人的宣传推广,在中国产生了极大影响。杜威的代表作《明日之学校》《民主主义与教育》,以杜威教育思想为指导的克伯屈设计教学法,以及道尔顿制都对中国产生了一定影响。道尔顿制废除课堂讲授,学生与教师订立学习公约,在改教室为各科作业室或实验室自学的基础上,学生按自己的兴趣,自由支配时间,各作业配有该科教师一人作为顾问,进度可自己掌握,教师检查记录,毕业时间也各不相同,这种比设计教学法更为个性化、并以学生为中心的教学制度就是想提高教育教学的人本值。

教育家陶行知的教育价值观转变最为典型,他将体现儒家教育价值取向的《大学》开篇语"大学之道,在明明德,在亲民,在止于至善",修改为"大学之道:在明民德,在亲民,在止于人民之幸福",并对此解释道:大学"要明白人民的大德",即觉悟、联合、解放,"解放出来的力量要好好的使用,用在

---

① Herbert Courthope Bowen. *Froebel and Education by Self-Activity*. Charleston, South Carolina: Nabu Press, 2009, p. 3.

② 福禄培尔:《人的教育》,孙祖复译,人民教育出版社,1991 年,第 33 页。

创造上，创造新自己，创造新中国，创造新世界"；大学"要亲近老百姓。我们认为亲民的道理，比新民的道理来得切实"；大学"要为人民造幸福。一切的学问，都要努力向着人民的幸福瞄准"。[1]

这一改动的新意在于，原来的"明德"是社会主流的标准，或者说是统治者的标准，而"民德"则是普通平民的标准；"亲"字是通假字，朱熹将它解释为"新"义，"亲民"就成为大学要改造老百姓，梁启超等众多学者认同了这一说法。陶行知改回到"亲民"，认为"民"是主体，不宜被改造，人民大众才是"大地母亲"，学人必须深入到最广大的民众中去，才能够不断自新；"至善"也是主流社会或统治者的标准，《大学》对"至善"进一步解释道："为人君止于仁，为人臣止于敬，为人子止于孝，为人父止于慈，与国人交止于信。"[2]陶行知跳出"格物、致知、诚意、正心、修身、齐家、治国、平天下"的固有逻辑与伦理体系，也跳出了君臣父子的伦理秩序，认为"一切的学问，都要努力向着人民的幸福瞄准"，无疑是教育价值取向的重大进步。

陶行知强调"追求真理做真人"，人民的幸福是一切学问的终极关怀，对传统的"学而优则仕"，做"人上人"的教育观念加以否定。

此后，意大利教育家马拉古兹（L. Malaguzzid）1963 年创办瑞吉欧学校，形成"瑞吉欧方法"（The Reggio Approach），获美国教育家布鲁纳和加德纳称赞，其儿童观强调"有一点很重要，那就是相信儿童是有力量的和完美的，并且充满很热切的期望和需要"[3]。他的儿童观可归结为：儿童拥有天赋的潜能，得不到承认和发展就会导致痛苦；儿童应有自己的权利，如果拥有它就会更健康、更聪明、更具潜力、更愿学习、更好奇、更敏感、更具有随机应变的适应能力、对象征语言更感兴趣、更能反省自己、更渴望友谊；儿童从一开始就具有主动学习的愿望，通过自己的学习可以重塑自己、同

① 陶行知：《陶行知全集》（第 4 卷），四川教育出版社，1991 年，第 671 页。
② 《礼记·大学》。
③ 亨瑞克：《学习瑞吉欧方法的第一步》，李季湄译，北京师范大学出版社，2002 年，第 130 页。

伴、家长、教师和这个世界的形象；儿童之间存在着差异，这些差异可能因环境的理想与否而增加和减少，面对差异要远离速成和急躁，抗拒诱惑；创造一个幼儿、家长和教师都感到自在的和谐环境很重要，确保每一个幼儿享有幸福感和团体归属感，为符合儿童的要求，环境必须具有儿童文化，具有多重选择性。

在经济和科技快速发展的欧美，人的精神和尊严受到一定的冲击，由此引发一股对人的价值和尊严重视的思潮，在此基础上产生了人本心理学，以整体的人为研究对象，强调人性、动机、潜能、经验、体验、价值、意向、自主性、自我认识、自我选择、自我设计、自我实现等一系列深化人本认识的概念和理论。

纵观人类 6000 年文明史，经济从农业化、工业化到信息化；政治从神权政治到君权政治再到民权政治；文化从神学思想到玄学思想再到科学思想；教育则经由原始的自然人本到神本、君本，然后近五六百年来逐渐迈向人本，上述所列教育家便是基于对人类教育发展的深刻洞见，昭示着人类教育未来发展的方向。这些教育家的人本思想在他们提出的时候还只是理想，理想是人类文明的原动力，指导人们往前走，可它不是实用的建设的具体步骤，实际发展中或许永远达不到，却很大程度上改观了人类的教育。同时，世俗的教育依然存在巨大的惰性，世界不同区域教育的人本值差异依然巨大。

中国历史上缺乏类似欧洲"文艺复兴"这样恢复了人作为人的尊严的历程，人的基本权利意识还不够普及，虽然中国人不需要像欧洲那样从神本位中解放出来，君本位的意识还弥漫在教育的各个细微存在中，阻止了中国人成为一个独立、理性、自由、自我主体意识健全的人。1949 年以后教育上实际是批了人本为基本取向的现代派，畅行源于普鲁士风格的传统派，甚至有过之而无不及，如不准讲个性、人性、人道，民主也成了问题，从而教育的人本值较此前大大下降。中国在实行改革开放政策后普遍盛行的拜金主义,弥漫在生活的每一个空间,使得中国人长期难以从物欲的牢笼中解放出来,养成遵循人道、关爱人类、自觉自律的健全人格。上述各种因素成为实现教育以人为本的阻碍,又成为在中国急需实行以人为本的教育的必要的理由。

在教育的人本值相对落后的中国,要提升教育的人本值,就必须在思想上理清源流,明了趋向,才能知其所以然地勇往直前。同时需要进一步开放,让越来越多的民众亲眼看到教育中人本值高低不同所引发的差别,认识到差别就设法提高教育的人本值,以增加教育为人创造幸福的效力,让越来越多的人通过教育能走向幸福。

从教育不是以人为本,或者以人为本却不过是以别人为本,或者没有清晰自觉意识的以人为本转向真实、理性、健全的以人为本是一个漫长的过程,也是需要教育当事人不断求索的过程。中国实行改革开放政策后的教育改革提出以学生发展为本,学生是主体,课程改革又搞了研究性课程,这些都是这个过程的组成部分。然而,直至今日,这一过程依然不够深刻、全面,缺乏扎实的理论依据和实践范型,这是本书试图有所推进的方面。

第二章　社会转型与人的教育

中国社会转型中对人提出新的要求,实现经济产业的升级换代,走出中等收入陷阱需要提升人的创新能力;实现城市化需将农民和农村劳动力转化为新市民。社会转型对人的普适特征的要求是:通才与公民、充分的自主与个性化、思想崇尚者、快速信息处理能力。社会转型需要教育重新定位,从纵向社会层级的升降梯转变为扁平社会的立交桥,从国家工具转变为基本的民生、民权。社会转型需要教育结构和形式转变以提高教育的人本值,改变单一结构,增加教育多样性和教育供给能力,教育供求关系改变才能消除人身依附,实现人人平等;随着教育的选择性增加和人性化水平的提高,教育的人本值就会得到提高。人本教育所要培养的是人中人,并努力消除人上人、人下人现象。人本教育寻求在人与人,人与外界各种存在间的平衡基础上的教育,着眼于人的个性发展与社会对个体发展需求的相互彰显和相互满足,这样的教育人本值约等于一。

法国教育社会学家涂尔干(E. Durkheim)认为:"教育的转型始终是社会转型的结果和表征。"①研究中国教育转型的时候不能不顾社会的转型进展的状况。

在人类历史上,学校和教育的形式多种多样,欧洲从17世纪开始工业革命推动新的社会政治制度产生,于是有了一次教育和学校生活有序性的转型,被称为教育科学奠基人的夸美纽斯撰写了《组织一所良好学校的准则》(Laws of a Well-ordered School),建立班级授课制,赫尔巴特在此基础上探讨了教育心理学化的问题。

19世纪末20世纪初,欧美的学校教育随着社会的变革开始了第二次变革,这次的基本特征是从普鲁士式单一型、形式化向多样性、本质化或人性化的方向转变,欧洲的新教育运动和美国的进步教育运动是这次变革的起点,这次变革由于中国有郭秉文、胡适、蒋梦麟、陶行知等一批教育家敏锐地感受到,并在中国广泛传播,在中国创办了《新教育》和《新教育评论》,通过杜威、孟禄等人来华进行演讲、调查,使中国教育进行了同样的转换过程。

①　涂尔干:《教育思想的演进》,李康译,上海人民出版社,2003年,第231页。

1949 年至 1977 年,中国建立了国家包揽的计划管控的教育体制,几乎限制了教育依据时代发展需要进行转型的各种可能,从而处于转型迟滞状态。1985 年《中共中央关于教育体制改革的决定》试图对这一体制进行改革,至今已 30 年,效果仍不明显。

一、社会转型中的人

人是社会中的人,社会转型必然导致人的各种关系和特性的变化。由于信息技术的发展,人类社会正经历着一次转型过程,相应地教育也在经历一个新的转型过程。

蒸汽机的发明带来工业革命之际,中国在全球变局中正处在"康乾盛世",由于缺少必要的忧患意识没有顺势而变导致极盛而衰。近 500 年世界各国发展的历史表明,开放而不封闭,顺势应变是社会兴旺、国家富强的前提。近数十年世界各国国运变化的情况说明,仅仅关注发展经济可能带来社会的一些改观,而只有提高人的素养,增加社会人本值,生产、消费、科技研究和开发都需要以人为中心,所有的过程都需要更符合人性,才能创造整个社会的幸福。信息社会不能改变人的先天潜能,却对人的素养有了一些共性的要求。

(一)中国社会转型对人的需求转变

中国社会转型外在的两个显性特征就是实现经济产业的升级换代,走出中等收入陷阱,实现城市化。这些变化对人的素养的需求变化体现为需要人具有更高的创新能力,将农民和农村劳动力转化为新市民。

1. 创新能力

根据有关研究报告,2004 年中国科技创新能力在占世界 GDP 的 92％ 的 49 个主要国家中位居第 24 位,2005 年降至第 31 位,2006 年在 61 个经济体中升至第 19 位[①]，比较长的时期以来，人口大国的中国创新能力处于中等水平，若以人均计算则属于倒数行列。

中国人目前总体的创新能力还很弱，即便中国自己设置的国家自然科学奖和技术发明奖，从 1989 年以来曾经多次出现一等奖空缺[②]，说明中国科技实力和发达国家比仍然有相当的差距，尤其是缺少原创性，具有自主知识产权的重大科技成果过少。曾任美国微软公司全球副总裁兼微软中国研发集团总裁的张亚勤写过一篇《从"中国制造"到"中国智造"》的文章，认为从 1949 年以来，中国经济和科技的发展历程和未来前景可用"中国自造"→"中国制造"→"中国智造"来概括。1978 年中国告别了"自造"阶段，依靠廉价劳动力资源优势成为世界经济中万众瞩目的全球制造业中心，创造了"中国制造"时代。但要步入"中国智造"时代还有一段路程，张文认为"中国智造"的动力来自创新环境、创新机制、创新源泉和创新市场四个层面。一言以蔽之，中国人需要创新。

经过 30 多年的改革开放，中国人越来越一致地认识到日趋激烈的国际竞争，归根结底是人才的竞争，谁拥有高质量的人才，谁就能在竞争中掌握主动权。美国在冷战开始后一直在改善人才环境，提高各项吸引外国人才的指标和待遇，各国流入美国人才数目居高不下，其中包括大量从中国流入美国的高级人才。进入 20 世纪 90 年代，发展中国家出现一定程度的人才回流潮，美国便升级自己的大学管理体制吸纳尖端人才，提高基础教育质量。

中国在 GDP 总量增长的同时，贸易总量也跻身世界前列，成为名副其实的贸易大国，也成为世界上受贸易摩擦影响最大的国家。从 1995 年

①　瑞士洛桑国际管理学院：2004 年、2005 年、2006 年的《国际竞争力年度报告》。
②　1955 年国务院开始设置"中国科学院奖金"，1999 年科技部宣布开始设立国家最高科学技术奖，奖金 500 万元人民币，分为四个项目，其中"国家自然科学奖"的一等奖从 1998—2002 年连续 4 年空缺，2010—2012 年连续 3 年空缺，1998—2014 年 16 年中有 11 次空缺，2014 年的一等奖评定结果还引发争议；同时，国家技术发明一等奖从 1998—2004 年连续 6 年空缺，2005 年才打破这一局面。

WTO成立至今,全球每7起反倾销案件中就有1起涉及中国,这使中国已连续10年成为遭遇反倾销调查最多的国家,贸易摩擦更呈现不断上升的态势。主要原因在于中国外贸从贸易结构、商品结构、贸易方式构成上看,还处在成长基础较为脆弱、增长方式相对粗放的阶段,出口仍以劳动密集型产品为主,产品的档次不高,出口名牌很少,机电产品和高新技术产品也大部分是组装的外国商品,真正拥有自主知识产权的很少,出口发展处于粗放增长的阶段,低价竞销,以量取胜仍是竞争的主要手段,是典型的"制造大国、品牌小国"。这种凭借数量型扩张取胜的粗放增长经营模式已成为引发贸易摩擦的重要原因。

也就是说,中国外贸的发展很大程度上依赖的是劳动力价格低廉从而产品价格低廉的优势,中国出口了衬衫、运动鞋,却需要进口松下、索尼、苹果等的高端家电和重工业产品。在较长时期的快速发展过程中积累下来的问题和矛盾,如经济增长方式粗放、资源环境约束增强、自主创新能力薄弱、产业结构的技术含量较低、劳动力就业压力加剧,成为影响经济进一步发展的主要障碍。

解决上述问题的途径从根本上说在于通过调整实现产业结构的优化升级。但由于普遍缺乏自主知识产权和核心技术,且大都处于劳动密集型的加工装配环节和价值链的底端,所以,与其他产业的关联度很低,改造传统产业的作用不显著,对经济增长的带动效应较弱。因此增强自主创新能力,努力掌握核心技术和关键技术,加快高技术产业从加工装配为主向自主研发制造延伸的发展是基本的发展思路。最终要依靠提高自主创新能力,依靠自主创新人才,为此中国急需大量各层次的创新人才。

中华民族历来崇尚创造,曾经创造了光辉灿烂的古代文明,并在较长时期走在人类文明发展的前列。到了近代,由于政治、经济等多方面原因,中国人创造的步子放慢了,以至于在多数领域落后于其他国家。经合组织曾发表《以知识为基础的经济》,将知识经济定义为建立在知识和信息的生产、分配和使用之上的经济,中国人在这一理论引起的震惊之余从中获得以下启示:

在知识经济社会里,每个人都要提高自身素质,更新知识和技能;企业和用人单位必须注重培养自己的人才,不断地更新知识,完善培训制度,运用多层次、多形式、多课题的方式,高质量地为经济社会发展服务;相应地,教育必须全面提高入职者素养,从而推动人力资本战略的实现。

然而中国既有的制度缺乏激励创新的机制,要打破现状,就不能不引发中国人对创新路径的探索。当今世界各国尤其是发达国家纷纷把推动科技进步和创新作为国家战略,大幅度提高科技投入,加快科技事业发展,重视基础研究,重点发展高技术及其产业,加快科技成果向现实生产力转化,以利于为经济社会发展提供持久动力,在国际经济、科技竞争中争取主动权。

中国从政府到民间都已充分认识到创新的重要性,全力推动万众创业,全民创新得到越来越广泛的认同,创新的根本要靠教育和人才,创新型国家建设对教育提出了新的要求。世界发达国家建设国家创新体系的实践表明,高级专门人才是技术创新的根本保障,创新的关键在人才,而人才的培养必须依靠教育,社会发展需要教育培养创新精神和创新人才,需要关注知识的前沿而不只是总量,培养探究精神而不是灌输知识和获得标准答案,养成挑战传统思维的勇气;教育需要成为既是知识创新的主要基地,又是培养创新精神和创新人才的摇篮。

2. 市民素养

从 20 世纪 80 年代起,就有大量在农村处于隐性失业的农民进城务工,然而由于户籍限制,不少人在城市打了 30 多年的工,在城市里成家立业了,生儿育女了,依然还是农民身份。从宏观发展看,人口城镇化是未来发展的大趋势,培养新市民具有市民素养是转型期教育所应承担的特殊使命。

农民工长期不能融入城镇,人的城镇化就无从谈起。人口城镇化是实现人的城镇化的前提条件。这其中比较艰难的过程是农民转化为市民。当然这样说并不意味着已在城市居住,有城市户籍的人就能自然具有市民素养,整体上,中国人的市民素养依然较低,随处可见的闯红灯、不遵守秩序、随地吐痰、不尊重他人、家庭暴力等都是市民素养不高的表现。

即便如此,中国人口城镇化在社会转型期还有较大的空间,也将会是较快的过程。人口城镇化是新型城镇化的核心。2013 年,中国的规模城镇化率是 53.7%,但人口城镇化率只有 35% 左右。与 2011 年世界的平均水平还差 15 个百分点。按照中央政府确定的户籍制度改革进程,到 2020 年全国人口城镇化率有可能达到 53% 左右。按照《国民经济和社会发展第十二个五年规划纲要》布局,中国将形成"两横三纵"的城市区域格局,将带动新一轮人口流动和资源要素重新组合和优化配置。这一过程必然由于劳动力城镇化引发农民工市民化的转变。未来若干年将是劳动力城镇化向农民工市民化转变的一个重要的历史节点。如果未来能够实现城镇基本公共服务制度对城镇常住人口的全覆盖,户籍制度、土地制度等重点领域的改革取得突破性进展,就会出现解决存量农民工和增量农民工的市民化问题。

转型对市民素养的需求巨大,而且是一个不断增长的过程,构成了对教育的挑战,也是教育转型的条件和机遇。

(二)社会转型对人的普适特征要求

转型期对每个人来说是正处在挑战、机遇和实现超越突破的历史交汇期,中国人已经意识到社会转型对人的创新能力的需求,这种认知是没有错的。只是这种认识是在中国人已有认知基础上的认识,由于这种认知基础是在原本就不完善的教育环境下建立的,所以存在不完整性。因为社会转型不仅仅是经济发展一个方面,而是在信息技术和交通等几个方面因素影响下资源、环境、社会道德、国家治理方式等全方位的转型,最为根本的是由君权社会向民权社会转变,由一个纵向层级较高的社会转向一个更加扁平、人与人之间更加平等的社会,因而对人还有一些更普适特征的要求。

1. 通才与公民

教育目前面临的危机主要是培养什么人,怎么培养人的问题。通常的争论是分出文理还是真正能够文理兼通。你只懂工则只是高级的工匠,而不是真正的大师、科学家。所以今后教育方向首先还是应该培养通才,既有工科知识也有文、理科的知识。

有人将人才形象地分为四种:第一种是"一"字型人才,知识面虽比较宽,但缺乏在某一个专业领域深入的研究和创新;第二种是"I"字型人才,在某一项专业知识上比较深,但知识面太窄,很难将各种知识融会贯通进行创造性研究;第三种是"T"字型人才,不仅在通用知识领域知识面比较宽,而且在某一点上还有较深入的研究,弱点是尚不能冒尖,没有创新;第四种是"十"字型人才,既有较宽的知识面,又在某一点上有较深入的研究,更重要的是敢于出头、冒尖、创新。"十"字型人才在某种意义上就是创新型通用性较好的人才。

这种认识其实不只是现在才有,古代杰出的先贤即有所洞见,实践中至少在 1925 年到 1950 年的清华大学物理系叶企孙等人也就是这样做的,所以他能培养出几十位院士及一大批杰出人才和大师。1952 年、1953 年院系调整,把清华大学文法理学院合并到北大,把原来一所包括文法理工很好的综合性的大学变成了一个专科性的大学。清华改为工科大学以后,它的培养目标就是又红又专的红色工程师,并号称红色工程师的摇篮,这种片面做法不只和清华旧有培养通才的传统背离了,也和整个社会转型对人才需求的趋势背离,并由此引发诸多的社会发展问题。梁思成就写过文章阐述,学工的必须也应该懂得文科的知识,叫文理汇通,理工汇通,只懂工而不懂文理,不懂文这只能算半个人,要反对半个人的世界。

通才是对大学阶段教育的要求,对一般的中小学、市民或者是整个国民进行公民教育是非常重要的。什么是公民?依据宪法学的阐释,公民就是公共的人,就是有政治权利的人,他和一般的国民还不一样。国民就是有某国国籍就叫某国国民,但是光有国籍还不算一个公民。公民教育最基本的是明了自己有哪些权利和那些责任与义务。当下一些老百姓还不知道自己有哪些权利,没有选举权,从这种现状看还算不上公民。从制度设计上看,公民必须具有公权力,没有选举权就是公民没有他最基本的政治的权利,所以他就不是一个公民。不是一般人都可以做公民的,公民的公权力是用于监督国家公权力的。所以作为一个公民和作为一个普通的国民是大不一样的。公民教育长期以来被忽视,或被误解,错将公民教育当成要大家守法的教育,在公民教育里面讲了很多道德教育、守法教育,唯独没有权利教育。中共十八届四中全会特别提出要建立法治社会,一般人理解为就是建立一个公民守法的社会,向公民灌输法律,这当然是必要条件,但这不是完整的公民教育。不守法或者不懂法当然谈不上是公民社会。但只是一个公民守法的社会与法治社会相差还是太远。法治社会是一个民主的、自治的、法治的社会。它不但是说公民自己守法或者自治,而且要面对国家。公民对国家是应该互动、互控、互相监督的,要参与国家大事。

转型社会人人都应具备公民素养,公民教育就是需要公民熟知应该享有什么权利,怎么运用这些权利来参与国家的大事,参与治理国家或者是监督国家。

2. 充分自主与个性化

社会转型既可使一部分人的主体性得以建构,也可使一部分人的主体性迷失、信仰危机、理想淡薄、道德滑坡、社会责任感下降,拜金主义、享乐主义盛行。信息社会提供了更为充分的技术条件,让每个人的多样性潜能得以充分展示,也让每个人的多样性需求得到更好的满足,使越来越多的创新人才脱颖而出。同时也为人性物化提供了可能。

由于人类有越来越紧密的接触,人们的自主意识增强了,权利观念提高了,竞争意识也大大强化了,这在很大程度上提高了人的主体性。每个人需有更清晰的自我意识、自我认知,并能够自主学习、自主发展、自强自立。因此需要改进家校合作方式,学校跟家庭共同创造学生自主发展的环境,更多地考虑给学生自主发展的空间,减少过度干预,培养自立精神。

在越来越多的人被一种巨大的客体力量所支配,极大地削弱了人作为社会活动主体的自觉力量的时候,责任感就是自主和个性化的一种重要素养,学生须有从小事做起的责任感,勇于承认错误和勇于接受失败,并在失败当中成长,就像婴儿学走路,摔倒了再爬起来,敢于作为,善于作为。

主体性就是人性之所在,表现在信仰、理想、情感、价值观、道德、人格等多方面。在社会转型中,人们的信仰、理想、情感、价值观、道德、人格等方面必须发生相应的转换,才能从根本上保持人性健全。

3. 思想崇尚者

社会转型使得人最有价值的存在越来越由他的体能、技能转向他的思想,也使得社会由一个对思想恐惧的社会转向一个对思想尊重、崇尚的社会。因此,学生越来越需要勇于探索,独立思考,创新进取,善于解决问题,以及运用思想驱动的实践能力。联合国教科文组织在1986年曾提出了教育的四大支柱:学会求知,学会做事,学会合作,学会生存与发展。到了信息时代,还应该加上学会思想与创造。因为社会生活和生产方式的变化太快了,需要人必须学会思想和创造,学会创业,越来越多的人需要通过创业实现就业,以作为应对快速发展的社会需要和自身生存与发展的保障。

4. 快速信息处理能力

随着信息技术的快速发展,信息社会中的人必须具有相应的信息采集、信息筛选、信息发布的能力。信息处理能力逐渐成为人们日常生活、工作和学习中不可缺少的能力，是一个人职业能力的基石，也是任何职业能力继续发展的条件和依托。

对转型社会人的普适特征的深刻认识是一个人自觉参与社会转型的意识动力，充分积蓄这种动力，并运用好这一动力是转型期每个人健全成长的前提。

联合国教科文组织认为，人类可持续发展最终要依靠教育，要教育出新一代的人，他们具有可持续发展的理念和可持续发展的能力。

二、社会类型与教育定位

教育在不同社会中的定位各不相同，随着社会转型，教育在社会中的定位也相应发生变化。在一个集权的社会，教育权利也是集中的；在一个分权的社会，教育权利也相对分散。在一个纵向阶层间差距较大的社会，教育就会分为三六九等，而且在不同阶层流动中发挥着较大作用。

（一）升降梯或立交桥

近年来，中国政府文件多次提到深化考试招生制度改革，构建衔接沟通各级各类教育、认可多种学习成果的终身学习立交桥。这对于推动大众通过学习激发自身潜能，充分发展和完善自我具有重大意义。通过终身学习的立交桥，让每个人找到与社会需求对应的位置，将自己的才智有效发挥出来，进而走上通向人人平等社会的路径。

而中国长期积累形成的社会现实是：以官本位为最高点，在不同行业、不同户籍、不同地区间构成层层叠叠的纵向高低差十分明显的庞大的社会建筑，如以人来分又有行政级别、贫富、城乡、工农、脑力劳动和体力劳动等各种层级。正是在有限的空间里层级过多且高低差过大而无法建起立交桥。

　　教育常常定位于这个庞大建筑中的一组构件,现有的考试招生制度类似于一部"电梯",通过考试筛选把不同的人送到不同的楼层。人们往往认为只有上到顶层才算成才,于是大家都为了改变自己的等级而学习,应试的压力就这样造成,各级各类教育之间不能互通也是由于这种层级的存在。各级各类学校围绕这个电梯转,通过不同的方式尽其所能地将所教的学生尽可能地送到比较高的层级,显然这种教育很难做到以人为本,其人本值不会高到哪儿。

　　用升降梯还是用立交桥在很大程度上是由社会环境决定的,在一个局促而又高低差较大的场合,还只能用升降梯;在一个宽阔平畅的地域,才有可能建立起立交桥。所以,真想建立交桥就不能仅仅从教育方面考虑问题,而需要先具备社会条件,立足于建设人人平等没有特权和明显等级的社会。

　　作为一直以来的改革设想,搭建终身学习的立交桥此前总是进展不大,根本的原因是这座建筑没有变,构建终身学习的立交桥,关键在于实现各种职业、各个岗位之间的平等,只在个人专业水平、技术含量、专业类别上存在差别,现有的社会结构没有发生变化的情况下就不会具备这些条件。在整个建筑没变化的情况下,大众就仍然会去挤"电梯"。

　　简言之,不想改变社会类型就想建立交桥是建不成的。俗称"立交桥"的资历框架建设,本身也是一项专业性很强的工作,包括资历框架的立法和管理、资历级别和能力标准、资历质量保证和评审机制、资历认证、学分累积和转换的成效,以及过往资历认可等专业工作。此前,这方面的工作要么是关起门来做纯学术的研究,要么是依附于行政机构,缺少直接面对大众的工作基础。在建设终身学习立交桥的过程中,政府必须站好自己的位置,不缺位又不越位。如果想建立交桥也得依据建桥的次序循序渐进。

　　首先,如果只是少数专家、官员或"小众"在推动,真正需要过这座立交桥的人或者说"大众"没有参与进来是难以建成的。因此,在改革的新阶段推进这个目标,必须让真正需要"过桥"的人参与进来,大家群策群力,共同商议,共同施工,让"立交桥"变成大家想干又能有机会参与的工程。专业工作者要深入了解大众的教育需求,遵从教育规律,设计出一个方便大众,切实满足大众教育需求的方案,大众愿意走上去,愿意参加施工,让"立交桥"真正呈现开放性的特点。

其次,终身学习立交桥的另一项关键设计是专业的评价,通过评价能够判别出某个人的优势潜能在哪个方向,形成百花齐放、多元发展、繁荣生长的良性人才成长生态。而不是用一个标准、一种考试去考所有人,也不能用行政指令对人进行简单按比例分流。

前两项关键设计做好了,各级各类教育的纵向衔接和横向沟通才可能实现,大众自然会依据自己的特征和人生目标参与到"立交桥"的建设施工中。

现实中,由于政府对各类教育的管理部门存在着条块分割,一定程度上也造成了各级各类教育条块的分割。所以,有必要改变政府的教育管理方式,改变职教、普教、高教、成人继续教育分属不同部门的状况。国际上一些建立了终身学习体系的国家,就是建立能够跨国和跨地区互认贯通的资历框架。因此,建设"立交桥"首先要拆除政府内部与教育相关的各种"围栏"。各级各类学校是"立交桥"的实体构成,不能以行政指令强迫他们认可什么,不认可什么,而是要由他们自主确定自己认可的标准。

(二)国家工具或民生、民权

历史上就有一种观点认为教育是一种社会工具,"建国君民,教学为先"便是这种观念的体现。新文化运动后已经有一些教育先驱超越了这种观念,比如陶行知就主张把教育变成阳光,人人得以普照,平民教育是穷人的窝窝头和破棉袄,已经阐明了教育是基本民生的理念。

1950 年后，教育是国家工具的观念再次成为主流，比如中国政府文件中就有："教育是无产阶级专政的工具"（"文化大革命"），教育是上层建筑，教育是生产力，"教育是文化的繁殖，又是文化的创造"，等等。还有人认为教育是个体与社会协调发展的一种活动，比如，"教育是人类的社会的实践的学习活动"（林砺儒），"它是一种促进人类与自然、社会以及劳动诸方面之关系的工具"（张栗原）；或认为从人类生长、社会和文化三个不同的角度看可以得出教育本质的三种不同的解释（林砺儒）；① 或认为教育本质具有双重属性、多重属性；再有人认为教育是促进个体发展的活动，如个性化说、社会实践说、个体社会化说、能力传递说。② 从个体与社会角度探讨教育本质可以作为一种思考路径，只是这样的探讨本身存在着很大的局限性，但这种思考在社会实践中很实用。

从功能层面看，教育以育人（促进个体发展）还是以社会发展为基本功能，一种看法强调教育的功能是育人，另一种强调教育的社会功能。从1950 年以来，中国政府在较长的时间里反复强调的是教育的政治功能（其中一段时期还狭隘地理解为阶级斗争工具职能）、经济职能（其中一段时期还曾狭隘地理解为生产斗争工具职能、为市场经济发展服务功能），比较少地重视教育的育人功能，或将育人功能本身当成一种工具。③ 教育本身具有多种功能，比如文化传承、政治、经济、科技发展、国防、宗教、社会分层与复制等，若从不可替代性以及教育的要素、结构角度来考察，教育最基本最本质性的功能无疑是育人，也只有在实现了育人的目标基础上教育才能对社会发生影响。

将教育定位为国家工具，必然就有相应的教育观念、社会管理体制、教育评价机制，长期以来这三方面都受到官僚化、行政化管理模式和利益固

① 瞿葆奎：《教育基本理论之研究 1978—1995》，福建教育出版社，1998 年，第 153 页。
② 瞿葆奎：《教育基本理论之研究 1978—1995》，福建教育出版社，1998 年，第 157～158 页。
③ 瞿葆奎：《教育基本理论之研究 1978—1995》，福建教育出版社，1998 年，第 277 页。

化格局的强行绑架,以至于挪动一点都会触动整个社会神经。

在观念上要将长期以来当作工具的教育,变为有自主性的教育,使教育成为一项有信仰的专业工作,再通过以宪法为基础的相关教育法律建设,为教育变革提供坚实的保障,这个过程本身就是提高教育人本值的过程。

自1949年新中国成立以来,由于政府的教育价值与政策在教育实践中起到绝对支配作用,教育在较长的时期里被当作意识形态和上层建筑,其间不只是延续了中国数千年社会本位价值为主导的传统,还在观念上比历史上走得更极端,在管理上比历史上控制得更严密,一旦有个人本位取向的观念出现就有对个人本位价值的批判,主张个人价值的时候极少,这种极少的表现又在1980年之后。

直到进入21世纪,人们才开始对个体的价值有了更多的尊重。温家宝任总理期间,多次强调教育是重大民生问题,并多次在政府工作报告中将教育列在民生范围内。温家宝2008年3月31日到4月1日在云南省德宏傣族景颇族自治州考察时说:"民生的四句话:教育是民生之基,我把它看成第一位的,因为它关系子孙后代,健康是民生之本,分配是民生之源,保障是民生之安。"①这确实是以人为本观念在教育上的具体化,也是相对于过去长期以来教育僵化观念的突破。

然而,教育不仅仅是民生,还是基本的民权。无论从社会转型还是从提高教育的人本值出发,教育都必须放权,最重要的是人权、事权和财权要放开。教育是每个人的民权,在这个基础上才能推动真正的放权,推动教育真正的变革。教育改革不仅仅是政府的事,也是民间的事,是每个人的事,只有每个人都积极参与,教育改革才能取得成功。

唯有将教育定位为基本民权,才能推动整个社会的有效转型,教育提高人本值才能有比较准确合适的基础和参照系。

---

① 赵雪花:《温家宝在云南傣寨考察 表述"民生四句话"》,引自西部网:http://news.cnwest.com/content/2008-04-02/content_1198159.htm.

三、社会类型与教育结构和形式

教育的结构和形式与社会类型之间存在一定的关联,这里不打算仅就它们之间的关系进行讨论,而是把人放在其中看它的变化。

(一)社会类型与教育结构和形式的演变

人类早期虽然群居,社会关系却不会太紧密,相应的教育也是松散的,没有严密的组织。农耕文明时代,教育是个别化的、个性化的、分散的,那时的教育形式最为典型的是在生活活动中言传身教,相对于一些人来说可能是低效的,相对于另一些人来说又可能是极为高效的。在 5000 多年历史变迁中,教育结构和形式先后经历过非形式化、形式化、制度化等不同阶段,在这个过程中,教育者和受教育者个体的自主性相应地是逐级降低的,或者说教育的人本性总体上是逐渐降低的,当然要排除对某些拥有特权群体的教育可能存在较高人本性的特例。"轴心时代"无论是中国的老子、孔子、孟子、荀子,还是苏格拉底、柏拉图乃至《圣经》所载耶稣基督,佛祖释迦牟尼,都几乎一致主张"因材施教"的个性化教育,这条原则在后来实施起来越来越难,真正落实的越来越少,就是具体个体的教育人本值在不断下降的证据。

形式化和制度化的教育还由于它的实施范围逐渐缩小,在一定时间段成为某个阶层的特权,又为某个特权阶层服务而降低它的人本性。

进入工业文明时代,教育的发展受到市场作用的制约,于是追求规模化、标准化,集中的班级授课成为一种普遍使用的方式,加之教育需要培养工业化的应用型人才,使得人的工具性增强,进一步导致众多的人的人本性下降。同时,教育的分类更多更细,形成普通和职业教育两大类;教育的阶段分化也逐渐细化,形成了学前教育、小学教育、初中教育、高中教育、大学教育,甚至是研究生教育,从而构成种类齐全、功能完备的教育体系和多样的教育形式。工业文明所要求的标准型、通用性在一定程度上与人的先天各不相同的个性相互抵触,也就导致工业文明在大大推动教育普及的同时也大大降低了教育的人本值。学校、课堂、教师普遍成为比具体的学生更高更有权威的存在,加上标准化的教育评价,作为每个具体学生的人镶嵌在其中,其主体性被钳制或淹没。

信息技术和人性需求将形成一股强大的力量改变这种人本值较低的教育结构和形式,互联网改变了人类社会的信息传递方式,也改变了人与人之间的关系,由此改变教育中起关键作用的教和学之间的关系,改变了各方教育当事人之间的关系,使得人们获取知识的渠道变得更加广阔,教育有了突破时间和空间限制的可能。从而引发以下显著变化:

首先,非学校化学习。在信息技术和互联网为基础的信息社会里,学校不再是唯一的教育组织,在校学习和在家自学、教师教和自学、教师讲授式和网上浏览式等各种学习混合于一个人的学习过程,一个具体学习内容的学习过程之中,学校学习的小班化、在家学习、个性化学习不仅成为可能,而且会不断有新的学习模式出现。

其次,教育结构的扁平化。一方面,在传统的教育里,教和学之间存在等级关系;另一方面,社会的等级关系也会渗透到教育里来。信息社会中分散式、数字化、网络化、远程化、家庭化、个性化的学校和家庭教育以及其他形式的社会教育相互耦合,网络教育、游戏化学习、虚拟社区与现实课堂有机结合,消解了传统教学时间和空间的概念,实现了超时空的学习和超时空的互动,在一定程度上打破等级,更多地体现为供需关系。班级授课制若形式不改变就会消失,教师与学生将是平等的互助者、学习伙伴。

最后,学习选择性增强。单一形式就缺少选择性,数字化学校、数字化教师、网络课堂、远程学习、在线教育、云教育、大数据等虚拟化、扁平化的交互式学习平台,远程视频教学等将成为学习的新途径。学习供给多样性给了选择更多的机会。由于信息社会的教育不再局限于学校教育,而是家庭教育、企业教育、社区教育、社会教育等多种形式;也不再局限于正规教育,还有非正规教育,更大范围内实现处处留心皆学问;有实体的课堂,也有网上课堂、在线学习;有学校教学,同时终身学习的机会和选择性也很多,不同的人会依据自己的兴趣、当前需要、学习成本等各种因素加以选择。

总体而言,未来教育将由现在偏重于教向未来越来越偏重于学的方向转变,这一变化有助于与未来生态文明相适应的个性化、分散化、网络化的个体教育相协调,有助于养成更加个性化的人,随之而变的是教育的人本值将会提升。那时教育的教的部分更多的是一种社会服务,终身学习的学习化社会成为常态。

(二)社会类型与教育结构和形式的逻辑

从逻辑上说,社会结构是由人的需要结构与当时社会经济及各种技术条件所能达到的供给能力决定的。教育的供给能力增强,教育的选择性就会增加,人性化水平就会提高,教育的人本值也就会提高。

当社会的供给能力短缺时,就会形成教育的卖方市场,卖方以高出受教育者地位的强势左右着受教育者。世界各国的实践表明,当政府对教育资源进行集中控制、计划管理和垄断分配的时候,必然导致教育资源的短缺,在教育资源短缺的时候若社会存在纵向的等级,就必然导致教育资源的分等级和不均衡的现象,这是产生教育偏态分布的根源,也是导致教育的人本值较低的重要原因之一。

以需要为中介,教育的供需双方平等交互,一方面激发社会的教育资源供给增长到足够丰富,另一方面给受教育的人提供了多样性选择,由此创造了增加教育人本值的条件。

当教育的供方是一个个在相互独立范围内权力有限的学校时,受教育者选择的可实现性较高;当教育的供方是一组学校集团,或者由政府将所有学校组织成一体的时候,所能提供的教育就是单一的,与人的先天多样性难以相符,也让每一个个体变得更加势单力薄,从而降低了人们对教育的可选择性,也会降低教育的人本值。

教育资源的短缺在一定程度上必然形成社会的人身依附关系,有人身依附就不可能平等,于是教育资源短缺必然影响到社会的人际关系乃至社会的类型,宏观上构成一个等级性的社会。这样的社会又反过来复制分为三六九等的教育,培养有等级观念的人,继续办人本值较低的教育。

教育本身是一项专业工作,在一个非专业化的社会里,教育的地位不会提高到与教育价值相符合的位置,教育的专业特性也不会得到相应的尊重,教育的公平、效率和教育的秩序都难以达到良好状态,教育的人本值也难以提高。只有在多元主体提供丰富多样的教育,各方遵守规范而非接受管控,形成适度竞争供教育当事人自主判断选择时,才能具备提高教育人本值的基础条件。

四、教育中人的定位

不同的教育对人的定位存在巨大差异,在同一社会中不同教育观念对人的定位不同,不同社会类型或社会的不同阶段也会系统性地影响教育中人的定位。

(一)把人当群体还是个体

在教育中选择以社会为本位,以社会为着眼点,依据社会的需要来确定其价值,通常称为社会本位论;还是选择以个人为本位,以个体为出发点,依据个体的内在需要来确定教育价值,通常称之为个人本位论,这是两种有巨大差别的选择。由于中华文化属于典型的群体本位或国家本位型,教育也偏重于把人当作一个群体或抽象的对象去教育,较少把人当作一个具体的、鲜活的、有其独特性的个体加以感知和教育,这是制约教育人本值提升的重要因素。

教育是聚焦于以个体发展和个性特征为出发点,还是以社会需求为出发点来确定或选择教育目的、设计教育方案、采取教育措施,所获得的效果显然不同。中国教育的研究视野囿于政府统一的教育目的,忽视各社会团体厘定的或隐含的教育目的,更无视教育过程当事人实际持有的教育目的(陈桂生)。[1] 个体本位教育目的论和社会本位教育目的论都有其片面性,又都有其立论的基础,只有将个体的自我实现与社会的发展和谐地结合起来才能恰当地确立教育目的。

个人本位论强调应将个性发展作为教育的重要目标,或将个体内在需要作为教育的依据,主张个体价值高于社会价值,或社会有助于个体发展才有价值。夸美纽斯、洛克、卢梭、裴斯泰洛齐、杜威等在他们各自所在的时代都倾向于个人本位。

社会本位论则通常从社会的需要出发确定教育的目标,强调教育是个体社会化的过程,教育的目的在于社会政治、经济、文化等方面的发展,主张群体或社会的价值高于个体的价值,个体只有满足了社会或群体的需要才有价值。中国数千年来占主导地位的群体本为教育价值观以及涂尔干、凯兴斯泰纳都倾向于社会本位。1949 年 9 月 29 日中国人民政治协商会议第一届全体会议通过的《中国人民政治协商会议共同纲领》第 41 条就明确提出:“人民政府的文化教育工作,应以提高人民文化水平,培养国家建设人才,肃清封建的、买办的、法西斯主义的思想,发展为人民服务的思想为主要任务。”[2]这里“人民”的内涵也是群体概念。

在现实社会中,除了典型的“社会本位论”和“个人本位论”,更多的教

---

① 瞿葆奎:《教育基本理论之研究 1978—1995》,福建教育出版社,1998 年,第 614 页。
② 《中国人民政治协商会议共同纲领》,《人民日报》,1949 年 9 月 30 日。

育理论和实践行为常常处在两种极端价值之间,或带有某种偏向与基调,或在个人与社会这一维度的特征并不明显。

在中国特有的文化背景下,社会转型总体上要求教育从群体本位向个体本位转向,以提高教育的人本值,需要深入认识具体、个性化的人。

(二)培养人上人、人下人还是人中人

"吃得苦中苦,方为人上人"是中国民间盛行的追求。而作为主流意识的"修身、齐家、治国、平天下"论也是做人上人的理论支撑,由此中国至少有 3000 年培养人上人的教育实践。

当下的升学竞争、择校竞争、早教热、培训热在一定程度上也是追求人上人在教育上的体现。在中国教育已经进入普及义务教育,高等教育进入大众化阶段,终身教育在一定程度上发展起来的时候,互联网和学习化社会也已经初现,追求人上人的理念依旧,学校内在的价值和制度安排,依然是面向少数人,一边培养少数人上人,无意识地也"培养"出大多数的学生成为人下人。

很多家长望子成龙,把让孩子出人头地,做人上人作为自己的教育信条,忽视身体健康、人格健全、个性和兴趣、好奇心、想象力、热爱阅读。这种做法虽然与培养现代公民的价值观格格不入,却很流行。

教育培养人上人的前提假定是社会是不平等的,社会现状也是不平等的,如继续培养人上人或人下人,这种不平等将继续传承,甚至继续扩大。

社会转型将朝着社会越来越扁平的方向发展,其中也不排除有反复,但大的趋势是确定无疑的。顺应这个大趋势,就是需要以人人平等作为基本假定,培养人中人,陶行知 80 年前就明确说:"人当为人中人,不可仅为人上人。"[①]"既不做人上人也不做人下人,而要做'人中人'。""做人中人的

---

① 陶行知:《陶行知全集》(第 1 卷),四川教育出版社,1991 年,第 33 页。

道理很多,最要紧的是要有'富贵不能淫,贫贱不能移,威武不能屈'的精神。这种精神,必须有独立的意志,独立的思想,独立的生计和耐劳的筋骨,耐饿的体肤,耐困乏的身,去做那摇不动的基础。"①

陶行知更直言:我们吃饭的目的,就是要做"人上人"吗?我们用功的目的就是要个人升官发财吗?为什么要读书?读了书就应该把自己的脚站在别人的头上吗?……"吃得苦中苦,方为人中人"。公平的世界里只有人中人,不该有"人上人"和"人下人"。②

(三)将人社会化还是个性化

确定了教育的基本功能是育人,依然还有人本值高低之分,决定其高低的因素是:教育的功能是促进人的社会化,还是促进人的个性化。前一种观点强调人是环境和教育的产物,因而强调职业化、规范化、角色化,暗喻着教育是一种求同的过程,相对而言人本值较低;后一种观点强调人的主体性,人的价值高于一切,因而要发挥自主性、独立性、选择性和创造性,主张教育是在继承的基础上创新,尊重个性的求异过程,人本值相对较高。

不论偏向哪一种倾向,都无法否认社会化与个性化之间的内在关联。良好的教育不在于单纯追求个体的社会化,也不在于单纯追求个体的个性化,而应追求社会化基础上的个性化,失去社会化基础的个性化难以在人类社会中生活下去,没有个性化的社会化个体就失去了他在社会中存在的价值。所以,教育又不能单纯追求高人本值而只强调个性化,而是需要找到一个合适的定位以发挥教育的最佳效力。

---

① 陶行知:《陶行知全集》(第1卷),四川教育出版社,1991年,第26页。
② 陶行知:《陶行知全集》(第3卷),四川教育出版社,1991年,第227页。

五、人本教育逻辑

人本教育则把人的发展置于教育的核心,教育的体制创设、教育的内容选择与教育的方式取舍皆以更好地促进人的发展为旨归,这就是人本教育的基本逻辑。教育的主体是人,教育的出发点和归宿也应该是人,教育不应以神为本,也不应以物为本,以世俗的权和利为本,这是教育的内在特质所要求的,但在不同人所办的教育中,往往违背这一基本逻辑,把教育当作实现其他目标的工具,甚至把人也当作实现其他目标的工具,这种现象在数千年的发展中常常是基本事实。

人本教育需要面对这些事实,提出其对教育的确定性要求。

(一)人本值约等于 1

人本值概念的源头可追溯到古希腊哲学家普洛泰戈拉在《论真理》中提出的著名命题:"人是万物的尺度,存在时万物存在,不存在时万物不存在。"这一古代哲学命题在走出绝对时空观后,特别是相对论和量子物理的发展使它得到新的印证,人的确是万物的尺度。

只是人本值不是从存在与否角度将人与万物比较,而是从价值角度将人与万物比较;不是从哲学意义上将人类与万物做比较,而是从操作层面将每一个个体的生命价值与其他人以及他周围的组织和存在做比较。

人本值概念提出的重要意义是改变了教育的坐标系,原来讨论教育或以社会为坐标原点,或以政府为坐标原点,或以某些组织的主观臆想为坐标原点,人本教育以人的成长发展为坐标原点。将教育时空坐标变换后,需要依据新的坐标原点与旧的坐标原点之间的位置关系,对教育做出新的管理、评价和设置。

人本教育并非人本值越高越好,它是在寻求人与人、人与外界各种存在间的平衡基础上进行的教育,着眼于人的个性发展与社会对个体发展需求的相互彰显和相互满足。

依据人本值的定义:人本值＝人的价值/社会组织及其他各种存在的价值,或表示为:$H=Vm/Vt$。

纵观人类生存和发展的历史,有必要将人本值约等于 1 的教育定义为人本教育。如此定义既是由人类在宇宙自然中存在的定位所决定的,又是由人性所决定的。杜兰特夫妇在《历史的教训》中认为:人性是人的本能所形成的习惯以及伴随着的各种情绪的总和。作为人类重要本质的人性具有双面性,人性中同时具有善和恶,好和坏,积极和消极两个面向。尽管从理论上讲,在历史的长河中,人性一定会有所改变,但人性的变化却是极为缓慢的。就已知的历史来说,人性并未发生多大的改变。[①] 在某一个特定时段,有些人的人本值大于 1,必然会有另一些人的人本值小于 1;当人类过多的人人本值大于 1,则大自然必然需要承受其难以承受的人类生存压力。

对于一个具体的个体,他的人本值大于 1 就意味着他是超越其他人的,是享有特权的;人相对于自然或其他存在而言,其价值比可以大于 1,但也不能大很多。把人的价值放大到无限大的时候,或假定人决定一切,不仅人与他周围的各种存在间不协调,也违背人人平等的基本原则,就会出现一部分人高于另一部分人的情况,就会出现人的意志超越自然的不和谐状态,就会出现曾经出现过的人定胜天的人类中心主义狂热,从而以征服自然的名义破坏人类生存的环境。

如果人本值小于 1,或者比 1 小很多,这种情况在人类几千年的发展过程中是常有的,但这也不是人本教育。

由于社会等各方面多重因素的影响,人本值精确等于 1 的状态永远都

---

① 威尔·杜兰特,阿里尔·杜兰特:《历史的教训》,倪玉平,张闶译,中国方正出版社,2015 年,第 45 页。

只是理想,甚至可以说是永远不可以实现的,或者说是可能随机出现的事件,所以不能把人本教育设置为永远不可能实现的状态,只能把人本值约等于1,尽可能逼近于1作为对人本教育的定性要求。

人本值约等于1意味着教育过程是一种师生、生生多边互动的,互动各方人格上是平等的,教师与学生各以对方的存在为前提,师生关系是一种互相依存、互相对应的关系,脱离了对方,自身就无法证明其存在。教师与学生虽然各自担当着不同的角色,履行着相异的教育职能,但二者都是人,都是教育的主体,都应遵守以人为本原则。相对于教师而言,以人为本就是"以生为本",全纳所面对的一切学生;相对于学生而言,以人为本就是尊重教师,理解教师,读懂教师。人本教育是教师与学生以朋友之道相处,建立亦师亦友的关系。

人本值约等于1还意味着摒弃那种主客体二元对立的教育和思维模式,确立一种共在共生的思维方式,物我一体的思维。不是教师中心,也不是学生中心,不把对方视为征服、压制的对象,或存战胜对方、取得优势、臣服于己方的需要与愿望。师生共在共生,有着共同目标,是向同一目标前进的重要相关人,这样才符合人本教育。师生双方虽然存在"我"与"你"的关系,同时又我在你中,你在我中,"我"作用于"你",而"我"的"你"同样作用于"我",教学相长,师生在其中获得不同相位的共同成长。

过去的教师中心、师本教育抑制乃至扼杀了学生的自主性、创造性,使教育蜕化为单向传递、强化训练、强迫灌输的知识传授显然不是人本教育,过于张扬学生中心、推崇生本教育,让学生的人本值远大于1也会使教育失去其人本性,把教育演绎成各种现实利益的交换,在一些家庭中把孩子的人本值设置得过高,这些都使人异化为非人,走向人本教育的反面。

人本值约等于1的教育意味着人人平等,人与自然和谐相处,天人合一,人自身和这种教育自身是可持续发展的,人与人之间享有平等的教育权,没有任何人可以享有特权,地区与地区之间教育是均衡的,学校与学校之间地位是平等的。1930年前后在中国开展的平民教育运动事实上就是一次追求人本值约等于1的运动,最近若干年来中国进行的教育均衡实践在本质上也属于人本教育追求。

人本值约等于1也显示出每个个体需要以诚敬心态对待自己周围的一切社会组织和各种存在,尊重自然,道法自然,不做神的奴隶,不做物的奴隶,不做世俗权势的奴隶,保持人的主体性、独立性、能动性,从万物变化中学习成长;同时,又不自以为然,不试图主宰万物,不试图依仗权势,不试图傲视他人,不试图"恃财傲物",从而构成人与自然、人与人、人自身的身心亲密和谐的良性关系,才算是回归了人本教育。

(二)一切教育行为皆从具体的个体出发

教育的关键机制就如同西方谚语所言:"教育并非注满一桶水,而是点燃一团火(Education is not filling a bucket, it is lighting a fire.)。"能点着火是由于每个人天性就存有创造性种子,每颗火种点燃的时机不同,点燃的方式不同,很难以一群个体的方式点着,需要依据每个个体的成长发展火候确定如何点,何时点,所以一切教育行为都需要具体的个体出发,而不能一概而论。

教学、管理、评价乃至国家教育政策法规、规划都应该从具体的教育个体出发,而不能仅仅以其他与人相关的中介作为出发点,不能从抽象的、群体的概念出发,或甚至以各种借口来压制、侵害个体的教育。

通常违背人本教育的方式是仅仅从政治、经济或某个人的主观臆断出发,要求教育为政治、经济或某个人的主观意向服务,或者用"人民"之类抽象的群体概念作为替代,遇到现实中真实具体的个体教育时却视而不见。从逻辑上说,唯有解决了教育实践中每个具体的、现实生活中有鲜明个性和巨大差异的教育个体问题,才算解决好群体概念的"人民"的教育服务问题;仅仅从抽象的"人民"概念出发,就可能忽视具体的教育个体,或仅仅选择性关注群体中的若干个体。具体的某一个体有可能是优秀的,也可能是并不优秀的;有可能比较富裕,也可能比较贫穷;有可能是不同民族和不同文化与地理背景中的人。所以,唯有从具体的个体出发才可能是人本教育,从群体出发就不可能是充分彻底的人本教育。

即便人本值约等于1也应从每个个体出发加以理解,每个个体的人本值约等于1才会有整个社会的人人平等,只有这样,教育才是全纳的、开放的、完整的。

教育原本不仅是灌输知识,应该更加注重涵养个性,确立志向,产生信仰,怀抱理想,生成自由思想,培养独立精神,增强合作意识,启发自觉性,发展创造力,追求真理做真人,养成合格公民,而非仅仅是地位、文凭、学位、报酬、奖励的兑换券。

人本需要从个体出发聚焦于求"真"育"爱"。缺"真"的社会必然失去牢固的基础,乏"爱"的社会必然没有凝聚力。失真乏爱的教育必然导致社会的沙漠化,现实当中的教育不"真"的问题还很严重,科学发展、尊重教育内在规律、注重质量、确立科学的质量观和发展观,都是强调办教育要"真"。现实中教育失"爱"的问题也很严重,诸多校园事件就是例证,推进教育公平,办人民满意的教育都是强调"爱"。

强调从个体出发,还必须明了具体个体的全面特征,才能清楚以人的什么为本。人是融自然性、社会性与精神性乃至灵性于一体的存在。人本教育若仅仅关注人的自然性,或者说生物性意义上的物欲,显然是不得要领的;倘仅以人的社会性为本,而无视人的自然性、精神性,也可能演变为以社会发展的名义压制个体的发展,使个体的人仅仅成为社会发展的工具;若以人的精神性为本,将教育仅视为人的一种精神交流的活动,虽然保有了教育的根本,又有可能蜕变为压制人的自然、社会的合理需求的另一种神本教育;人本教育当然要关照人的信仰和心灵,如果孤立地关照信仰和心灵,同样不是人本教育。所以,人本教育应该全面观照人的自然性、社会性、精神性与灵性的需求，并努力分清主次，在各方面取得一种动态的平衡。

若仅仅提教育为人民服务，则是社会本位的教育价值观的体现，是在以个体人的终结作为教育的出发点，表面上似乎关照到了全体，事实上忽视了鲜活个体多样性的真实需求；人民还是一个政治概念，这一说法事实上依然体现的是政治本位的教育价值取向，而不是人本位的价值取向。现实中可能不存在完全超脱于政治的教育，然而教育中的政治本位则完全可能过于强化教育的政治功能，也就不可能是人本教育。

从个体出发的另一层含义在于教育需要基于人的先天天性，从"人"出发，依据人从生物成长、心理发育、社会成熟到自我实现全过程中的基本规律，而不仅仅用抽象的概念对人施加教育。在德语里教育可用两个不同的词来表示，其中一个词的含义是"一个人的形成"，就是人按照他的本性成为一个真正的人；另一种就是按照一定的使用目的去培植、培训。说明在欧洲普遍的思想中教育和培训是有区别的，培训是为了谋生，需要掌握一定的知识和技能；教育则是一个人真正形成了人的重要属性，成为一个人性意义上真正的人，一个完整的人，或称"成人"，那才叫人本教育。

(三)保障教育自主选择

人本教育着眼于人的自主发展，创造条件依据个体成长发展的需要达成教育方法与个人成长方式的最佳匹配，教育内容与个体成长发展需要的最为充分的满足，实现这个目标的机制就是在人的整个发展过程中不断自主判断和选择。

1631年，英国剑桥商人霍布森贩马时，把马匹放出来供顾客挑选，但附加一个条件，只许挑选最靠近门边的那匹马，显然，加上这个条件实际上就等于不让挑选。对这种没有选择余地的所谓"选择"，后人讥讽为"霍布森选择效应"。人本教育不能让孩子们陷入了"霍布森选择效应"的困境。

对自主选择的保障分为内外两部分,对外既是社会、家庭、学校需要保障个体的自主选择权利;对内则需要个体学会自主选择,提高自主选择能力。自主选择本身不是放任,而是以自我成长的内在需求为动力和依据,学会对自己的内在建构,在体验基础上建立比较准确的自我认识,磨砺自我意志,学会自主管理,不善于自我管理就不善于自主选择。

在自主选择过程中,孩子的参照不是外界的功利、物本目标,也不能完全由父母替代确定,而是每个人能够体验并以游戏或其他方式可以外在证实的潜能。现实中的人可能会有对神性、政治、经济、知识与技能的占有或分数与升学率的攀比等方面的需求,它们在教育中也会占有其一定的价值,但若把人的神性探寻、政治要求、经济发展、知识与技能的占有或分数与升学率的攀比等某一方面的生活需求视为教育的全部或唯一,就会使教育走向人本教育的对立面。因为人的发展价值可能在一定程度上包含上述内容,却并不能简单地等同于上述的某一方面。也就是说,人本教育并不是无视人的神性需求、政治冲动、经济向往与知识技能的占有甚至分数与升学率的攀比,而是把这些需求置于人的发展的天平上加以衡量,给予适当的价值份额,它们的价值不应超越人本成长,事实上只有通过促进人的发展更好地主导、协调、实现人的上述需求,才能有效保障教育的自主选择,从而满足社会发展对多样性人才的需求。

人本教育中的自主选择不是一次性事件,而是一个连续体的过程。保障自主选择也就是要保障这个过程顺利进行。因此,从古至今,每个人都在"认识你自己"的追问下,不断做出自己的选择。不妨截取若干人就此做出的判断:人是社会关系的总和(马克思);人是非特定化的开放性的存在(兰德曼);人是寻找人之"在"(海德格尔);人是符号的动物(卡西尔);人是理性的动物,人是社会政治的动物(亚里士多德);等等。依据不同的判断就会做出不同的选择,保障自主选择就需要保障不同个体自主选择不同假定作为自己判断的依据。

然而,每个人对自己的认识和选择都是十分艰难的,这才是人本教育远远难于一般培训的关键。正如雅斯贝斯所说:"人作为一个整体就像世界作为一个整体一样,是不能成为探索的对象的。每当他被认识时,是他的某些外观被认识,而不是他本身。"[①]当人们试图认识自己并做出选择时,或许都只能说出自己的许多特征,却无法说出自己的全部和关键,因而做出自主选择是极其艰难的,但又不能因为极其艰难就由教师或父母越俎代庖。教师、父母或其他重要相关人可以为孩子认识自己和做出选择提供必要的帮助,但不能替孩子做决定。

把最艰难的选择权留给孩子是人本教育的关键之一,要相信人具有一种超越的本能,他能够有意识地支配自己的生命活动,并通过自己的创造性实践打破生命本能和现实规定性的束缚与桎梏,生活在"应然"与"实然"的不断转换之中。人的这种特性是在他的先天遗传中带来的,不相信它就是不相信天性,就违背人本原则,人本教育就意味着让这种先天性获得后天的实现而成为人,在不断生成中成长为自己。

人的不断生成、不断自我认识、不断自主选择构成一个不断进行的循环。人的不断生成性使得人本教育同样具有不断生成性,它与周围的群体具有相关性,但严格地说每个人的自主生成是个相对独立的过程,这也是人本教育为什么需要自主选择,为什么需要从个体出发的充分理由。准确地说,人本教育是在成人的目的引导下创造出无限生成的个体成长,是展开、丰富和表现人的生命生成,从而创造出新的文化和新的自我。人本教育的这种生成性让教育不仅传承既有文化,而且创造新型文化;人本教育的这种生成性让教育在不断生成中焕发出生命的活力。

---

① 雅斯贝斯:《雅斯贝斯哲学自传》,王立权译,上海译文出版社,1989年,第21页。

第三章　价值：从国家主义转向以人为本

中国教育受到国家主义的深度影响，中国社会转型需要教育价值从国家主义转向以人为本，转型过程中必然面临诸多矛盾和问题，其中关键要实现以下转变：其一，教育者由从前社会代表者身份向真诚的相互学习者转变，除了专业教师还会有更为广泛的人人相师互学，借助信息传播的多渠道形成更为多样性的师生关系，年龄长幼不再是分别是否是教育者的必要条件，教育者将会是共同成长或他人成长需要满足者，认同者为师将会成为更广泛普遍的现象。其二，受教育者首先属于他自己，受教育者与教育者共同构成教育的主体，不应为任何社会组织的控制，是平等合作学习者。其三，进一步明确人是目的，不是工具，学生成长发展是教育终极目的，学校的最佳境界是成为师生的精神家园，要为学生充分自我实现创造条件。转型就需要消除一切体制机制障碍，回归以人为本的教育原生态。

价值反映的是客体对主体的效用关系,"教育价值也就应当是教育的有用性或'效用',是人们有意识地掌握、利用或接收、享有教育时,对教育有用性的看法和评价"①。与社会一般价值一样,教育价值存在着多样性,人们在认识和把握这种多样性时,可以从多种不同的角度出发。中国当下社会转型中的教育转型实质性的转变在于从国家主义转向以人为本。

一、教育的国家主义背景

国家主义教育思潮源于欧洲,在 1917 年前后的新文化思潮中裹挟传入中国,恰巧中国经历了 2000 多年君主社会,普通读书人只晓得忠君,主体性受到直抵心灵深处的摧残。在这种土壤中植入国家主义最容易获得生根、发芽的各种条件。余家菊、李璜等人是这一思潮的认同和主要传播者。

有研究者将 20 世纪上半叶中国出现的国家主义教育观的特征归结为

---

① 黄济等:《现代教育论》,人民教育出版社,1996 年,第 222 页。

三个：一是不彻底的文化民族主义，鼓吹中国传统文化的神圣性，但他们并不主张深入研究传统文化，只想以此作为与外来文化区别与对立的宣传语言和象征性符号，国家主义所提出的各种主张字面上似乎是进取的，但它并不主张革命，其着眼点不是宣传鼓动革命，而怀有"钳制思想的意图"。二是单方面强调国民对国家的职责与义务，很少强调国家对人民的责任，只强调国民对国家的绝对服从，而不是建立现代化的民主国家，实质上国家主义教育即专制主义教育的代名词。三是它明显针对个人主义、平民主义和世界主义，主张国性、国民性高于个性，其批评的方向指向独立人格的建立，认为现实中强调重视个性太过，忽视了国性、群性和社会性，有待矫枉过正。①

国家主义传播者之一陈启天将国家主义教育的目标归结为：第一要培养"国民"；第二要培养"爱国的国民"；第三要培养"以国家为前提之爱国国民"。② 余家菊就主张教育是立国之本，以"教育建国"，主张以学校为重要场所和工具，统一思想与文化，以此"奠定国基""发扬国风""鼓铸国魂"③，认为："国家对于乡村教育，应特别注重，使乡村人民之知识日增，道德日高，技术日精，农产日多，生活随之丰富，以成一健全之国民。"④这成为国家主义教育目标的典型论述之一。

国家主义教育观对新文化运动时期的民主科学思潮、新文化运动本身和平民教育运动产生的是观望感而非亲历参与感，看不到无论是民主科学，还是主张教育上人人平等的平民教育所蕴含的深层久远的价值。国家主义价值取向强调的教育目的是偏向社会取向的，排斥个人的价值，或认为国家高于个人，个人为国家服务，以解构教育当事人的主体性作为解决教育问题的基本方式，这就使得这种教育观有违个体主动积极发展和社会

① 胡卫清：《近代中国教育民族主义的畸变》，《历史教学》2001年第7期。
② 陈启天：《中国教育政策》，《中华教育界》1929年第16卷第3期。
③ 余家菊：《国家主义下之教育行政》，《中华教育界》1928年第15卷第1期。
④ 古楳：《中国之乡村教育运动》，《教育研究》1928年第6期。

生态发展的基本原理,从本质上看不赞成教育是主体性活动。

国家主义教育观解决教育问题的办法更看重从行政层面自上而下地解决问题,将学校定位为国家行政结构的分支机构和下级,并通过自上而下的行政科层体系将不同的学校分出不同等次,做轻重不同的定位,所需要采取的措施是改造、改良、扩充,而非学校当事人自主地建设与创造,倡导养成师生服务、服从的精神,意在重视社会成功,忽视师生的内心体验和自主成长。

1950年后,国家主义曾在公开的媒体上受到批判,而依据这种理念办教育并没有被抛弃,反而在学习苏联的模式过程中,客观上确立了国家主义的教育观作为整个社会教育体系建立的基础,个体必须以"螺丝钉"的方式生活。这种教育观也是此后一切教育政策和措施的基础,是日常教育行为的潜在意识引导,在思想改造和"反右"期间给众多人造成精神创伤,在"文化大革命"中公然对人性加以践踏,人的思想和精神受到重重束缚,主体性受到压抑甚至扭曲,因此对于绝大多数个体而言,他们并没有意识到自己是主体。

这一观念又通过计划经济体制和行政科层体系加以固化,构建起从中央到地方的层级教育管理体系,在社会最底层乡村也是教育的最末梢,中国对教育乃至整个乡村问题的解决主要沿用的是立足于非乡村当事人,解构乡村当事人主体性的方法,这种做法以改造乡村社会为基本出发点,以乡村的机械化、现代化、工业化、城镇化为目标,它的基本假定是乡村的一切都是落后的,拖了国家现代化后腿,要把乡村学校建成村落中的国家意识传播站,将乡村带进一个更先进的生产与生活方式里,这又是构成第一章中所说的中国教育生态失衡的重要原因。国家主义教育观要求教育工作者遵循着某种行政命令、指示、红头文件开展教育教学工作,仅要求知其然,不要知其所以然,学生和教师主体性长期被忽视。

国家主义的教育理念的基本价值取向是:第一,在教育指导思想上注重国家观念的培育,尤其注重对学生进行爱国主义教育,以增强国家的凝聚力;第二,由于国家主义的目标定位是国家强大,因此它在行政上有追求中央集权的强烈趋向,表现在教育上就是国家对于教育发展的干预越来越多。[①] 这一价值引入体现在教育实践上就是对原有的教育依据国家主义教育观进行彻底的改造,对原有的教师进行思想改造,对学生进行强化的政治思想教育,反复对学生强调"国家、社会",唤醒人的社会、国家意识。

由于在中国 3000 多年的传统文化中,群体本位一直占有绝对优势,个体价值总被看作轻微的,这样的文化基础为近 60 多年来国家主义教育观在中国实行奠定了深厚的文化基础;集权型的政府又为这一观念准备了强大的体制基础。在此情况下,教育上国家主义就成为不二的选择,在各级各类教育的管理、评价和决策中,也存在一系列政策、规范来体现国家主义教育的基本理念。

当社会进入一个转型期,国家主义教育观遇到诸多方面的挑战:

一是在教育过程中如何应对教育当事人的主体性需求。国家主义无论是以民族传统,还是以现代化、科学、文明等为话语内容,都是以忽视、贬低、解构教育当事人的主体性作为推进教育的方式。它的培养目标只会遵守国家规定,不是具备现代民主素质和独立人格的公民,是只知道义务不知道权利,不理解责任与权力之间内在的关联,且具备国民观念的顺民。依靠这样的人是建不起一个现代社会的,也很难将人的创造力充分发挥出来。

二是在统一运用教育权时,如何使国家统一集中的教育管理与民间多样性教育需求不至于发生冲突。国家主义教育观与教育的集权管理是相辅相成的,它不仅追求国家教育主权的独立完整,而且追求国家教育行政权力的高度集中统一,并借此钳制思想自由,以保证意识形态的高度统一,

---

① S. E. 佛罗斯特:《西方教育的历史和哲学基础》,吴元训等译,华夏出版社,1987 年,第 554~555 页。

因此，民间的教育内容、方式方法均遭到排斥，人本值也就难以得到切实提升。

三是将教育完全视为国家工具就必然忽视教育自身的内在规律。它采取行政的手段和方式方法来包办教育、管理教育，注重从国家立场，采取单一的标准评价教育的业绩，忽视人的多样性和教育的专业性，不顾及遵从人的成长和教育发展的内在特性与规律，不顾及教育当事人的切身体验与需求。这就使得这种教育观的办学思路有违个体发展和社会生态发展的基本原理，难以受到教育当事人真诚的欢迎，亦不会培养出杰出的人才。

四是国家主义教育观的教育治理体系是与国家行政体系一体的，它与法治社会属于两种不同的社会治理模式。而实现依法治国就必须依法治教，实现教育从行政管理向依法治教的转变，将学校由行政机构的下属转变为相对独立的非企业法人。在国家主义教育观下上述转变实质上无法实现，即便提依法治教的口号也只会是形式。

正是由于国家主义教育观在中国一直得到事实上的实行，导致在如何进行教育改革，如何设置教育体制上，非当事人的国家定位或政府定位，或城市定位，解构教育当事人的主体性的政府主体或知识者主体，或城市人主体成为较长时期沿用的解决教育问题特别是乡村教育问题的基本模式，使得很多问题 100 多年来越来越走入困境。

早在清末，中国就有龚自珍等人意识到旧有君本价值的缺陷，倡导人本理念。新文化运动时期更在民主与科学口号下的人本教育中得到重申和再强调。1981 年后的开放与解放思想使一些人产生了争取主体性地位的需要、愿望，并具有这样的胆识、能力、意志，确立了追求主体性的价值目标，这使国家主义教育观在中国受到不指名的质疑。[①] 对外开放和经济发展需要调整对教育工具性的态度，改革倚仗权威的教育模式及注入式的教

---

① 第一次在政府文件中使用对外开放是 1981 年 11 月召开的五届人大四次会议上的政府工作报告，报告明确指出："实行对外开放政策，加强国际经济技术交流，是我们坚定不移的方针。"

育方法,确立教育自身尤其是受教育者的主体性地位。

中国教育的当下状态和学生的真实处境也在挑战着国家主义教育理论和实践基础。这一处境集中表现在学生与家长、与教师、与同学的三种关系和一个尺度上。在家长面前,学生成为显示自己家庭教育成功、社会地位、生活幸福的尺度。在教师面前,自从荀子倡导师道尊严,这一传统维系了2000多年,学生不仅要对教师表现服从,还是显示教师教学业绩的筹码,学生成绩好则不仅获得荣誉,还能获得晋升和经济利益;学生成绩差轻则感觉不光彩,重则受罚。学生之间关系的依然不完全平等,通常的情形是学生干部高人一等,父母有权有钱的学生在班级中占先,学习成绩优秀的学生可优先享用学校的各种资源。一个尺度就是考试定成败,考试失败者算是自行选择了他主,考试成功者事实上也是父母、教师甚至学校、地方官员等他人的工具。这种境况综合作用造成众多学生只能他主,不能自主,同一班级中不同学生的人本值高低不同,但每个人的负担越来越重。这一切的背后"操纵者"正是国家主义教育观及其完全依赖国家控制的集权教育设置。

国家主义教育观在教育现实中的存在主要体现在:

一是由国家控制的考试和计划招生体制,这一考试成为个体在社会上纵向流动的"过滤器",教育成为实现社会纵向流动的"加速器",学校成为实现纵向流动的加油站,应试教育的结果是使教育由培养人的活动变为筛选人的活动,在应试教育中人成为一种工具。

二是固化的教育与社会关系,教育绝对从属于社会的政治、经济或军事,将教育当成纯粹的上层建筑,或要求教育适应市场经济、市场化,运用市场经济的原理或原则发展教育、管理教育、评价教育。

三是生成不平等的人际关系,通过国家权力强化社会本位观念,个人是次要的,必须依附于集体、家族或社会,或者说大多数普通人是依附于少数英雄、领导和精英的,没有主体性可言,教育更多地培养人"听话"的驯服性、依附性人格，回避甚至阻止培养有独立思考能力的社会主人，阻碍社会治理现代化进程和完全市场进程。

四是强化教育管理上的行政管控，弱化依法治教。所以，长期以来对扩大基层教育管理者自主权，充分发挥学校办学自主性的要求落实不力，一定程度上也堵塞了民主协商，从单向到双向，从权威式到服务式管理的发展。在课程方面，要求课程从统一性转向多样性，让学生根据自己的兴趣、学校根据本校的实际进行选择的时间进展曲折缓慢。

简而言之，国家主义是中国社会和教育转型所处的起始状态，是在转型过程中不得不不断面对的各种矛盾和问题的焦点。信息技术的发展及产业升级，使社会对个体的发展提出更高的要求，在工业文明基础上形成的人才培养模式不能适应新的社会需要，对人才要求的标准多样化、个性化，这些构成不得不抛弃国家主义的外在需求。个体独立意识、批判意识、责任意识和合作精神、自由精神增强是走出国家主义教育的强大内驱动力。

二、教育者究竟是谁

说起"教育者"，人们会自然想到教师，然而这仅是一个形式上的回答，没有回答一个更实质的问题，什么样的人才能成为教师，才能有教育者的身份。依据国家主义教育观，谁是教育者呢？中国历史上曾有过"官师合一"的体制，"官"即是"师"，甚至只有官才能为师。《尚书·五子之歌》中道"民惟邦本，本固邦宁"，其出发点也仅是从邦的角度看民，而非时下一些人解释的"民本"或"人本"，唐代《贞观政要·务农》的解释更为接近："凡事皆须务本。国以人为本，人以衣食为本"，这里的本具有相对性，认为本的前提是"国"，而非理性意义的人本。"官师合一"的体制形式虽然在近百年来的中国已经不存在了，但这一理念对教育乃至整个社会的深刻影响远未消除。

从国家主义向以人为本的转换中,教育需要转变成平等的人与人之间的共同成长活动,教育者的本质和身份都在发生变化。

(一)社会代表者向真诚的相互学习者转变

在神本社会,师就是传教士,或是施主。"官师合一"的教师显然是官方的代表,历代私学的教师也显然将自己当作主流社会的代表。在中国过去的几十年里,教师曾经作为国家干部,世界其他国家也有把教师作为公务员、准公务员或专业公务员的设置。当下,教师作为行政下属事业单位员工,简而言之,它是某一社会的代表者。

作为社会代表者,他的言行除了由自己决定外,还需要带上一层他所代表的社会给他的社会代表者面罩,为他所代表的社会说话,即便自己的想法或依据客观事实所做出的判断与所代表的那一方不一致,他也必须按照所代表的社会表达自己,甚至作为社会代表者的教师大多把教育的主体归结为上级领导,上级领导要求我们如何如何,转而以居高临下的姿态像对下级那样对学生要求如何如何……这实际上就把教育实体看作上级领导,领导是教育主体,与教育对象学生成为上级与下级关系,甚至二者之间仅仅是一种单向关系。

在短期内,旧有的教师身份属性难以改变。而现实中,已经有人向着新的方向发展,或者他们放弃社会代表者角色,或者他们在教育教学中更加真诚、坦白地表达自己,卸下自己的面具与学生交往。这种转变代表着一种趋势,即在人本教育中师生将成为相互学习者。

这种转变也会与一定的体制形态变化相关,从先生行会发展起来的学校,将会在信息社会适度解构为先生具有更大独立性和自主性的松散联合体。同时由于不同人有更大的自主发展空间,其优势潜能将会获得更充分的发展,不同人之间平等性和互补性学习要求也就越来越高,这些都使得越来越多的人进入相互学习者行列。

(二)专业教师向人人是教育者转变

人类社会曾经历过非专业的教育者向专业的教师的转变,接下来将会发生的转变是由专业教师向人人是教育者的转变。

"师者,传道,授业,解惑者也",这是认同度比较高的对教师的解释。同时,孔子又说,"三人行,必有我师焉",据此说法,社会上至少 1/3 的人是教育者,尽管他们也许没有意识到自己是教育者。人们理所当然地认为学校里教孩子的是老师。确实,在专业化分工后学校教师是当仁不让的教育者。从幼儿园到大学,优秀的教师与众不同。有良师的教导是人生一大幸事。

即便在现在学校教育受到如此高度重视的时期,大量调查还是表明爸爸妈妈才是孩子最早的教育者。也是人生中各种教育影响最大的教育者,有人做过研究,影响孩子的因素中家庭、社会与学校三者之间比为7:2:1,父母的一言一行给孩子建立了行为的规范,树立了好的或不好的样板。

非洲的一句谚语道:"It takes a village to raise a child。"意思是:养育好一个孩子,需要整个村庄的参与,就是说每个村民都是教育者。推而广之,这"村庄"包括了我和你,包括了世间所有的人。只要人们没有离群索居,就在无形中影响着周围的人,担当了教育者的角色。各种并非直接从事学校工作的人,也会用它的产品、作品、服务担当教育者的职能,如作家的作品、艺术家的艺术品、医生救死扶伤传递的生命价值和人道精神,科学家探求真理。其中当然也包括政府官员的言行为社会公德的高低立下了标杆,"上行下效","上梁不正下梁歪",说的就是教育影响,而且"身教重于言教",官员们的行动比他们的言论更有教育影响力。

信息社会不会改变的是前后代关系依然存在,人本教育也需要客观面对前后代关系,对于处于青少年的后代而言,所有的成年人都负有一份教育的责任。无论是在虚拟环境还是在现实环境中，都需要与别人交往，交往中就包含着学习的内涵。

同样，在某个专业领域大大领先于别人的人依然会在各个领域出现和存在，在探索真理的途中，不同人离真理的远近依然会有较大差距。

（三）年龄长幼不是教育者的必要条件

长幼有序是社会的常态，如果说在古代也有个别以幼教长的案例，依然是少数，未来则可能是普遍现象，普遍的教育者不会把年龄当作必要条件。

大规模在线开放课程的出现以及其未来的快速发展，将会使越来越多的中老年人参与到学习中来，学习的阶段性使得越是学习者越需要更多的教育资源，教育者要为那些中老年、受过良好教育、专业的终身学习者创造更多的教育资源（即大规模在线开放课程）。学习过程的参与者越来越多的是那些已经获得高等教育一种（乃至两种）学位的人，他们的学习更多的是为了解决人生或职业生涯中的某个问题，自主地实现人本成长。

在信息技术上慕课的出现及其发展使得广义教师可能得以实现，所有人都是老师，所有人都是学生，没有绝对的老师，也没有绝对的学生。老师可以做学生，也应该做好学生；学生可以做老师，也必须做好老师。师与生只是相对于某件事或某个方面、某个时间来说的。没有永久的师，也没有全面的师，师与生在时间和空间上都永远是相对的，不是绝对的。谁先进，谁就能够成为师；一旦他变得不先进不进步就不应再称师。对个体来说，若仅从师于某个人，则很难得到完善的发展，他必须以其周围的所有个体为师，有选择、有批判地学习，才能最终得到和谐完善的发展。

（四）共同成长或他人成长需要满足者

中国常流行将教育者定位为"燃烧自己，照亮别人"，实质上，每个人在教人的时候自己也获得成长。古人即认为教学相长。陶行知曾提出:学七十,教八十,做九十,求一百。即是说对于某一知识,仅是为学而学,顶多只能学到其百分之七十,为教而学就可学到百分之八十,为做而学才能学到百分之九十,在此基础上还要求一百。由于为教而学与为学而学不同,可以提高学习的效率,这就是教育者共同成长的基本逻辑。

教育者是那些自身有一定的教育资源能够供别人分享者,他需要用自己的有形或无形的教学活动与有需要的社会成员进行交换。没有资源可交换的人,无论你有怎样的权力和经济优势,都难以成为教育者。所以无论你是否是职业的教育者,不断成长才有可能成为真正的教育者,不能与学生共同成长,或不能满足他人成长发展的需要,终究会失去教育者所需具备的内在条件。

教育者与受教育者以需求为中介的交换将会越来越变得是自主性、选择性的交换,且必须遵循教育与社会交换过程中的价值规律,政府或其他社会组织曾经或享有的强制将越来越难以发挥作用。

教育者是个体社会遗传的载体,教育者所能满足的需求主要为人类智慧,其中包括传载知识、道德和社会规范、技能,而这些都需要依据受教育者的实际需求,而非教育者单方面的主观授受。

简而言之,教育者越来越多的是通过其教学活动依据价值规律与社会进行交换的人。

(五)认同者为师

人本教育的教育者就是平平常常与普普通通的人,是人中人,非人上人,亦非人下人。同时,任何社会,人与人之间平等并不意味着人与人之间无差别,先知与后知,贤与不肖,学识渊博与浅陋的差别都会存在。教育者越来越多的不再是组织性的安排,而是出自每个人内心的认同。当通过各种信息传播渠道,一个人获得了另一个人的内心的认同,他就成为那个人的教育者;一个人自愿成为另一个人的粉丝,则是当然的学生。

正因为此,被认同为教育者的人大都要成为改造社会的灵魂,心中必须有一个理想的社会,并能真正身体力行,担当改造社会,建立一个更理想社会的责任。而且他在担当这一社会责任的时候并非出于自己成为社会的引领者,而需要怀着创造出自己崇拜的人的诚意,以创造出值得自己崇拜的学生为最大快乐。

每个人对教育者的认同完全是自主的选择过程,总体上是一个向善和推动社会改进的过程,一个道德良好的人不会认同偷盗者,一个有一定科学素养的人不会认同迷信者,社会的真善美标准通过人们内心的认同发挥着作用。

由于人类是有历史的,认同者并非仅是当代人,可以是古今中外的先贤,可以超越时空,可以依据自己认同的变化改变。由此,教育者就是人类社会中被众多人认同筛选的一个群体,而不是自选或仅仅是某个组织筛选的结果,也未必与职业认证结果完全一致。

综上所述,信息社会里的人本教育,还会存在职业的教育者,但更多的是我师人人,人人师我,即知即传,即需即传,教学做合一的状态,教育者的内涵更加丰富,更加多元,来源更加多样,教育者不再是某些人的特权。

三、受教育者究竟属于谁

中国校园一直流行的一首歌唱道:"我们的祖国是花园,花园里花朵真鲜艳,和暖的阳光照耀着我们,每个人脸上都笑开颜。"谁是这首歌中花园的主人呢?

受教育者究竟属于谁?有人说属于父母,有人认为属于学校,有人认为属于社会,有人认为属于国家,还有很少一部分人认为属于孩子自己。不同的价值取向对此的认识是不同的,国家主义教育观显然认为孩子首先属于国家，是祖国的花朵，孩子自身是没有主体性的。不少父母也心存孩子是自己的观念，期望孩子去实现自己未实现的人生目标。而学校管理者则认为孩子进了自己的学校就属于这所学校。上述所有观点在一定程度上有其合理性，但都必须承认一个大前提，就是每个孩子首先属于自己，孩子出生后就是独立的个体，就不再完全属于父母、学校或国家。如果不承认这个大前提，就远离乃至违背以人为本的基本原理。

以人为本就需要承认受教育者存在主体性，基本的原则要求就是尊重个体的主体性，有人认为包括以下原则[①]：

> 一为本体性原则。本体性原则指把教育看作是自在的、自为的、有自己的存在方式和发展规律的活动。强调教育不是依附于政治、经济、宗教，在定位上要将教育看成是本体性事业。同时，教育中既要承认和确立教育者的主体地位，也要承认和确立受教育者的主体地位；既要发挥教育者的主体性，也要发挥受教育者的主体性。二为价值性原则。首先，把教育者和受教育者当作有价值的存在物，把教育本身看作是一种价值选择；其次，把教育者看作是有价值的人、是教育的主体、是专业工作者，这是开展教育活动的基本要求；再者，教育过程是追求真、善、美和自由的过程，教育本身应该具有这些教育的规定性。三为实践性原则。从实践的意义上，主体性教育原则指把教育作为一种实践过程开展。

深入探究这一问题，还需要进一步分析个体与社会、教育者与受教育者、受教育者与各类社会组织、受教育者与其他受教育者之间的关系。

（一）个体是社会的本源

在国家主义教育观里，常强调的逻辑次序是有国才有家，有家才有你。

---

① 黄崴：《主体性教育论》，贵州人民出版社，1997年，第118～122页。

当这一逻辑被反复宣传时,很多人也就不加思考地接受了。依据实证逻辑,只能是有了人的存在才会有他的家,千万个家庭组成社会,并在人类发展特定的时期里组成国家。国家对个人来说并不是必要的,个人对国家来说才是必要的,没有个人就不存在国家。

陶行知也认为:"社会是个人结合所成的。改造了个人便改造了社会,改造了社会便也改造了个人。"个人发展与社会发展的这种合而为一关系决定着充分重视人的个性,把个性发展看作是创造力之所在,才能奠定社会进步的基础。人人能有独立不倚的精神是社会发展和人类幸福的前提。

这种理解并不等同于个人本位和社会本位这样两种极端的看法,在追求人本值约等于1的时候,个人与社会的价值接近相等,而又不简单相属于;个人与社会一体,而又不简单划分为二元对立与割裂。

通常个体本位的基本观点包括①:

> (1)个体的价值高于社会价值。在个体与社会的关系结构中,个体处于中心的地位,而社会是个体之外的外部环境;个体的生存与发展是目的,社会是为个体生存与发展服务的,社会只有在有助于个体的发展时才会有价值,评价教育的价值也应当以其对个人的发展所起的作用来衡量。(2)人的天性是善良的。它相信人本性的力量,相信每个人都有学习的本能,强调把儿童带到乡村大自然的纯朴环境中,从社会的不良影响下挽救出来,在教育中保护儿童善良的天性。(3)对儿童进行教育必须遵循自然原则,其目标是培养"人"。要顺应儿童的天性,按照儿童自然发展的要求和顺序进行教育,以激发儿童的天赋能力,使人的本性得到最完善的发展。

通常社会本位的基本观点包括②:

① 张天宝:《主体性教育》,教育科学出版社,1999年,第46页。
② 张天宝:《主体性教育》,教育科学出版社,1999年,第47页。

(1)社会价值高于个人的价值,个人的存在与发展依赖并从属于社会,受到社会的制约,真正的个人是不存在的。人的身心发展的各个方面都要靠社会提供营养,人的一切都从社会得来,评价教育的价值只能以其对社会的效益来衡量。(2)教育的目的在于把受教育者培养成为符合社会准则的公民,使受教育者社会化,保证社会生活的稳定与延续。个人只是教育的原料,不具有任何决定教育目的的价值。教育过程就是把社会价值观念或集体意识强加于个人,把儿童从不具有社会特征的人,改造成具有社会所需要的个人品质的"社会新人"。

不同于上述简单抽象二分的是,以人为本的教育必须以具体的个人为本,不能以抽象的群体为本,以个体为本并非将个体凌驾于群体之上,而需要个体间的相互独立、平等、尊重,每个有尊严、有价值的个体才能构成更有品质的社会。

由此可见,明晰学生属于谁的问题是教育价值观的重构过程,超脱于社会本位与个体本位的教育价值观,在教育实践中以个体为出发点和目标,去创造理想的社会,努力实现个体价值与社会价值的优化、和谐组合。

(二)受教育者与教育者共同构成教育的主体

受教育者属于自己是他具有其他属性的前提,所有教育实践活动就需要以受教育者为主体。由于教育者与受教育者都是有独立价值的人,两者之间不是主客关系,也不是目的与工具的关系、主辅关系,共同构成教育的主体。

确定主体之后,就需要在教育实践的每个细节把主体当作主体,认识、了解、尊重具体人的特性和成长发展规律。认识到人与客观世界的不同和二者在历史发展中的同一性关系,人确立了主体地位,便能主动认识客体,遵从客体的规律,而不是过于强化人对客体的优越性、支配性、为我性,强调人对自然的征服,主体对客体的支配,这样才是遵从了人本值约等于1

的原则。

在中国社会生活中长期占主导地位的观点主要强调社会对个人的决定作用，个人对社会的依附性。人之为人、人之所以有主体性，原因在于人参与社会实践活动。离开了社会实践活动，人不可能成为人，也就更谈不上人的主体性了。但又不能将任何人作为某种组织确定的某种社会实践的演员和配角，每个人需要依据自己的体验和判断确定如何参加社会实践，参加怎样的社会实践，从而使得人的主体性在实践活动中更有效地发生、呈现和发展，进而发展人的能动性、自主性、创造性、自为性。

确定受教育者为主体，就应在教育活动中满足人求真、求美、求善和求自由的需求，并在社会实践活动中生成、发展、呈现和确证自身的主体性，建构人作为主体与他人、自身、自然和社会等客体对象的关系。

确定受教育者为主体，就意味着教育的功能是建构个体主体性的实践活动，将个体主体性的本体、价值、实践融为一体，健康和谐地促进个体发展；意味着教育必须遵循主体性原则，必须遵循教育的内在规律和原则，教育活动要尊重人的价值、赋予人的价值、启发人追求价值；意味着教育必须以主体性原则所揭示的方式进行活动，要尊重学生个体的主体性，让学生主动、自由地发展，激发其积极性、自主性和创造性。

（三）受教育者不当为任何社会组织绑架

既然受教育者是自主的，就不应为任何组织绑架、裹挟。在教育与社会的关系上，要尊重教育的专业性、自主权与相对独立性，打破教育的模式化，用多样化的教育培养富于个性的人。教育既不只是政治的工具，也不只是经济发展的手段，更不是其他社会实践活动的依附与从属。教育作为一种自主性活动，需要自主地确立它为社会服务的目标、定位、方式，自主地与社会各方面建立各种关系。教育应该有其职业的自主意识，它应该具有基于主体性的自主性、自为性、开放性、超越性、创造性，遵从其内在规律、专业规则，自然成长。

教育管理者、教职员工和受教育者可以在社会中属于某一组织成员，但要尊重受教育者的主体性，确认学生在教育活动中的主体性地位，师生之间在人格上是平等的，师生是角色不同但以合作、互动的方式开展教育教学活动的教育主体，而不能以教育以外的组织相互约束。

最可能对受教育者进行约束的是教育的规划、组织、管理、评价的主体，它们常以居高临下的方式约束师生，它们常常强调教育应该体现人类、国家、教育系统的组织需要，每一个有一定权力的组织都想要发挥自己的作用，而忘记它们的权力源头是众人的赋予，它们需要发挥其自主性、积极性和创造性为受教育者服务，而不是以自己的主观臆断绑架受教育者。保障受教育个体不受绑架是个体得以健全生长的基础。

受教育者不只不能被绑架，教育还应该通过活动建构受教育者的主体性，唤醒受教育者的主体意识，提高受教育者的主体认知水平，成长其主体性能力，把学生培养成主人，不把学生培养成工具；协助受教育者在认知、情感、意志、行为等方面生成其主体性，自主地依据其个性特征和社会需求将社会文化内化为个体主体结构的内容，自觉地追求人类的幸福与美好。

在受教育过程中，受教育者可自主组建或参与社团，但要保证参与和退出的自主和自由，在社团内部表达的自由，不能拿别人做工具，也不能做别人的工具。现实中由于评价标准过于单一，客观上绑架了大量学生，他们竭尽所能试图成为重点学校学生，成为智囊，成为各种先进、美德袋，成为分数载体，往往抛到脑后的是成为身心健全的人，这种追求必然远离以人为本。

（四）平等合作学习者

世界银行在"2020年教育战略"中提出，面对全球教育面临的挑战，未来教育的目标应从促进"全民教育"转变为促进"全民学习"，全民学习意味着所有人在一定程度上成为平等合作学习者。

从以人为本出发，"生活即教育，社会即学校"，所有的受教育者应是无阶层之分、无老幼之序、无种族之别、无政治派别之类的一切社会成员，人人都是学生，人人都是先生。

在学习者群体中，个体始终存在向前向上发展的要求和欲望，任何一位学习者都不是孤立的，教育者与受教育者积极性、自主性和创造性的最佳配合需要通过平等合作实现。所谓平等合作，就是不再是谁对谁的指使，而是基于各自独立思考基础上的互认选择，教育内容的选择、方法的运用、方案的确定与修改、结果的评定、问题诊断都属于平等合作，并在平等合作中学习。

在师生关系方面，强调师生平等，教师不是知识和智慧的唯一载体，教师尊重学生的主体性才能教育好学生。在教学方式方法上，从灌输或上施下效转变为在了解学习者当下成长发展需求基础上采用互动启发的教育方法。

平等合作者不能误读为在知识或能力上没有权威、没有水平差异，也不能使用"非此即彼"的逻辑，过度抬高学生的主体性，强调自主性学习即排除接受性学习，导致认为一切由学生自主决定就行了，低估教师的作用，教师的职业神圣性被不恰当地降低了，学生对教师的尊重减少了，甚至出现一些学生难以接受教师的批评和评价。还有一些人自己的主体性确立了，有意无意地将他人都当成客体。这些误解都偏离平等合作学习者的范围，也超出了人本值约等于1的范围。

个体不只在学校或其他教育机构里才能受教育，所有个体都处于宇宙和社会这个大的教育场中，"众生皆同学"，一切人都是学生。尤其在进入信息社会后，每时每刻都应该且能够受到教育，所以平等合作学习者的范围远远超出一般所说的学校内部的师生关系，个体的眼、耳、鼻、舌、身、意随时都可攫取外界的信息，并产生一定的反应，无论是条件反射或是非条件反射，最终都将对个体产生教育作用。个体的态度和选择产生不同的学习效果，从而成就个性多样化的个体。

平等合作学习者之间存在较强的共生关系，一是人类要与自然界万物和谐共生。二是个体与社会的共生，个体积极地去改造社会；同时，社会又要求个体在产生、成长、发展过程中遵行一定规则，更加有利于个体的成长和个体所组成的社会的发展。三就是人与人的共生，个体不可能孤立生存，唯有共同生存才能求得自身的生存，所以共生是一切教育产生的必要条件。既必须共生，就要求个体妥善处理好共生中的问题，积极利用共生来培养自身的生活力，通过共生建立一整套适应社会整体发展水平的个体共同生存的伦理、道德，要求个体共同遵守共生中的一般规范，和谐同周围个体的关系。教育要为个体的生活向前向上发展而促其自觉性之启发和创造力之培养，要为个体组成的社会的发展而去提高个体的生活力。

四、人是目的，不是工具

从哲学层面做出"人是目的，不是工具"的判断是早已解决了的问题，但在当下教育实践中是远远没有解决的问题。中国古人即有"君子不器"说，这里的"器"就是工具，或许在这种语境中并非所有人都能称"君子"，至少"君子"属于"人"的集合之内，至少说的是想成为君子的人不能成为工具。随着时代发展，以人人皆可为尧舜的视角看，君子不器就接近"人是目的，不是工具"的内涵了。

康德说得更明确，"除了上帝之外，人是至高无上的；人是我们生活的全部目的，人就是目的"，强调人不应该像物一样被用作工具或手段。

确保人是目的而不是工具的一个重要前提就是确保并尊重人的本性，比如：人是能思想的，不能不让人思想；人是有情感的，不能像宋明理学要求的那样"存天理,灭人欲";人是要说话的,不能不让人自由表达。当然,有时候是人自身为了达到某种目的而去做些非人做的事情,自己把自己当作工具了。所以无论主动或被动,人失去了本性就变成了一个被利用的工具。

从这一命题提出者康德的理论中不难看出,他所说的人性重要内涵之一是"理性",认为人是唯一具有理性的动物。理性以自身为目的,而人作为理性存在者,本身就构成了自身的目的,理性决定了人之为人和人的道德价值,因此人是最神圣的。

另一内涵是,他认为自由是人的本质,人用意志自律来达到目的和手段两者的统一,人的意志自律也就是自由,人有了自由才使道德成为可能。

"人是目的"是康德提出的三条最基本的道德命令中核心的一条,另两条是"善良意志"和"意志自律"。这里不想就其庞大理论体系假说做深入探究,只是由此得出一个推论的基础,在任何时候,人绝不允许被随意摆布,人必须是被尊重的对象,不是达到目的的工具。理性使人同动物区分开来,获得了神圣的地位,成为世界万事万物最后的归宿。人自身就是目的,而不是供这个那个意志任意利用的工具。人的行为无论是对自己的或是对他人的,总应该把人当作第一位的目的,世界上的一切只对人才有价值,单纯的东西离开人就无所谓价值。一切道德法则和义务要求之所以应该这样而不应该那样,不是基于其他任何目的,只是为了人本身,以人为"最高绝对目的"。

(一)学生成长发展是教育的终极目的

把人当成目的而不是工具,在教育中就要把人的成长发展放在一切工作的首位。这一道理很多人也常放在嘴边说,真正理解而且切实去做的人依然太少。

现实的教育往往不同主体有不同的目的,政府希望教育为政府的治理服务，还希望把办教育当作自己的政绩，于是以政绩的视角管理、评价教育；一些组织希望教育为实现自己的宗旨服务，想方设法使自己对教育的影响极大化；一些机构想把自己的利益渗透进教育的各个环节；有的校长把自己定位为一个官员，希望把学校办成自己加官晋爵的垫脚石，办成自己四处张扬的根据地；有的教师把学生当作自己的帮手，当作自己显现教学业绩的搭档，于是反复挑学生，苛刻地要求学生。于是学生的学业成绩成了班级的荣誉、学校的荣誉、家长的荣誉、地方政府的政绩的体现，也就无形中绑架了教育的目的，学生不再是目的而成为各方想方设法利用的工具和手段，成为压力所向的中心，众多烦琐的教育之事压倒了教育之人。

在不同时段教育也有不同的目的：例如，有时把教育作为经济增长的推手，有时把教育作为政治运动的帮手，有时把教育作为迎合各种需求的装潢，如此办教育学生成长就被忽视，有的只是宏观的统计数据，没有具体的人的成长发展。

所以，对学生成长是教育的终极目的不仅需要明了，而且需要切实做到，需要建立相应的机制保障，让那些可能导致偏离这一目的的行为受到约束和规范。

（二）学校的最佳境界是成为精神家园

人是要有精神境界的，以人为本的学校需要让人的精神能力得到健康成长。学校的日常教学、课程设置、学校管理等仅是有形的教育下位部分，真正的上位部分是学校的精神是否丰富，能被师生认同为精神家园的学校才算真正的学校，它能充分满足师生的精神归属的需要。

通常不能把人当作目的的学校追求的是学生的考试成绩高低，使用统一要求的教材和教学程序，学校的管理也是刻板划一的。于是一些学生由于学习成绩不好就被边缘化，就可能因为找不到归属感而选择辍学，就出现了一些地方已经出现的宁可沿街乞讨、住垃圾桶也不愿意留在学校里的极端情况。

　　成为精神家园则需要学校的理念和价值能够获得学生真诚的认同；日常教学是在比较准确了解学生当时真实需要和状态下进行的，不是说天书；课程设置也是基于对学生充分的调查基础上设立的，有可供学生选择的充足的课程资源；学校管理从以工作任务为中心转向以人为中心，实行人性化管理，管理的制度、规范、程序均须人性化。

　　通常人们以管理就是一种组织性行为，学校是个组织，组织内就应该有权威性、等级性作为论据抵触管理人性化。能够成为精神家园需要学校的管理向治理转变，师生人人都成为学校的主人，共同制订学校的行为规范和章程，共同遵守这些规范和章程，大家都有相互监督的责任。因此，这种校园里不再是使用行政手段自上而下进行的管理，也不必倚重于检查、评估及量化管理手段，而是师生自觉遵守自己所订的规章制度和学校章程的共治，是从内心深处激发教师的内在潜力、主动性和创造性的民主治理。

　　在成为精神家园的学校里，教师本身也不是工具，而是目的。在把教师当工具的学校里，校长看重的是教师对教育教学效益起着决定性的作用，依靠制度监管、约束才能让教师充分投入工作。而即便当今，被管理的教师充其量只能成为合格的教师，仅仅靠制度管理是管不出优秀教师的，更管不出能推动学校发展的卓越教师；对学生而言，情况也是基本相同，优秀的学生不是管出来的，而是找到恰当方式把他的优势潜能激发出来。因此，只能把师生的生命成长作为学校工作目的，而不能将师生作为学校发展的工具，或作为某个组织或其他机构的工具。

　　实现这个目标，仅仅靠组织和规范是远远不够的，需要建立以人为本的学校文化，各校的文化可以不同，但在以人为本上不应有所违背。在这种文化中，不仅师生之间是平等的，教师与校长也应是平等的，每个人有自己的尊严，每个人维护自己的尊严，也尊重他人，为他人服务，相互提升各自的做人底线和境界。一校之中，只有校长把师生当人看，把学生、学校、全体教职员工的利益放在第一位，他们才会觉得自己有价值，才会全力以赴地去工作、学习；如果校长非常关心学生和教职员工，整个学校就会形成一种积极向上的文化氛围。校长尊重师生的重要体现就是尊重师生共同制订的章程和其他规范，接受师生的监督，充分使用这一公器保障学校的正常秩序，而不能带头使用自己的特权违反学校章程和大家认可的规章制度。让学校的人本文化与学校章程及相关规章制度共同发生作用，既营造一种温暖的、充满人情味的关爱、协作气氛，又发挥章程和制度的保障和牵引力，共同实现师生成长发展是目的和目标。

（三）充分自我实现是成长的最佳境界

学生是教育的目的而不是教育的手段，对于学生而言，最大的吸引力就在于自我价值的实现。教育不应只是关注学生知识增长和智力发展，还应关注个体自身的价值。中国社会几千年重视群体漠视个体，工业社会又将人当成可批量生产的零件，教育的工具性一直在加强，个体的主体性反复受屈。

"自我实现"概念源自马斯洛的需要层次理论，该理论认为人有生理、安全、爱与归属、尊重和自我实现五种基本需要。自我实现的需要是其中最高级的需要，指的是促使个体潜能得以发挥，使自己越来越成为所期望的人，激发自己从事与自己愿望和能力相一致的事的需要。从"自我实现"理论提出的社会背景看，20世纪50年代末，布鲁纳的结构主义、斯金纳的行为主义观点都以学生的知识增长为焦点，马斯洛、罗杰斯等人对这股潮流提出反对的看法，认为人有使自己更健康、更道德、更智慧、更美好和更幸福或称之为丰满人性（full humanness）的潜能和需要，这种潜能是个体"自身以萌芽和胚胎的形式具有"的，这是他们所说的自我实现的主要内涵。自我实现者都以某种方式献身于他所追求的价值之中，个体的知识增长必须对个体的自我实现有意义。教育的基本功能和目标就是指导和促进个体的成长与自我实现,培养"发展过程中的人,有创造力的人,能即席创作的人,自我信赖、勇气十足的人,自主自立的人"。个体经历自我实现时会产生"高峰体验",而自我实现的需要不能满足将会引起精神缺失病。教师要帮助学生理解他是什么样的人,欣赏他的成长和自我实现,使其得到高峰体验,而不应成为"干扰者"。①

"自我实现"是人的需要中的最人性化的需要。教育自然不是去满足人的生理、安全的需要,在很大程度上是满足人的爱与归属、尊重和自我实现的需要,自我实现是人的最高层级的需要,也是教育应该集中最大的精力去满足的需要。

通常,一个人的成长就是在不断进行自我认识、自我设计与建构、自我实现的不断循环提升的过程。当一轮自我实现完成之后又会生成新的自我认识,进行新的自我设计与建构,再通过努力实现新的目标。当个体有了自我意识后,他便会在对自己认识的基础上设计自己的未来发展方向和蓝图,确立自己的成长与发展目标,并有意识地通过自己的行为去实现自己所确立的目标,这个过程是包括父母、教师在内的其他任何人都无法替他完成的,其他人最多只能向他提供参考意见和相关的知识背景。一旦这个目标实现了,个体便会获得自我实现的内心体验,便会产生荣誉感、成就感,这种内心体验为个体建立起自信,构成个体成长的一种动力,使个体形成新的层级的自我意识,并在新的自我意识基础上进行新的自我设计,生成新的人生目标,并进一步践行自己所做的设计,努力实现自己的人生目标。这样的过程在心理仍在成长的个体身上循环往复,不断进行着。如果一个人内心中没有这一循环,他的成长过程就终结了,即便作为生命个体他还存在,它的成长就已经停息、已经死亡了。青少年学生尤其是能够且渴望独立思考的学生都会自动进入自我认识、自我设计和建构、自我实现

---

① 马斯洛:《人性能达到的境界》,林方译,云南人民出版社,1987年,第27~170页。

的循环中。

自我实现并不就是"为我"实现，因为在自我认识环节通常需要找到社会参照才能客观准确地认识自己，在自我建构和设计环节也需要了解社会对人的需求才能设计出一个优化的方案，否则就会成为孤立的闭门造车，也很难达到真正的自我实现。因此良好的自我实现本身不会成为自私的实现，而是把自己的优势潜能和天性充分发展发挥出来，满足社会和他人发展的需求。也唯有个人的自我实现能够满足社会与他人的需求，比较恰当地处理好个人与社会、自己与他人的关系，才能使实现过程得以顺畅进行。

自我实现是教育上的自主过程，而非他主过程，不可能由他人操纵。这是确保人是目的的程序性安排。如果一个人的成长由他人安排，他也可能获得成长发展，但不可能获得真正的自我实现；以这种方式获得的成长结果也很难成为目的，在多数情况下仅仅是个手段和工具；以这种方式成长起来的人，可能会由自我意识的苏醒而转换为目的，但这种转换的可能性极小，大多数将永远只是工具和手段，永远不会成为有独立人格的人。

马斯洛、罗杰斯等人理论的对象是个体，个体的学习过程是自主追求有意义、有价值的生活过程，教育要促进人成为积极、自主、创造的社会生活主体，培养有独立人格、有个性的人。学生因缺少自主而缺乏个性、独立性、自主性，因而不能独立思考，不能创造，不能成长为自己天性提供了可能性的那样的人才，也就是不能充分自我实现。

教育者也需要自我实现，其自我实现的方式就是培养出值得自己崇拜的人，自己不做工具，也不让学生做工具，始终保持独立思考和清醒的头脑，不因浮躁而盲动，不因干扰而动摇，不因利益而迁就，不因困难而后退。

人是目的，不是工具，这一观念适用于教育所涉及的所有人，不仅仅是对学生而言，对教师、教育管理者、家庭成员都是如此，这样才能避免一部分人把另一部分人当作手段的现象发生，避免人与人之间的人本值过多地偏离于1。在人人都是目的的前提下,人与人之间平等合作,自主选择,协商共处,从而实现所有参与者的共同成长。

五、回归以人为本

"以人为本"一词可查到的最早文献来源于《管子·霸言》篇中的"夫霸王之所始也,以人为本。本理则国固,本乱则国危"[①]。2003 年,中共十六届三中全会《中共中央关于完善社会主义市场经济体制若干问题的决定》提出"坚持以人为本,树立全面、协调、可持续的发展观,促进经济社会和人的全面发展"的要求,此后各种教育政策文本和学术讨论中几乎不能不提"以人为本"。

以人为本是教育的原本状态,正如威尔·杜兰特等在《历史的教训》中所言:"唯一真正的革命,是对心灵的启蒙和个性的提升;唯一真正的解放,是个人的解放;唯一真正的革命者,是哲学家和圣人。"[②]如果把这段话中的"革命"换成"教育",其含义同样正确。

人本教育虽然顺应时代发展的需要,符合人的成长之要求,但由于不人本的社会现实存在,以及受到各种因素的影响,教育在人类社会 2000 多年的发展过程中远离了以人为本,人本就不能自动生成,仍需要有此追求的人们按照人本教育的内涵与特征去不懈建构。

教育相对于人来说,它永远只具有工具价值;而它相对于政治或经济而言,只是在特殊时期和特殊条件下具有工具价值,在人类文明尚未发展到一定的程度的时候,教育不能构成政治和经济的工具;当人类文明高度发达的时候,教育又不应成为政治和经济的工具。往往正是由于教育对社会组织的工具价值利用教育对于人的工具价值作为杠杆,将人变为工具、

---

① 管子:《管子》,商务印书馆,1936 年,第 8 页。
② 威尔·杜兰特,阿里尔·杜兰特:《历史的教训》,倪玉平,张闶译,中国方正出版社,2015 年,第 122 页。

手段，从而人在教育中失去了目的性，降格为工具性的存在。

　　教育回归以人为本的理论基础是教育的本性，着眼于人的个性发展，谋求社会进步与个人发展的有机统一。对此，中外有各种不同的看法，经过多年的实践和思考，总结出比较接近的集成人学概念，就是把所有研究人的学问集成在一起。由于研究人的各门学问中有些属于科学，有些属于人文，集成人学则既有科学的属性，也有人文的属性。科学的本质属性是理性，人学的本质属性是人性。教育应当是生命个体的互动与对话，是科学与人文的结合，是理性和人性的糅合。因此回顾以人为本并不排拒人的科学性，理性和人性都是确定教育价值的参照和基础，教育选择的终极指向是理性和人性融合的目标。

　　人的发展是人本教育的出发点与落脚点，信息化社会需要个体独立，民主政治的建设、市场经济的完善以及多元文化的形成，正在呼唤具有独立意识人格、拥有独特个性的人生成。可以说，倘若把个人本位与社会本位的教育目的放置于当下社会发展和个体成长的背景中，可以看出人的个性发展是社会发展与个人成长的交汇点，着重于人的个性培养的教育不仅有利于社会发展，而且满足了个人成长的需求。

　　而60余年来，中国教育从某种程度上不是依附于社会的政治、经济或军事，将教育当成上层建筑、政治工具，就是要求教育适应市场经济、市场化，运用市场经济的原理和原则发展教育。这不只是违背以人为本，也深层次阻碍了教育的理性和人性根基的建立。由此导致中国虽然进入社会转型时期，教育上要真正实现以人为本还有很长的路程。

　　其间所需要越过的障碍有：

　　首先还是需要在观念上真正确立以人为本的价值取向，使人成其为人、促进人的自由全面发展。在人类社会发展过程中，任何社会的核心都是人，以人为本既是一个自然历史过程，又是一个自主自觉的过程，必须一以贯之地追求。从人身依附的"官本"到利益依赖的"物本"再到追求自由个性的"人本"是人的历史发展脉络,也是人的主体性和自由不断增强的过程。由于"二十世纪在中国盛行的思潮,……都是高抬'集体'的位阶,强调'集体'的价值。……始终是一部集体压倒个体的历史"①,以人为本的观念基础极为薄弱,仍然有不少当权者相信权力本位,对人本持很大的怀疑态度。实现以人为本需要一定的社会条件,是一种不断推进的历史过程,也需要社会中有更多的人认同其为理想目标和价值导向而不懈追求。因此,应把以人为本的理念贯穿到教育发展的各个环节之中。教育现实中存在着不少实现以人为本的障碍,首先遇到的就是认识障碍、观念障碍。

接着就是政绩导向障碍。政绩观是官员的指挥棒,政府比较长时间以经济建设为中心,把人仅仅当作劳动力,把劳动力当作成本,或是把人当作人力资源,并建立起维护这一导向的政绩 GDP 考评体系,一些地方政府甚至提出教育要为当地经济发展服务的极端口号。这样做付出了沉重代价:一是错处人与自然关系,出现了严重环境污染问题,威胁人的正常生产生活,一定程度上破坏了可持续发展能力;二是恶化人与社会关系,出现了人被物化的现象,一些人不能真正享受社会发展的成果;三是造成人与人的关系上新的问题,出现社会不公,贫富差距扩大。由此引发教育公平、恶性择校等一系列教育问题。因而,只见物不见人的政绩考核方式不变,与之相关的利益观、政府职能观、执政方式、执政能力观都不会变化,把教育当政绩的政府和官员就很难做到以人为本。要真正贯彻落实以人为本,就必须逐渐消除"物本"政绩观障碍。

再就是体制障碍。以人为本应当是所有政治制度的普适选择,现有体制建立的基础并非以人为本,而是科层等级分明的官僚体制;人本远未成为全社会的主流意识形态,党政官员也未充分达成人本共识,人本观念更难以体现在制度层面。以人为本的体制基础是以最大多数民众

---

① 金耀基:《中国的现代转向》,牛津大学出版社(中国有限公司),2004 年,第 31~32 页。

为主体，政府要将民众的根本利益作为一切工作的出发点和落脚点，必须建立公共服务型政府。政府的权力由民众赋予，必须科学执政、民主执政和依法执政。

还有社会层级结构的障碍。社会层级是短期内难以消除的，人人平等是回归以人为本的良好社会基础，在这两种状态之间，如果等级差距拉大，就会形成更大的障碍；如果等级差距减小，就会减少障碍。现实当中，财产多少、职位高低等都在一定程度上影响着人与人之间的平等，也影响着以人为本落实到最佳状态。

最后又是最为关键的是社会的法治状况。在人治的社会中，自然就有人上人，人下人；只有加快法治进程，确立法律面前人人平等，才能离以人为本越来越近。

中国 60 多年来教育正反两方面的经验和教训表明，教育一旦离开为人的发展服务，教育自身就会沦为政治或经济的工具，并将教育所涉及的人裹挟为工具。在这种情况下，教育就不可能以人为本。而教育必须坚持为人的发展服务才能实现为社会全面进步服务，在相当长的时间内曾过度强调了教育功能的某个方面，从强调为社会政治服务到强调为经济建设服务，都存在片面性。

随着社会、教育的发展，人们的视野开阔，认识不断深化，教育工作的内在特性和中国政府对教育发展的要求越来越清晰，教育的科学发展必须以人为本。以人为本的教育体现为：教育以育人为本，以学生为主体；办学以人才为本，以教师为主体。发展教育的目的是为人服务；评价教育的标准是人的成长发展状况；教育实践目标是全体人学有所教；教育教学过程和方式方法充分体现并弘扬人的主体性。

以人为本的教育价值定位不只是短期的选择，也不是一个国家或地区的选择，而是全人类对教育价值回归的共识。1996 年国际 21 世纪教育委员会提出一份报告《教育——财富蕴藏其中》，强调要把人作为发展中心，

"人既是发展的第一主角,又是发展的终极目标",这种教育强调"应该使每个人都能发展、发挥和加强自己的创造潜力,也应有助于挖掘出隐藏在我们每个人身上的财富"。"以教师为本"是学校管理中最重要、最基本的理念,"以学生为本"是学校教学中最重要的基本理念,其实质就是要重视教师和学生的参与意识和创造意识,使他们的才能得到充分发挥,人性得到最完善的发展。学校中要充满尊重、理解、沟通、信任等人文精神,营造团结、和谐、奉献、进取的工作氛围,建立起宽松、高洁、清新、有人情味的校园文化,让学校具有浓重的文化气息和深厚的文化底蕴。

学校和一切教育机构都应把师生的成长发展放在第一位,自主是师生成长最有效的方式,让更多的教师和学生拥有健康的心态、健全的人格和自信的人生是教育最重要的目标。培养有个性、自由、想象力、勇气和好奇心的人是以人为本的教育的自然结果。简言之,教育在经历了比较长的时期价值迷离后,将会随着社会转型逐渐回归以人为本的本原归宿,教育要为每一个具体的人的成长发展服务。

第四章　体制:从国家包办到多元主体

受国家主义教育观影响,中国建立起世界上最大的国家包办教育的体制,或称之为"集中统一的计划体制",撤销私立学校,统一招生,给学生生活待遇,包分配,统一发毕业证和学位证。这一体制建立几年后就遇到严重的供求矛盾,不得不寻求"两条腿走路"的政策变通,其间"改革"不断,依然难以解决这一体制问题,难以有效满足需求,难以充分调动各方面发展教育的积极性,难以在规模、结构、质量、效益等方面实现可持续发展。摆在中国人面前的教育体制选择简而言之就是要大锅饭还是自助餐,保留大锅饭就难以消除长期以来的自主权饥渴,就不能满足多样性诉求,就不能在政治与教育之间划分出明晰的边界,也就难以实现依法治教和管办评分离。教育体制建立的原理性基础是:人的先天多样性与社会需要多样性是一致的,教育体制建立需要走出单一性困境,顺应并发展人的多样性,需要办学主体多元化,弥合已经断裂的学校管理责任链,实化多样性办学主体的有限责任制度。

通常的教育是由人类文化、政府、社会、学校、学生等要素构成的一个均衡运行的系统。系统中的每一要素依据其自身及整个系统当时的情况而发挥着特定的作用。若其中一方发挥着超出其特性和能力的作用，则不可能有好的教育，更不可能办出以人为本的教育。中国教育转型所面对的现实是，政府在教育上发挥了超出其应有功能的作用，甚至在包括教育内容、范围和方式、方法等各方面发挥作用。相应地，学校的管理和自主教学、学生的自主发展受到挤压，因而整体上形成了一个畸形的教育结构系统，这种畸形系统所产生的教育功能也不会是正常健康的。因此，完善教育治理模式是教育转向以人为本的必要环节。

一、国家包办的理由与限制

中国历史上有官学和私学，私立学校在中国数千年的历史中发挥着维持学术生态平衡的重要作用，在不同时段官学私学各有盛衰，但私学完全绝迹的时候几乎未出现过。民国期间，随着新思潮的兴起，私学又得到一定程度的发展；同时，普鲁士式的教育对德国后来经济上的迅速兴起也发生了不小影响,不少教育人士在竭力宣传,这种通过教育机构过分集中灌输某种价值观的教育在德国发展的历史表明其几代人所付出的代价极高,其危险性在于一个高度集中和受政府支配的教育制度赋予当局以控制人们心灵的权力。然而,受政治需求的牵引,这种限制国民"新发现的权力"的教育生态也在中国形成了。

(一)国家包揽教育体制的形成

1949年新中国成立后,经过较短时间"暂维现状,即日开学"[①]后,即着手中国教育体制框架的建立,政府分阶段接收了包括外国人开办的教会学校在内的全部私立学校,收回教会学校及接收外国人津贴的私立学校的办学主权。

新建教育管理体制"主要特征表现为高度的统一和集中。在办学体制上学校一律由政府拨款,国家公办,在管理体制上,实行中央统一集中领导,地方也管理教育,主要是执行中央的指令,管理的职责非常有限,教育行政部门对学校,特别是高等学校实行直接指挥和管理;在教育制度和教育结构上高度集中统一化,按照计划经济、条块分割来培养各级各类人才和劳动力"[②]。

从1953年国家开始实施国民经济发展第一个五年计划起,教育就被"正式纳入了国家计划轨道,政府对公办学校实行直接的指令性计划。其中,由中央政府对高等学校实行直接指令计划;由地方政府对地方主管的公办学校实行直接指令性计划;对私立学校实行指导性计划。到1956年社会主义改造基本完成后,国家不仅在经济领域,而且在教育领域也形成了集中统一的计划体制"[③]。

---

① 毛泽东:《毛泽东同志论教育工作》,人民教育出版社,1992年,第209页。
② 中华人民共和国教育部:《共和国教育50年》,北京师范大学出版社,1999年,第197页。
③ 宋荐戈:《荐戈文存》,中国国际文艺出版社,2006年,第317页。

从 1953 年开始，对于建立什么样的教育体系，国家是否应该对办学权和所有权垄断，曾经有过激烈的争论。1953 年 5 月 17 日、18 日、27 日，毛泽东主持中共中央政治局讨论教育工作的会议，研究并做出如下决定：允许小学民办，不限定几年，能办几年就办几年。①

1954 年 9 月 20 日通过的《中华人民共和国宪法》第 94 条规定："中华人民共和国公民有受教育的权利。国家设立并且逐步扩大各种学校和其他文化教育机关，以保证公民享受这种权利。"②这一规定暗示着只有国家才能拥有各级各类学校的办学权和所有权。到 1956 年，中国所有的私立中学和小学全部由政府接办。此后，多种政策文本中还沿用允许私人办学，然而私人办学的环境和条件事实上已不存在，直至 1978 年，中国大陆几乎没有私立学校的存在。

1958 年 8 月 4 日，中共中央、国务院发布《关于教育事业管理权力下放问题的规定》，指出：今后对教育事业，必须改变过去条条为主的管理体制，根据中央集权和地方分权相结合的原则，加强地方对教育事业的领导管理。从 1958 到 1961 年期间，曾试图改变一切由国家包办的单一办学体制，改变中央高度集中的教育管理体制，地方分权成为教育体制改革的一股潮流。1958 年 5 月在印发教育工作的 10 个文件的通知中，又将这一方针进一步概括为"两条腿走路"的方针。③ 1958 年 9 月 19 日，中共中央、国务院《关于教育工作的指示》，把小学教育的发展方针概括为：在统一的目标下，国家办学与厂矿、企业、农业合作社办学并举。最终由于整个政府管理体制没有改变而无法进行下去，改革缺乏系统理论，地方缺乏教育管理的经验和能力，学校发展规模因"大跃进"而失控，教育质量大面积下滑。1961 年实行调整的政策后，教育管理权限逐渐上收。这次上收权力对克

---

① 中央教育科学研究所：《中华人民共和国教育大事记(1949—1982)》，教育科学出版社，1983年，第 77 页。

② 《中华人民共和国宪法》，《人民日报》，1954 年 9 月 21 日。

③ 中华人民共和国教育部：《共和国教育 50 年》，北京师范大学出版社，1999 年，第 257 页。

服"教育革命"带来的混乱发生一定作用,又使强化集权统得过死的弊端进一步凸显。1966 年后的权力下放导致混乱,并一直延续到 1976 年。1978年 9—10 月,教育部在此前文本基础上分别重新颁行《全国重点高等学校暂行工作条例(试行草案)》,简称"高教 60 条"(明确其基本精神适用于全国普通高等学校),《全日制中学暂行工作条例(试行草案)》,简称"中教 50条",《全日制小学暂行工作条例(试行草案)》,简称"小教 40 条",教育体制又恢复到 20 世纪 60 年代的基本格局。

1980 年后,在全国范围内开展了教育问题的大讨论,其中对较长时间一直宣传的教育属于上层建筑的观点提出质疑。由于受到苏联的影响,教育一直被看成属于上层建筑,过于强调教育与政治的关系,过于要求教育的行政属性,于是就要提高中央对教育的绝对领导权力。对教育属于上层建筑的讨论并未随即导致教育体制的变革,过于集中统一的教育管理体制依然屹立。

国家除了包揽各类学校的举办权和所有权,还包揽学校的一些关键事务,主要如下。

1. 统一考试招生

考试招生原本是一项极其专业的工作,所涉及的一系列问题远远超出了任何一个有限的政府所能解决的范围,统一考试招生总是不时产生各种漏洞。尽管漏洞不断出现,包揽的观念没有改变,统一的形式依旧会维持下去。

1951 年 4 月 24 日,教育部发出《关于高等学校 1951 年暑期招考新生的规定》,开始实行全国统一招生。[①] 这年还有部分高校没有参加全国统一招生。1952 年的高校统一招生较 1951 年组织要求更多,参与范围更广,计划性更强,并扩大到中等学校的招生。其间 1958 年以"教育革命"的

[①] 中央教育科学研究所:《中华人民共和国教育大事记(1949—1982)》,教育科学出版社,1983年,第 39~40 页。

名义没有统一招生，1966 年 6 月 13 日，中共中央、国务院发出《关于改革高等学校招生考试办法的通知》，半个月内发两次高考"改革"的通知，中国从此停止了普通高校的招生。1970 年恢复招收工农兵学员，再次恢复统一招生的做法。1977 年恢复的高考也是全国统一的高考。

1981 年后，恢复高考后入校的学生要出来工作了，这种统一招生，统一分配的体制所存在的问题再次突出地显示出来，最大问题是供需脱节，影响高校办学的自主性。于是在 1982 年开始酝酿对这一制度做些调整，逐渐减少国家指令性计划统一招生的比重，增加调节性计划招生的比重。

1983 年，高等学校的招生政策在减少过度统一上迈出了一步，教育部在《关于 1983 年全国全日制高等学校招生工作会议报告》中提出了两项调整措施：一是高等学校招生要把招生来源地区和毕业生分配去向适当结合起来，在保证国家指令计划的同时，为解决农村及生活、工作条件比较艰苦地区和行业长期存在的专门人才"招不来，分不去，留不住"的问题，将国家计划的一部分拿出来实行定向招生、定向分配；二是委托培养，"要打开培养单位和用人单位直接联系的渠道，采取合同制委托培养人才的办法，作为国家培养人才计划的比重"。1983 年招收了委托培养学生 3000 人。1986 年开始招收计划外自费生。

从 1992 年至今，对全国统一招生的高等学校招生制度的改革呼声一浪跟随一浪，全国各地也进行了大量试点。2010 年《国家中长期教育改革和规划纲要》提出"探索招生和考试相对分离"，2013 年 11 月 15 日公布的《中共中央关于全面深化改革若干重大问题的决定》对此加以明确，而 2014 年 9 月 4 日，国务院印发《关于深化考试招生制度改革的实施意见》中这一条却消失了，可见，对于高等学校的全国统一考试和招生如何改革，依然没有见到一幅清晰的蓝图。

2. 给学生待遇

国家包揽教育还表现为学生一进校就相当于进了保险箱，给学生一定的待遇,一开始采用的是供给制。1952 年 7 月 8 日,政务院发出通知:为积极改进青年学生的健康状况,并逐步统一学生待遇的标准,决定将全国高等学校及中等学校学生的公费制一律改为人民助学金制,并自 9 月份起适当调整原有人民助学金的标准。

1952 年 7 月 23 日,教育部发出通知:一般高等学校和中等学校废除供给制,实行人民助学金制;统一规定人民助学金标准;高等学校学生全部给予人民助学金;师范学校及其他中等专业学校学生人民助学金标准高于普通中学;私立学校学生与公立学校学生相同;原供给制人员、产业工人的学生,人民助学金标准高于一般学生;尽量照顾烈属、革命军人、工农干部、产业工人、少数民族及回国华侨子女的实际困难。1952 年 10 月 7 日,教育部发出通知,对全国中等技术学校学生人民助学金的标准及实施办法做了规定。11 月 29 日,教育部、财政部、人事部联合发出文件,对工农速成中学、工农速成初等学校学生待遇做了具体规定。①

1977 年恢复高考后,仍实行了一段时间政府对高校学生发放生活补助的制度,直到 1997 年实行完全"并轨"以后,全面实行缴费上学,上大学给生活补助的历史才完全终结。

3. 包发毕业证和学位证

事实上,国家包揽体制下,学校本身没有发放毕业生证书的全部权力,也不负有全部责任;同样,高校授予学位时也不具有授予学位的全部权力,同样不负全部责任。这样严重损伤了教育教学质量的权力和责任机制,导致不少学生学业成绩不合格也给毕业,也要授学位,整个教育质量难以有效保障和提升。

4. 包分配

包分配是国家包揽教育的重要一环,它是包办教育引发就业方式的变

---

① 中央教育科学研究所:《中华人民共和国教育大事记(1949—1982)》,教育科学出版社,1983 年,第 60 页。

化,中国引进了苏联对所有人一包到底的包分配做法。由于整个教育完全按照经济发展规划来施行,政府在考虑招生的时候就要细致地将每一个学生分配到每一个对应的生产岗位,既要保证每个岗位有人做事,又要保证每个人有事做,有适合每个人做的事,由于罔顾具体人的天性,对于中国这样一个大国这种方式已经被历史证明是不可能实现的。

1950年6月3日,政务院成立1950年暑期高等学校毕业生工作分配委员会,直接办理全国公私立高等学校1.8万名毕业生的工作分配事宜。22日,政务院发出通令,要求教育部门和人事部门有计划地合理统筹分配高等学校的毕业生。并指出:结毕业生,一般应说服争取他们听从政府的分配,为人民服务。其表示愿自找职业者,可听其自行处理。高等学校毕业生工作,一般规定以半年至一年为见习期限。以全国统一调配,本年全国毕业生的半数分配到国家重点建设的东北地区。[①] 开启了中国对毕业生包分配的先例。

"集中使用、重点配备"和"学用一致"常常作为分配方针和原则,但落实起来很难,用非所学,使用不当的很多,由于当权者才能对改派发挥作用,毕业分配与招生一样常成为"走后门"较多的关口。1963年不能分配工作的毕业生可以安置做工人,或者推荐给集体所有制单位录用。公社保送的各科毕业生由原公社安排。内招职工毕业后由有关部门分配工作或返还原单位。各地在农、林、医、师范等学校中进行了"社来社去"的试点。据1964年3月26日《光明日报》报道:全国已有19个省、自治区的81所中等农业学校实行了"社来社去"的招生、分配办法。1962年以来,这类学校先后从农村人民公社招收学生11000多人。[②] 1977年12月5日,国务院批转教育部《关于社来社去毕业生分配问题的请示报告》,强调"高等学

---

① 中央教育科学研究所:《中华人民共和国教育大事记(1949—1982)》,教育科学出版社,1983年,第19页。

② 中央教育科学研究所:《中华人民共和国教育大事记(1949—1982)》,教育科学出版社,1983年,第327页。

校社来社去的学生的毕业分配,仍坚持社来社去的原则"①。

由于大学生毕业分配工作,使得中小学生毕业后的工作一度也列入国家包揽的范围之内,1957 年 6 月 5 日,中共中央发出《关于安排不能升学的中小学毕业生的指示》。《指示》提出:对于不能升学的学生,除开华侨子女由国家负责适当安置,工农速成中学的学生原则上应该由原单位或人事部门安置外,基本的方法是动员说服(绝不能强制)他们到农村从事农业生产,和在家自学等待就业或升学。各级党委和政府根据中共中央和国务院的指示,采取了各种措施,对中小学毕业生做了妥善安排。②

20 世纪 80 年代,中国出现越来越多的待业青年。同时出现越来越多的"个体户",包分配的缺口很快就被打开,先是不包分配的职业高中开了先锋。面对不包分配工资相对较高的合同工与包分配工资不高的"铁饭碗",不同人做出了不同的选择。其社会效应就是"包分配"再也不能包打天下了,这种观念从职高很快迁移到大学毕业生中,出现了一些不到分配工作单位上班而自谋一个自认为更好的岗位的现象。更有一些人为了找一个好一点的单位而走后门,于是衍生腐败,分配失去了"计划"的权威性。1983 年后,开始对"包分配"的单一分配制度做了些调整,通过多种形式、多种途径,逐步实现由国家分配向社会就业方向转变,使学校与社会用人单位、毕业生与用人单位直接联系。

1985 年,经国务院批准,上海交通大学、清华大学在原来实行"供需见面"试点的基础上,试行"招聘"、推荐与考核录用相结合的办法。此后这一办法逐渐形成新的就业模式:国家计划招生入学的学生,毕业时"实行在国家计划指导下,由本人选择志愿、学校推荐、用人单位择优录用的制度";委托培养的学生履行合同到委托单位工作;自费入学的学生毕业后可由学校

---

① 中央教育科学研究所:《中华人民共和国教育大事记(1949—1982)》,教育科学出版社,1983 年,第 502 页。

② 中央教育科学研究所:《中华人民共和国教育大事记(1949—1982)》,教育科学出版社,1983 年,第 198 页。

推荐就业，也可自谋职业。

20 世纪 80 年代中后期，一些地方出现了不需要分配、不愿接受分配的情况，一些学校在招生的时候也打出"择优录用，不包分配"的牌子，1987 年四川省的农业中专有 26％的不包分配班的学生[①]；政府也渐渐接受了"不包分配"的观念，1988 年国务院有关八部委发文将不包分配的学生纳入招生计划，并可获得与其他学校一样的拨款。

1989 年，国家教委在总结各校实验的基础上制定了《高等学校毕业生分配制度改革方案》，由国务院批转全国贯彻执行，主要内容包括：逐渐将毕业生计划分配制度改为社会选择就业制度；人事部门建立健全人才交流服务机构，完善人员合理流动的调节机制；各地方、各部门和高校建立毕业生就业指导机构；长远的改革方向是毕业生通过人才市场自主择业。

自 1994 年起，就连师范院校的毕业生也不包分配工作，包分配制度才走向终结。到 1997 年实行完全"并轨"招生以后，全面实行"供需见面、双向选择"的自主择业。但这不等于说政府对毕业生就业完全撒手了，至今教育主管部门还要求各高校从年初开始就逐月上报本校毕业生的就业率，并将这一数据作为高校业绩的依据，甚至与该校该专业的下一年招生挂钩，因而高校就业率造假事件时有发生，一些学校要求学生拿到就业协议来领取毕业证书，在一些学校出现学生"被就业"现象。

（二）国家包揽教育的理由

对于中国当时为何选择这样一种高度集中的教育管理体制，一种常见的解释为在"教育资源较为匮乏的情况下，采取集中统一领导，实行国家包办的做法，有利于集中力量较快地培养出急需的人才，基本上适应了当时

---

① 国家教育委员会计划建设司：《中国教育统计年鉴 1988》，北京工业大学出版社，1989 年，第 255 页。

政治经济发展的需要"①。以后发展的情况表明结果与这种理由正好相反,1952 年后的 10 余年里各地出现大量想上学而无上学机会的情况,教育供给严重短缺的现象不断加剧,不得不采取"两条腿走路"的办法,在政府办学之外推行集体办学。实践表明,政府对教育的管控只会导致教育供给的进一步短缺,供需矛盾进一步加剧,放开民间多元主体办学才会有丰富的教育供给。政府行政机构的层级特征又会导致它所管控的教育资源出现优劣差别以及不均衡的等级分布,这种状况导致最近 10 余年竭力解决教育均衡问题也未能真正彻底解决。

集中的真正出发点也不在于快出人才,对比 1950 年前后的教育,反倒是没有集中之前出的人才更多更优秀,清华、北大等众多学校的个案研究都能说明这个问题。实质上,当时集中包办主要在于教育的国家主义理念发挥作用,认为国家包办教育更有利于政府对教育的管控。在对教育的内在规律没有明晰认识基础上的集中力量只会使教育遭到更加惨重的损失,60 多年在创新拔尖人才培养上的损失就是最有力的证据,这种损失是拿多少钱和时间都无法弥补和挽回的。

对为什么要国家包揽教育这个问题不同人有不同的看法,还是依据历史文献回答更为接近事实。

政府包办教育并非从办学开始,而是从教材国营开始。1949 年 10 月 19 日,全国新华书店出版工作会议闭幕,中共中央宣传部部长陆定一致闭幕词,提出:"教科书要由国家办,因为必须如此,教科书的内容才能符合国家政策,而且技术上可能印刷得好些,价钱也便宜些,发行也免得浪费","教科书对于国计民生,影响特别巨大,所以非国营不可"。②

接下来开始接办学校,1952 年 9 月 10 发出《教育部关于接办私立中

---

① 中华人民共和国教育部:《共和国教育 50 年》,北京师范大学出版社,1999 年,第 197 页。
② 中央教育科学研究所:《中华人民共和国教育大事记(1949—1982)》,教育科学出版社,1983 年,第 5 页。

小学的指示》，要求"选派一定数量政治上较强的干部，负责接办工作，其中尤其要派遣得力的干部去接办规模较大的学校"①。

1953年9月8日，教育部批复广州市教育局，同时转告各地，提出管理私立补习学校的四点意见：(1)对群众学习确有帮助并为群众支持者，允许存在；对假借办学名义，欺诈钱财或进行反动宣传的学校，应会同公安局依法处理；(2)领导和管理的重点是教学，应派干部检查教学情况，督促改进；(3)对学费的征收不宜限制过严；(4)对教师学习应加强领导。此文发出后，各地对私立补习学校进行了检查，加强了管理。1954年1月29日，华东文化教育委员会专门发出通报，要求华东各地对私人开办的补习学校进行一次检查，本着"充分利用，加强管理"的方针制定这类学校设置的条例和管理办法。② 这一通报事实上是对全日制学校以外的教育机构的限制，曾在上海生活过的老年人认为1949年前的上海学习化社会程度很高，有各种各样的补习学校满足各种人群的需要，既有早学，也有夜校，为许多因工作而不能上全日制学校的人提供了多样化的学习机会。

对于国家包揽教育背后的原因，从1952年7月8日教育部发出的指示中可以看出，该指示要求各级教育行政部门和学校用革命的精神和办法，做好招生、修建设备、师资调配等工作，实现1952年国家培养干部的计划。指示要求各地高等学校和中等学校严格地实现统一招生。③ 十分明了，由于在理念上认为教育是为国家培养干部，所以国家必须对学生的招收、在校生活、毕业后的工作分配全面负责。

深入分析，国家主义教育理念一旦成为解决教育问题的主流观念，便

---

① 何昌东：《中华人民共和国重要教育文献1949—1975》，海南出版社，1998年，第164页。

② 中央教育科学研究所：《中华人民共和国教育大事记(1949—1982)》，教育科学出版社，1983年，第86页。

③ 中央教育科学研究所：《中华人民共和国教育大事记(1949—1982)》，教育科学出版社，1983年，第60～61页。

会落实到教育的一系列政策措施中,集中地体现于学校的所有权和主办权上,从而形成政府集教育管理权、所有权、主办权于一身的中国特有的教育管理体制。同时,国家主义教育理念在考试、招生上试图包揽整个过程。这才是国家包揽教育的最为根本的理由。

认真研究 60 多年来政府包办教育的历史,不难发现它的严重缺陷。计划和政府包揽教育的基本假定是政府和计划当局全知全能。中外大量实践证明这一假定是难以兑现的,在物质生产领域是如此的,在人才培养领域中更是如此,不遵从人的天性,计划出不了大师,只会扼杀人才。因为娶了一位华人妻子而乐于研究中国文化的墨子刻(Metzger)称这种包办社会经济生活的体制为"无约制的政治中心"(inhibited political centre)[①]、"全能主义"。数十年国家包办教育的历史说明,这一体制既不能满足国家发展的需要,也很难满足社会发展的需要,更难以满足不同人对教育发展的需要。任何政府都是有限的政府,应确立在有限、有效的前提下为满足每个社会个体的教育需求而设计教育的政策体系。

(三)国家包揽教育的限制与问题

1949—1965 年,中国的教育体制总体特征可描述为"在计划经济体制的客观要求和苏联模式影响的双重作用下……办学体制上的单一性和管理上的同一性与计划性。虽然在历史的过程中也有过不同思考乃至具体实践,但在整体上是中央政府对不同层次、不同类别的教育实行着比较集中统一的管理"[②]。国家包揽教育造成诸多问题:

一是供给严重不足。政府大包大揽,急于求公求纯的做法与当时中国的经济社会发展基础相差甚远,其结果是使本来就不足的国家财力更为分

---

① Thomas A Metzger, Ramon H Myers. *Two Societies in Opposition: The Republic of China and the People's Republic of China after Forty Years*. Stanford: Hoover Institution Press,1991,pp. XII-XIV.

② 中华人民共和国教育部:《共和国教育 50 年》,北京师范大学出版社,1999 年,第 199 页。

散,直接影响普及小学的进度。

国家包办教育政策实行两三年后,包办教育的体制弊端日益显露,主要是抑制了地方和个人以及全社会参与教育的积极性,不能满足不同人对教育日益增长的需求。1955 年 7 月 30 日,一届人大二次会议通过的《中华人民共和国国民经济的第一个五年计划》第九章"提高人民的文化生活水平"中提出:"普通学校教育事业应该根据师资和国家财力的条件,并充分利用原有学校的人力和设备,做适当的发展。同时,应该根据提倡农民群众自办学校,允许私人开办学校的方针,依靠群众的力量,在国家计划的指导下,来发展中等和初等的教育事业。"五年内"应该基本上完成在工农干部、原有产业工人和农村积极分子中扫除文盲的任务"①。对政府垄断办学权的争论并没有导致对政府垄断办学权的质疑,但让人意识到仅靠政府办学满足不了人们求学的需求。

1957 年 3 月 18—28 日,教育部在北京召开第三次全国教育行政会议,认为小学教育的发展必须打破由国家包下来的思想。在城市里,要提倡街道、机关、厂矿企业办学;在农村要提倡群众集体办学。私人办学可以允许但不提倡。②

当时,"穷国办大教育"是中国教育面对的现实,中国的国民经济实力不强,而对人民教育的需求迅猛增长,教育经费投入已占到国家预算开支的 9%,继续保持或增加都有难度。若继续实行"国家性""统一性"的纯国有办学体制,单靠政府办学,在没有民办教育的前提下又排除集体办学,受教育和升学的矛盾就会日益激烈。因此从 1957 年开始,勤工俭学、半工半读、集体办学受到提倡。

1957 年 10 月 25 日,中共中央公布《1956 年到 1967 年全国农业发展

---

①　中央教育科学研究所:《中华人民共和国教育大事记(1949—1982)》,教育科学出版社,1983 年,第 137 页。

②　中央教育科学研究所:《中华人民共和国教育大事记(1949—1982)》,教育科学出版社,1983 年,第 192 页。

纲要（修正草案）》。其中指出："农村办学应当采取多种形式，除了国家办学以外，必须大力提倡群众集体办学，允许私人办学，以便逐步普及小学教育。"①

1958 年 2 月 11 日，在一届人大五次会议上，教育部副部长董纯才做《加强思想教育、劳动教育、提倡群众办学、勤俭办学》的发言，列举事实，证明群众办学、勤俭办学的好处，提出不能一切都由国家包下来，中小学教育发展的途径不是一条，而是三条，即除了国家办学以外还有群众办学和勤俭办学、勤工俭学两条途径。②

《人民日报》1958 年 2 月 15 日发表题为《贯彻群众办学、勤工俭学的方针》的社论，指出："必须贯彻群众办学的方针，充分发挥群众要求子女学习的积极性和办学的潜力，举办更多的民办小学和中学。"③在此前后，由国家包办全部教育事业的做法受到各方批评，"积极采取国家办学、群众办学、勤俭办学和勤工俭学这三条办法和多种办学形式来加速中小学教育的发展。特别要加速小学教育的发展。争取及早地普及小学教育"成为较多人的共识。然而，这种共识在国家包揽的体制面前显得虚弱无力。

二是模式单一。1957 年 11 月，中共中央副主席刘少奇提出借鉴外国经验，试办半工半读学校的意见。1958 年这股对政府包办教育质疑与思想跃进的思潮交汇而产生了"两条腿走路"的办学方针，实行国家办学与厂矿、企业、合作社办学并举，一定程度上调动了各方面办学的积极性，扩大了办学规模，缓解了入学机会与就学需求的矛盾。

1958 年 5 月 30 日，刘少奇在中央政治局扩大会议上正式提出建议："我们国家应该有两种主要的学校教育制度和工厂农村的劳动制度。一种

---

① 中央教育科学研究所：《中华人民共和国教育大事记（1949—1982）》，教育科学出版社，1983年，第 205 页。

② 中央教育科学研究所：《中华人民共和国教育大事记（1949—1982）》，教育科学出版社，1983年，第 214～215 页。

③ 《贯彻群众办学、勤工俭学的方针》，《人民日报》，1958 年 2 月 15 日。

是现在的全日制的学校教育制度和现在工厂里面、机关里面八小时工作的劳动制度。这是主要的。此外，是不是还可以采用一种制度，跟这种制度相并行，也成为主要制度之一，就是半工半读的学校教育制度和半工半读的劳动制度。"①

此后，半工半读学校有了相当的发展。江苏最早办起农业中学，到1960年，全国的农业中学已有了3万余所。② 突破了教育制度单一的模式，提出"两种教育制度，两种劳动制度"的理论和"两条腿走路"的办学方针，是对政府包揽教育的矫正，民间一些人出于对发展教育的真诚愿望据此做出有一定价值的探索，比如：采取统一与多样性结合，普及与提高相结合，全面规划与地方分权相结合，办学形式多样化，办起全日制、半工（农）半读、各种形式的业余学校，在局部范围内打破过于集中一统的教育，发挥了积极作用。同时，"两条腿"上挂着太强的"跃进"色彩。

1961年，中共八届九中全会制定了对国民经济实行"调整、巩固、充实、提高"的八字方针，相应地对此前几年教育上的偏差和冒进加以纠正，教育管理权力再一次集中，在管理体制上的体现就是1963年颁发大、中、小学暂行工作条例，规定国家举办的全日制小学由县（市属区）教育行政部门统一管理；国家举办的全日制中学实行省、市、县分级管理，由此形成了基础教育统一领导、分级管理的体制格局。

三是权力高高在上脱离实际。例如包分配首先遇到的问题是难以对口。学非所用，用非所学，人才层次失调或颠倒，曾经有一家企业竟然出现工程师与技术员之间8比1的情况。1964年5月21日，中共中央转发内务部《关于进一步对使用不当的高等学校毕业的干部进行调整工作的报告》，指出工作不符合或基本不符合所学专业，不能发挥所长的，都是使用

---

① 何东昌：《中华人民共和国重要教育文献 1949—1975》，海南出版社，1998年，第834页。
② 宋荐戈：《荐戈文存》，中国国际文艺出版社，2006年，第357页。

不当的,应当予以调整。① 而事实上这一问题在计划体制中是无法完全彻底解决的。

包分配还造成不当分配的人难以流动,工作低效率,出现了大量僵化、不合理,甚至出现十分滑稽的现象,越来越多的人在不如意的人事环境和职业生涯中勉强终其一生。

四是办成封闭的教育。自中国有了与外界的教育交流以后,凡是封闭的时期必然落后,凡是开放的时期必然迅速发展。国家包揽的教育必然具有封闭性,因此开放还是封闭不仅仅是一个需要慎重对待的问题,还将决定一国教育乃至民族的命运。把比较好的教育都当成外国的,非要孤立封闭地办自己的教育,巨大的潜在危险就在眼前。互联网时代,以开放的心态与世界各地教育平等交流才能使中国的利益最大化。

全球化以来,就没有纯粹中国的教育,中国的学制、教育内容都不是纯中国的,包揽的方式仅仅是包进了人类教育发展过去的东西,无法包进当下最先进的教育,甚至可能对当下最先进的教育采取排斥的态度,因而让自己掉进落后的深渊。现代教育不属于某个人、某个公司、某个国家,以政治来分隔教育最终只会使试图分隔者自身陷入自设的罗网,失去参与和主导的机会。

中国作为教育相对落后国家,只有比世界上所有国家更开放、更包容、更多元,才可以逐渐弥合差距,才能生成自信并可持续的自主。如果狭隘、封闭、隔绝,那无异于自毁长城,自断崛起之路。开放才是信息文明时代的中国教育发展的有效路径。

不合理的教育体制就不能充分有效调动各方面发展教育的积极性,体制障碍长期以来是中国教育难以在规模、结构、质量、效益等方面实现可持续、协调发展的主要原因。1982 年,经历教育思想大讨论,越来越多的人

---

① 中央教育科学研究所:《中华人民共和国教育大事记(1949—1982)》,教育科学出版社,1983年,第 360 页。

感到摆脱"苏联模式"的影响,才能"使教育最终从长期以来一直作为政治工具的'左'倾思想桎梏中解放出来"[①]。

建立适合中国实际和教育与人才成长内在发展规律的教育体制迫在眉睫。

二、要大锅饭还是自助餐

至今中国教育管理体制尚未解决的问题是,1950年后建立起国家包揽的教育体制是典型的大锅饭、大食堂,所有参与这个体制的教育人都是在分享分级授予的大锅饭,难以依据自身优势潜能去自主教学;所有在这一体制中接受教育的人都是在吃大食堂,难以自主选择教学内容和评价标准。由此,教育的人本性难以得到充分体现,教育的人本值难以真正提高。

(一)自主权饥渴

思想稍一解放,人们就感到教育体制的束缚。

1979年,上海四所大学的校长在《人民日报》发表文章呼吁给高校一点自主权,围绕政府与学校的关系、中央与地方的关系,以及学校内部管理、教学等方面对当时过于集中的教育体制提出批评。其中,上海交通大学从1979年开始动真格地开展了人员流动、岗位责任制和内部工资制度改革[②],这一改革的关键是实行党政分家,开了在非经济部门以责任制度而不是以政治领导来维系工作的先河。内容包括校长责任制、系主任责任制、总务主任责任制、学生事务责任制。1983年获得教育部同意该校"以管理、人事、分配制度为改革突破口"的高校内部管理体制改革,逐步形成

---

① 中华人民共和国教育部:《共和国教育50年》,北京师范大学出版社,1999年,第201页。
② 上海交通大学党委办公室:《上海交通大学管理改革初探》,上海交通大学出版社,1984年。

"公平竞争、择优上岗、多劳多得、合理流动"的运行机制。[①] 该校的改革引发一些高校由系主任责任制发展到系主任由教师选举产生,有些学校发展到几乎除正校长以外的所有职位都由选举产生;相应地对教师采取聘任制,打破了教师的"铁饭碗"。

曾经主持《中共中央关于教育体制改革的决定》的胡启立在各地调查后认为,"最大的弊端,乃是在于长期计划经济体制下所形成的僵化模式"。具体表现为"高校办学活力不足,政府行政部门管得过多过死,在财政体制、招生制度、用人制度、分配制度上都是僵化模式,学校没有自主权,难以成为独立自主的办学主体,也缺乏积极性,内在潜力发挥不出来";从用人方面看"一方面人才奇缺","另一方面,是以往分配来的不少大学生不对路,不合乎需要",存在需要和供给、学校学科设置与实际需要、需要与质量、学生知识结构上专和博、学和用五大矛盾;"由于体制原因,形成条块分割,各院校都搞大而全、小而全,形成资源极大浪费";"条件相当艰难……校舍破败、少门缺窗,夏不避雨,冬不挡风,学生的课桌就是几块土坯垒起来";"各地情况迥异,基础各不相同,发展很不平衡,但统统实行统一办学模式:清一色的全日制,正规化,统一招生,统一考试,统一教材,统一标准,统一学制……大学无论是部办、省办、国办,一概统招统分统配,其结果是,学校吃政府的大锅饭,学生吃学校的大锅饭";"在教育结构上,高等教育,基础教育,职业教育,设置比例严重不合理;片面强调高等教育,轻视基础教育,职业技术教育十分薄弱(据统计,当时职业学校在高中教育阶段的比例不到10%)";在教育思想上走向一个极端,"唯学历、唯文凭,盛极一时,形成'千军万马过独木桥'的局面";"在高校里,较普遍存在着重理工、轻人文,重智育、轻德育,重学历、轻能力,重理论、轻实践的倾向";"基础教育严重滞后,师范教育不受重视,在广大农村,特别是一些老少边穷地区,学校

---

① 中华人民共和国教育部:《共和国教育 50 年》,北京师范大学出版社,1999 年,第 205 页。

数量少，条件差，师资缺乏"；"在学校管理体制上，由于政府权力过于集中，学校无法成为一个独立自主的办学主体，外无压力，内无动力，整个学校缺乏活力"。①

在教育管理体制上，中央与地方之间、部门与行业之间、政府有关部门与学校之间的教育管理权限划分不够合理；政府对学校统得过死，学校缺乏活力，教育效能低下；在投资体制上，投资主体过于单一，教育经费严重缺乏；有限的教育经费又未能在各级各类教育之间合理分配。高度集中、过度僵化的体制已成为教育发展的重大障碍。

1985 年 5 月 27 日颁布的《中共中央关于教育体制改革的决定》（以下简称《决定》），确立了以体制改革为突破口，启动全方位教育改革之路。《决定》可简要归纳为"给钱""放权"四个字。强调"改革管理体制，在加强宏观管理的同时，坚决简政放权，扩大学校的办学自主权；调整教育结构，相应的改革劳动人事制度"。《决定》将发展基础教育的责任放给了地方，实行地方负责、分级管理，明确赋予了高校六个方面的自主权，"地方要鼓励和指导国营企业、社会团体和个人办学，并在自愿的基础上，鼓励单位、集体和个人捐资助学……"②

正当中国教育在基础教育管理体制、教育投资体制、学校内部管理各方面取得进展的时候，1989 年的政治风波使教育管理和学校内部管理改革基本停止，教育体制作为国家政治体制的一部分，其改革目标和进程最终决定于国家政治体制改革的目标与进程。"1985 到 1989 年的教育发展正说明，教育体系改革，受着更大的体制改革的推动，但也受着更大的体制的规限。"③此后，中国教育管理体制改革进展缓慢。

---

① 胡启立：《〈中共中央关于教育体制改革的决定〉出台前后》，《炎黄春秋》2008 年第 12 期。
② 《中共中央关于教育体制改革的决定》，《人民日报》，1985 年 5 月 29 日。
③ 程介明：《中国大陆教育实况》，台湾"商务印书馆"，1993 年，第 252 页。

（二）多样性诉求

1981 年《人民教育》6 月号发表孙起孟给该刊的一封信，提出多种形式办学。其中指出："几年来我国八个民主党派及全国工商联、中华职业教育社两团体积极举办各种形式的业余教育。至本年 3 月的不完全统计，已开办业余学校 72 所，学员达 24955 人。"①

1982 年 8 月 11 日，教育部转发的辽宁省人民政府《改革中等教育结构发展职业技术教育经验交流会纪要》指出，职业技术教育对于在整个国民经济范围内提高经济效益，走出一条经济建设的新路子，有着十分重要的作用。② 8 月 28 日，《光明日报》发表教育部党组书记张承先的文章《改革农村教育为建设社会主义新农村服务》。文章指出：从改革农村中等教育结构入手。要适应当地农民生产和生活的要求，有什么地区优势，就办什么学校，培养什么人才。③ 8 月 28 日，教育部转发的山东省《关于加速农村中等教育结构改革问题的报告》提出，要加快农村中等教育结构改革的步伐，坚持普通教育与农业技术教育并举，全日制学校与半农半读学校、业余学校，各种技术培训班并举，国家办学与集体办学并举的方针。④

1982 年 9 月 16—21 日，全国政协在北京召开各民主党派、工商联、中华职业教育社办学座谈会。全国政协副主席刘澜涛在会上讲话说：各民主党派办教育，是在新的历史时期，为国家社会主义建设服务的创造性的具有重要意义的活动，开辟了为四化服务的新领域、新途径。⑤

---

① 中央教育科学研究所：《中华人民共和国教育大事记（1949—1982）》，教育科学出版社，1983 年，第 621 页。
② 中央教育科学研究所：《中华人民共和国教育大事记（1949—1982）》，教育科学出版社，1983 年，第 663 页。
③ 张承先：《改革农村教育为建设社会主义新农村服务》，《光明日报》，1982 年 8 月 28 日。
④ 中央教育科学研究所：《中华人民共和国教育大事记（1949—1982）》，教育科学出版社，1983 年，第 665 页。
⑤ 中央教育科学研究所：《中华人民共和国教育大事记（1949—1982）》，教育科学出版社，1983 年，第 667 页。

1983 年 6 月 6 日，第六届全国人民代表大会第一次会议政府工作报告提出"要进一步抓紧中等教育结构的改革，有计划地发展职业技术教育。五年内使职业高中在校学生数占到整个高中学生总数的 40％以上"。

1984 年，中共中央颁布《中共中央关于经济体制改革的决定》，确立发展商品经济。商品经济的发展产生了多种经济实体，也产生了对教育的多样化需求，为教育资源多渠道获取提供了现实的可能；开放展示了世界范围内的新技术革命对中国的挑战，在这种情况下，原有计划经济体制基础之上的教育体制不能满足社会发展和人们对教育需求的弊端愈益显露。

1992 年，中共十四大提出了建立社会主义市场经济的目标，在国家向市场经济体制转轨过程中也出现过"学校改制"，不少公办学校"改制"为民办学校。依据《中国教育改革和发展纲要》精神，义务教育办学体制出现以下变化：一是民办中小学校蓬勃发展；二是出现多种形式办学，"民办公助""公办民助"，并在"改制"过程中发生争议。1995 年在直辖市、省会城市中新发展的民办中小学，大多数是"改制"的公办学校，"改制"学校已经超出民办教育本身。[①] 2006 年新修订的《义务教育法》颁布后，不少改制学校又改回到公办或完全变成民办学校。

1993 年 2 月 13 日中共中央和国务院颁布了经过 1986 年后多次修改的《中国教育改革和发展纲要》，在办学自主权方面有所收缩，原有的由国家单一办学体制向国家办学为主，社会各界参与，多种形式办学的体制转换。1995 年后，政府对社会力量办学采取了"积极鼓励、大力支持、正确引导、加强管理"的方针。在成人教育、职业培训、基础教育、普通高等教育和职业学校中出现了民办公助、国有民办、中外合作办学等多种办学形式。

---

① 中华人民共和国教育部：《共和国教育 50 年》，北京师范大学出版社，1999 年，第 283 页。

满足多样性教育需求需要教育本身是多样的,学校是多样的。若要学校是多样的就必须办学主体是多样的,评价标准是多样的。然而,中国所有公立的大中小学事实上就是一所大学校,加上在教育上还权于民几乎进展甚微,民办学校受评价标准及相关歧视性政策影响,也很难有多样性。所以符合人性的多样性教育在中国发展一直困难重重。

真正能改变这一状况的动力源头当然是社会的需求和客观的规律,但要使它转变为现实的动力和改变的可能性,尤其是变成改变的具体方案,还是需要把控相关权力的政府当事人认识到其必要性,真正想推动政府管理体制改革,真想改变教育不能满足几代中国人成长发展需要的问题。真想改就能做到,不真诚地想改就永远做不到。民间机构在揭示规律上能发挥一定的作用,在改变这种教育管理模式上可以用脚投票的方式发挥一定作用,但很难实现根本性的改变,因为它们没有相应的权力。

(三)公权力与教育关系的转换

教育办成大食堂还是办成自助餐与教育是由政府包办还是民间专业的教育人举办直接相关。因而,在由大食堂向自助餐转变的过程中,不得不把教育与公权力的关系说明白,诸多关于教育与政治的争论,也都与此相关。

教育本身的使命自古以来就包括传承和创新两方面。一方面,成人将经验和价值传授给儿童是传承延续,因此教育的主题经常由上一代决定,由社会的主流和主导方决定,传承延续又常与保守相伴。另一方面,人类智能充分发挥又需要不断对前人的经验推陈出新,突破原有知识和价值的束缚,开拓新的境界,增加新的生活资源,因而在继承的同时又需要常有创新。

人类是群居的动物,群体必有其规范与纪律,规范和纪律在特定时期演化为政府的政策和政党的政见,从而为公权力进入教育开挖了渠道,儿童接受教育是进入社会的必要过程，公权力借助这一过程掺和到教育之中，将新的成员塑造成能与其他成员相处的性格的同时，又要求他们符合自己的政见，并进而控制教育的内容。

由于在成人社会中不同群体有不同的政见，于是不断有不同政见群体间的挑战，以及不同人向群体的体制挑战，这些本身是年幼的人难以做出自主判断的。

同时，就如同人类在进化过程中生成了多样性，人的思想、价值、观念也具有多样性，多样性是人类面临历史上众多灾难依然留存的保证。如果人类是单一性的，一次灾难就能让人类覆灭。所以人类教育发展的历史就是知识的不断突破与创新，规范的不断崩解与再造的历史，保持教育的多样性是让这一过程健全旺盛的必要前提，若教育只具有单一性，只符合某一政党的要求，就可能难以进行如此健全的发展。就如同自然界的物种多样性保证了各种物种之间正常的生态链，如果只允许一种物种存在，消灭了其他物种，最终使这一种物种也不能存续下去。如果只有一种教育可以存在，教育的生态必然遭到破坏。

正因为此，教育必须保持多元，留下开放的空间，因为教育的目的在于给予不同个人充分发展其潜能的机会，也在于给予社会不断更新的功能。所以，教育不能只符合单一政治群体的要求。局限单一群体的需求，则必然阻碍教育的突破与创新，阻碍社会的发展，阻碍民众的正常成长发展。正因为此，以人为本的教育必须尽可能减少非专业权力的干预，历代杰出学人也都奉行"君子不党"的准则。

历史上，教育有引导风气的功能，在稳定与进步之间获得平衡。一方面通过传承维护一定的社会秩序；另一方面以理性、慎思、明辨寻求不断创新的方向与动力。对于个体而言，早期以接受他人经验为主，但又必须预留自主空间，培养自主思考的能力；成年之后则更多独立自主地寻求创新的机会，以培养判断、鉴别和思考的能力，在鉴别能力比较成熟的阶段才能参与政治活动。

中国儒家定于一尊后与政治权威相表里,儒家的更新受阻,质疑问难的创新仅能在民间畅行。中国历史上政教合一,"政"对于"教"的干扰和阻碍总体上远大于"政"对"教"的发展的推动,使得中国有悠久的教育历史,教育却一直比较落后,尤其是在工业革命后大大落后于欧美。

在基督教的世界也曾有过宗教控制教育的历史,世俗政权在将教育从宗教掌控下解放出来后,要求教育脱离教廷的权威,又喊出政教分离口号。美国的政教分离意在实现人的信仰自由,不愿只有基督教在由纳税人共同支持的教育体系中占有特殊的地位。从而保障人有选择信仰的自由,公立学校是公民纳税设立的,基督教虽是许多可以选择的宗教之一,但是基督教不应占有在公立学校传教的特权。

上述中西方的论据都说明,要想办好教育,教育就必须与公权力有明确的边界。

学校和整个教育制度必须以专业为基础。学生在未成年之前,主要需要专业的养成,学生在成年以后就有依据自己的判断进行政治选择的自由,这是他们的基本权利。为了保障教育的专业性,在公共教育权力享有和资源分配时,应尽可能剔除非理性因素的影响。

实现公权力与教育的边界明晰,需要在立法框架内实现以下目标:

一是行政与学术角色分离,建立相对独立的专业委员会。

学校和教育部门的招聘、招生、人事任命、升迁都应把好质量关,防止权力的灰色运作和腐败滋生。在行政干预下所任命的校长只会唯上是从,即便口头上说师生重要,事实上很难真诚地为师生着想。学校的教学、人事、评价都免不了受政治的影响。在这种环境下,教师和校长之间关系不和谐,很难办出优质学校。建立相对独立的专业委员会,就是要确立符合教育特性的评价标准,以便将教师区别于一般政府公务人员,将学校教学区别于一般行政事务;进行专业的评价和判断,引导各级学校在自由竞争中见贤思齐,将学校办到第一流的品质。常态的学校本身就是五花八门,不能指望教育行政部门去做好管理和评价工作,也不能依据单一的标准对他们进行评价和管理,独立的专业委员会是以专业的方式对这些学校进行管理和评价的中介,使多样的学校实现相对一致的育人目标,乱中有序,培养出各不相同的人才。专业的评价和管理才能让尸位素餐的人未必混得下去,出类拔萃的人可以脱颖而出;学生可以量力而为,各自选择能力志趣相宜的学校,不必参与恶性的择校竞争。

二是教育公共资源分配与行政权力分离,建立相对独立的拨款委员会。

政府用于教育的财政经费应全口径列入预决算,不能由政府部门做任何截留;全部预算中拨出教育的预算由拨款委员会按照各校的申请,审核其需求及条件依法合理分配给各校。在经费上各校只需与拨款委员会打交道,不必向政府部门"跑部钱进",也不必面对审计与立法单位的直接干预。拨款委员会不是政府的行政单位,而是由民间领袖、学术界专业人士组成,是专业而又超然的具有民意基础或专业能力的非政府机构。拨款委员会分配教育经费的依据是社会的长远利益及具体教育单位的特有需求。拨款委员会向教育当事人和政府负责,受他们的监督和委托,承担规划中小学教育,监督当地学校的运作的职责。有这样的中介的隔离,学校在选取教材、聘用校长及教员方面,就可减少行政权力的外来干扰,教育才有长期的规划,也无须削足适履,成为行政机构的下级。

总之,唯有将教育与公权力划分出明确的边界,教育才可以获得自主的天地,才能形成良性的教育生态,才能完成向人本的真正转型。教育需要在迅速变化的社会中保持自己的人本性、理性,才能接近于人本值约等于1的品质。

（四）人本教育的行政管理模式

人本意味着在当政者和社会民众及民众组织间存在着显性或者隐性的契约。执政者执政必须以人为本。一旦执政者偏离人本就会失去其合法性。

从人类文明发展的历史来看，完整意义上的改革需要经过三个阶段，即民生、民权与民主。中国此前的 30 多年主要集中在民生改革上，要想真正深化改革就必须从民生改革转入民权改革，即从经济改革转入政治改革、社会改革，进行真正还权于民的改革。以民权为核心的改革就是应该落实公民的宪法权利，培育支持公民社会发育成长，使公民真正享有现代文明社会的政治权利、社会权利，其中包括宪法所赋予的教育基本权利。中共十八届三中全会所推出的改革 60 条确立了这样的大方向。

对于计划包揽的教育管理体制，早就有人提出质疑，经济学者盛洪2010 年就指出："教育领域是抗拒改革开放原则的顽固领域。目前对教育管制的方法还和计划经济时代一样。"教育权是人的基本权利，而"学校不能自由创建，是由教育管理部门认定的；再如招生计划、学费标准、学科设置等，也都受管制，这就减少了'产品'的多样性；还有'合格证'的颁发，不是由学校担保毕业生质量，而是教育管理部门控制和担保，学校没有动力维护学校的品牌，这导致学校品牌失落；还要统一教材、统一课程安排等等，教育领域的基本结构，还属于计划经济时代"。"教育管理部门有一个很错误的观念，他们认为人们没有权利开办学校。问题是，教育主管部门的权力是从哪里来的？"中国法律体系没有赋予教育管理部门限制公民进入教育领域的权力。《宪法》第 47 条规定："中华人民共和国公民有进行科学研究、文学艺术创作和其他文化活动的自由。国家对于从事教育、科学、技术、文学、艺术和其他文化事业的公民的有益于人民的创造性工作，给以鼓励和帮助。"这正肯定了公民有教育权。教育管理部门越权的后果:开展应试教育,扼杀个性;排斥经典,导致教材质量的降低;自我授权,滥用公权;造租寻租,导致腐败;制造地区歧视,亵渎平等;破坏了弱势群体的教育,压制了民间教育。盛洪还提出教育权改革的建议:根据宪法教育自由的原则,改进有关法律,明确办学自由……取消对教育领域的进入管制……鼓励成立教育促进基金会,吸收大量民间资金;鼓励建立民间的竞争性的教育评级和监督机构和制度;建立公正的国家考试制度,为公私学校的教育目标提供参照。[①]

过去几十年教育体制改革的曲折表明,教育管理体制优劣的关键在教育权限如何划分,各方面职责权力结构失衡就影响教育行政功能的有效发挥,阻碍教育事业的健康发展。中国教育体制改革始终未能走出"一统就死、一放就乱、一乱就收、一收就死"的怪圈,就是因为在教育行政权限的划分上没有系统地设计规划,在注意调动某一方面的积极性的同时,往往忽视了另一方面的积极性。由于长期忽视调整各级教育行政机关与学校和社会之间的关系,忽视学校和社会办学的积极性,忽视师生的独立自主性,导致学校办学既没有自主权,也没有积极性;社会既没有办学责任,也不愿履行办学义务。所以学校办学缺乏生机和活力,社会办学缺乏动力和要求。这种体制状况束缚了人们的手脚,阻碍了教育事业的健康发展。

一个有效的体制是促进教育活动最微观层面的学校教学活动对社会发展的积极效应,实现这一目标有赖于学校自主办学权的落实,其目标是最大限度地满足学生成长发展的教育需求。因此,必须将学校从政府的科层体系中解放出来,"实现政府的职能转换,加快由高度计划的'国家化'向还权给学校的'自主化'的改革进程"[②]。

---

① 盛洪:《提议撤销教育部,设立教育监管委员会》,《羊城晚报》,2010年5月21日。
② 中华人民共和国教育部:《共和国教育50年》,北京师范大学出版社,1999年,第217页。

能够体现人本理念的教育制度需要改变现行行政权力中心特质，变为以教育当事人为中心，并据此设计教育教学、教育管理、教育评价的系列制度体系。人本价值若不能确立，中国政治改革会继续缺失方向，继续缺失支持力量；相应的政府改革也不会有进展，也就难以建立起真正的人本教育。

以人为本的制度设计是一系列的改进过程，不妨用一个实例说明[①]：

1979 年 5 月 25 日，6 岁的艾坦(Etan Patz)准备第一次独自出门。这个纽约小男孩信心满满，告诉父母要自己穿过两个街区，去搭乘校车。得到同意后，艾坦背着书包，头戴印有"未来航班机长"的帽子出发了。可这竟是父母与孩子的最后一次见面，在这短短的上学路上，艾坦失踪了。无数记者和警察蜂拥到这对愁眉苦脸的父母面前，看他们一遍又一遍拼写着"艾坦……唉—坦"(Etan...ay-tahn)。随之，媒体的大量报道牵动了整个国家的神经，摄影师父亲给艾坦拍的那张咧嘴开心笑的照片，被登上了覆盖全城的寻人海报，被印在了牛奶盒的侧面进入千家万户，甚至登上纽约时报广场的广告牌。但艾坦终究没有回来。人们发现，艾坦的失踪背后，正折射出学校与家长联系不紧密的漏洞，也暴露了警方低效无能的现状，根据不同的司法辖区规定，警方甚至要在孩子失踪 24～72 小时后才会有所反应。

在美国社会没有构建万无一失的制度体系时，却有了更宝贵的、可简称为"危机—反思—进步"的自体更新模式。1983 年，里根总统宣布艾坦失踪的 5 月 25 日为"国家失踪儿童日"，美国社会开始真正重视失踪儿童问题，并开启了为期近 10 年的"牛奶盒寻人活动"。作为美国最知名的失踪儿童，艾坦的不幸遭遇永远改变了美

---

① 案例内容源于：但斌：《记住，你的参与能改变一切》，《检察风云》2014 年第 2 期。

国，直接影响了接下来一系列法律出台与制度更新，挽救了无数美国儿童。

1981年7月27日，佛罗里达州一个闷热的午后。6岁的亚当（Adam Walsh）听从妈妈的安排，在百货商场里看几个孩子打电子游戏。但7分钟后，当亚当的母亲赶来接他的时候，游戏机前却空无一人了。焦急的父母印了15万份寻人启事，贴满了全城的大街小巷。但两周后，渔民在120英里外的灌溉渠内打捞上来了亚当的头颅。于是，悲痛欲绝的父母向媒体讲述警方是多么不靠谱：在亚当失踪的当天下午，其母就报了警，警方却不但没有及时响应，更告诉媒体"失踪和绑架应该没有关系"；当次日亚当的父亲去警察局追问进展时，警方却回问："你有什么建议吗？"虽然杀害亚当的杀手在两年后自首，亚当夫妇却决定从此走上维护儿童安全的道路。在国会山召开的《失踪儿童法案》听证会上，并不精通法律和政治的亚当父亲，却用一句话打动了众人："一个能发射航天飞机并让它回到地球的国家，竟然没有一个为失踪儿童设立的信息搜集和服务中心？"

随后，《失踪儿童援助法案》也在Walsh夫妇的参与下通过。该法案呼吁在全美范围内建立一条失踪儿童免费报警热线，以及全美失踪儿童的信息汇总和甄别中心。同年，Walsh夫妇成立了非营利组织"全国失踪与受虐儿童服务中心"（NCMEC），打开了解决失踪儿童问题的关键之门。

20世纪80年代后期，沃尔玛超市启用了儿童安全警报系统，并为纪念亚当而将系统命名为"Code Adam"。如果家长发现孩子在超市走失，可立即求助于此系统，超市所有出入口将全部封闭，工作人员立即进行搜寻，如果10分钟内找不到孩子，将立即由警方接手。此后，这一系统被全美众多超市、商场、医院、博物馆等公共设施采用。

然而悲剧还在继续,1996 年 1 月 13 日,9 岁的安伯(Amber Hagerman)在骑车时被绑架。她的尖叫引发了邻居的关注,但这起发生在光天化日下的绑架却依然带来了最悲惨的结局:4 天后,她的尸体被发现。

当地居民要求当地广播电台比照天气预报,以同样的频率和力度不间断播出失踪儿童的新闻。半年后,在一场记者会上,有当事者回忆起在寻找安伯的过程中,媒体是如何帮上了大忙。这个信息终于传到了警方的耳朵中,于是经过一系列打造升级后,一个接驳美国紧急警报系统,通过电台、电视台、电子邮件、交通提示、短信、facebook、google 等多种渠道,向全国发布失踪儿童信息的庞大系统上线了。这个名为"Amber"的系统所发布的内容由警方决定,通常包含了失踪儿童特征、嫌疑犯特征,以及嫌疑犯的车辆描述和车牌号码。

如果说"Code Adam"解决了儿童在公共场合失踪的问题,"Amber"系统则彻底将失踪儿童和嫌疑犯置于民众的海洋中。1996 年以来,这个系统已经成功寻回或解救了 602 名失踪儿童。以 2011 年为例,在通过 Amber 系统成功寻回失踪儿童的案例中,有 50％是因为公众或警方通过 Amber 警报发现了嫌疑犯的车辆;39％是因为公众接到警报后,提供了目击线索等关键信息;更有 11％的案例,是嫌疑犯收到警报后释放了被绑儿童。

艾坦、亚当与安伯三名不幸的失踪儿童以自己的生命塑造了美国失踪儿童干预系统,彻底改变了美国解决儿童失踪问题的轨道,其影响之深远,从一组数字便可以看出:1990 年时,全美只有 62％的失踪儿童可以被找回,而如今,这一比例已经变为 97.7％。

上述是一个典型的以人为本的制度建设案例,由此可推及中国教育管理体制需要在以人为本的理念下进行一系列的改造。

中共十八届四中全会提出依法治国,改善中国教育管理也必须改变

单纯的行政管治,在法治轨道上实行依法治教,这一变化主要表现为:

第一,明确政府与学校之间边界。政府与学校不是行政的上下级关系,而是不同法人主体的关系,学校依法或依学校章程自主办学。政府不能频频对学校发出行政指令,而是着重监督学校是否违法,在不违法的情况下政府就不得干预学校内部事务。公办学校可委托给民间机构管理,由政府出钱购买服务,以利用民间的智慧、力量、技术更有效地办学。

第二,教育管理从集权走向放权。这个过程就是简政放权,放权包括两大方面:一是将政府没有能力、没有判断依据的专业权力放给学校和专业组织,比如考试、招生、毕业证发放管理和学位授予。二是减少行政权力,扩大学校办学自主权,同时在校内扩大教师和学生参与学校治理的权力。政府放权只要政府想做就能很快做起来。

第三,保障民间办学自主权。充分发挥市场在教育资源配置中的作用,同时发挥好市场这只无形的手和政府这只有形的手的作用,构建政府宏观管理、学校自主办学、社会多元评价的良性体系,并通过立法保障实施。民间有丰富的智慧,调动民间的积极性主办学校,学校自发文凭,自授学位,自己对自己负责就行了,自己维护自己的学术声誉,责权利统一,政府没有必要设立那么多机构管这些本该属于学校和专业组织的事。尤其是非义务教育阶段应该给学校更多的自主权,给办学者自主权。民间有了办学自主权,发挥市场在资源配置中的决定性作用,就会有活力办出社会需要的五花八门的学校,满足不同人对教育不同的需求,实现教育上供求关系的平衡。美国的特许学校,英国从2011年开始创办自由学校,完全是政府买单,交给民间管理、运营和创设学校,这些都是当下的例证。这样就增加了学生和家长的选择性,满足不同人对教育多样性的需求,才能彻底改变当下教育上上下下,从学校到家庭,从教师到父母,甚至于孩子们仅仅关注分数,眼里只有分数的现状。

中国教育管理体制变革中,法制滞后是最突出的问题之一。只有用法律手段才能划清政府与学校的边界,而中国的不少法律条文仅是行政文件的翻版,未能明晰阐述主体的权力和责任,难以有效调整教育者与受教育者的关系、学校与教育者的关系、学校与受教育者的关系、政府与学校的关系。各教育主体关系的相关领域存在着明显的法律真空地带,尤其是政府与学校的关系缺乏明确的法律界定,作为办学主体的学校,至今却没有一部与之相对应的法律。所以,尽快制定《学校法》,建立现代化的学校制度成为实施人本教育的当务之急。

三、人的先天多样性与社会需要多样性的一致

人类大约 20 万年前在非洲出现,10 万年前走出东非,先到西南亚(中东),6 万年前已经到了澳大利亚,4 万年前到了欧洲,也到了中国(到中国的时间也可能在 6.8 万年前,但这个时间有争议),1.3 万多年前跨过了白令海峡,到了美洲。1 万多年前,人类已经从一个地方走向全球所有适合人生存的地方。

大冰期结束,冰盖的融化使得海平面上升,人类从此被分割在三大不同的世界,即非洲—欧亚大陆世界区,美洲世界区,以及澳大利亚、巴布亚新几内亚世界区,这三个世界之间上万年人类没有什么来往。不同的生活环境以及基因的不断变异使得不同个体的天性差别日益增大。

人类早期由于生产能力较低,社会比较单一,社会的空间较小,社会的需求也就数量较少,内容单一。随着社会的不断发展和发达,社会的复杂性也就越来越高,社会需求就越来越多。

人在社会中生活,人的天性多样性与社会需求的多样性经过一定的选择就会形成较恰到好处的耦合与相互满足。假如忽视人的多样性,或者把多样性的人变为单一性的人,就必然一方面毁损人的天性,另一方面难以

满足社会发展对人的多样性需求。当下中国过于单一的教育正处在这个困境之中。

（一）教育的单一性困境

人类教育在发展过程中，原初的教育形态是多样的，有了形式化的学校后，学校的典型性特征逐渐显现；进入制度化的学校时期，教育的形式进一步统一。尤其是进入工业化社会，为了节省教育投入，人们将标准化的思路用于教育，使教育越来越趋向单一。

在这过程中，不同社会做出不同的反应。在欧美等相对多元的社会，教育在发展其专业规范的同时，依然保持着教育管理的分权特征、办学主体的多样性、评价标准和方式的多样性。与此不同的是，人类教育受工业化影响趋向单一的趋势在中国遇到的是 2000 多年独尊文化和现实中的集权管理，它们的作用相互叠加，于是使教育变得极度单一，这种单一性无论是与人的天性还是与社会发展的基本特征都相去甚远。中国自周代后发生"天子失官，学在四夷"后，其间在政权的更迭和一度严禁时期也出现起落，私学在 2000 多年延续不断，至今则主要是公立教育占绝对地位。

中国教育的单一性已经形成一个不断相互收紧的体系：

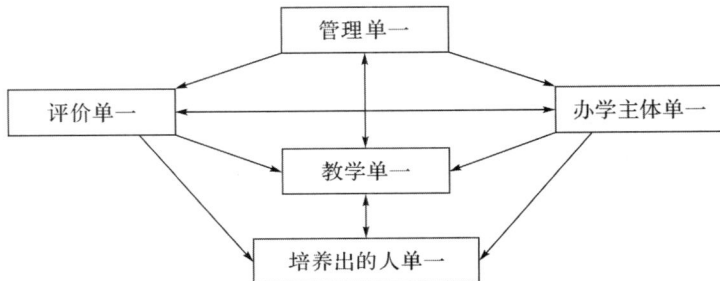

图 4-1　中国教育单一型系统相互影响图示

中国教育管理的单一性已经在国家包揽部分述及。由于中国教育体系中管理机构、评价机构、办学主体都是政府的派生机构,相应的人员都属于政府或事业单位工作人员,属于典型的管评办一体。它们共同决定着学校教学的单一,培养出的人也是单一的,其中最为标准的就是当公务员,这也是为何众多学生大学毕业后都去考公务员的主要原因之一,因为从教学内容、培养方式、评价标准看,大多数学生从幼儿园到小学、中学、大学都是与当公务员的目标最为接近,学校用当公务员的标准要求他们,对他们进行教学,到大学毕业后除了当公务员也很少有做好其他工作的技能与素质。

除了整体系统的单一性,具体到各个部分也显现出单一性,以评价为例:首先是评价目的单一,仅仅是为了选拔,缺少诊断性、过程性评价;再就是评价内容单一,就是列入考试范围的知识和学业;同时评价方式单一,主要是量化和传统的纸笔测试;评价主体也是单一的,没有使评价成为管理者、教师、学生、家长多方共同参与的交互活动,评价对象长期处于被动地位,没有发表意见的机会,自尊心、自信心得不到保护。这样的评价意见外表上面面俱到,内质上没有真正把握评价对象的鲜活特征,很难真实、全面反映一个人的成长发展状况,也很难为一个人的成长发展提供可靠的依据。

仅以纸笔为主的测试而言,就会引发孩子成长中普遍存在对笔录的过度依赖问题,甚至一些学生在需要进入面试环节时,主考官准备读题的时候提示学生注意听题,他们的第一反应却是马上拿起笔来在纸上做一字不落的记录,而不是集中精力去倾听、思考。待他们在纸上书写答案,整理出回答问题所需要的条目时才能回答问题,而不是听题后用脑子独立加工信息,马上就做出反应直接回答问题。这种答题方式不只是延缓了时间,也造成过分依赖事先死记硬背的资料,缺少自己的主见和思考,并且将这种方式带到他们日后的生活里,成为一种行为方式。造成这种状况正是由于平时训练学生的时候,绝大多数总是采取纸笔训练,学生从小学到中学大量的时间都是在为参加各种笔试做准备,做大量的家庭作业,机械化的训练。而无纸化的大脑直接反应性训练少得可怜,甚至在大学里的案例教学也是少得可怜,很少实际操作。学生只是机械地掌握一些条条框框,在实际的操作过程中怎么用它们来分析问题和解决问题并不熟练,最后成为纸上谈兵者。

这种"以成绩说话"的单一性教育评价还大大伤害了一般学生的自尊心、自信心和自主性,调查表明中国75%的学生内心都有因考试被淘汰产生的失败感,他们带着种种失败感走向社会和人生旅程,不能不发生副作用。即便那些考得分数较高,被认为学习成绩不错的孩子也出现厌学情绪,历次考试中一次考低分就会产生失败感,从此开始厌学,甚至休学在家;更有人因为个性品质、人格障碍、情感问题而在后来的人生中铸成大错。

大面积的调查也表明,经历过如此考试的学生,除了那些极端的表现为考后撕书发泄外,多数很难再真正热爱学习了,这成为此后成长发展的巨大障碍。成绩好的孩子厌学,是由于学校和家庭一直过分注重孩子的学习成绩,而对于孩子其他方面的优势比如社会适应性等情商方面的优势则缺少关注。从学校而言,孩子面临升学的压力,一旦成绩下降,就会出现信心受挫。而从家庭教育来看,不少家长只要求学习好,其他方面啥都不用管,跟孩子之间的沟通教训的多,真正平等的情感沟通少,不只很容易让孩子产生厌学情绪,还错过不少对孩子品格完善的关键期。

评价单一下的教学必然是单一的,它甚至难以培养出思维正常的人。下面是一个典型例证:

2006年8月24日,根据国际天文学联合会大会5号决议,冥王星被排除在行星行列之外,被正式从行星中除名,而将其列入"矮行星",从此,太阳系九大行星说成为历史。其实在科学史上,冥王星是否能算作行星,一直存在争议,但在中国的教科书里是没有争议的,只说太阳系有九大行星,而行星的定义为本身不发光、围绕恒星转动且质量够大的星体。所以绝大多数中国学生对国际天文学联合会的这一决议仅作为标准答案记住,非此即彼,既然采用哪一种科学结论,则此结论为天经地义,其他结论就是错误的,种种内在机理和复杂过程皆不过问。这样的人不可能真正去进行科学研究、探索和创新。

实际上,国际天文学联合会大会的这一决议只能说当今世界上多数科学家认同将冥王星归为"矮行星",重新定义行星只是显示当今世界多数科学家关于行星的认识,并不意味是不可以被质疑的绝对正确。

这就是教育单一性在人的成长中的体现或后果。从多样角度看,世界是相当复杂的,任何一种结论都可能存在错误、可能不全面,绝不可能存在绝对正确的标准答案,不能因为有了标准答案就到此为止,就铁下心坚持只有这一种可能、结论,其他与此不一致的则被认为都是错误的。即便在国际权威组织认定了冥王星为"矮行星"之后,某位科学家依然可以坚持自己的结论,依然能秉承自己的研究方向与方法,依然可以将冥王星认定为行星。这是一种探索的空间。

多样性存在为人类智慧萌芽、发展、确立提供了存在基础。单一的教育就是仅给学生标准答案,多样性的教育就是给出讨论和修正的空间,让学生去探索。中国教科书中类似的问题还有很多,特别是在人文社会科学科目中,单一性痕迹分外浓厚,说怎样就是怎样,罔顾任何一个人都可能形成对于世界的不同看法,罔顾世界本身的复杂。教育单一性的可怕在于这样教育出的学生难以理解不同看法间并无绝对的正确与错误之分,提倡非此即彼、非黑即白,统一思想,并生造出"正确思想"一词,训练出不会思想、不能思想、不敢思想的人,引导学生走上思想霸权的起点,阻碍了学生成为一个人格健全的人。

对于那些在多样性教育环境中的学生而言,理解冥王星排除在行星之外不存在逻辑上的障碍；而对于单一性教育环境里的学生已经接受了九大行星说，不只是在逻辑上很难接受冥王星被排除，而且在观念和意识上很难接受这一转变。同理，在这种教育环境下接受教育的人们对原来已经接受的所有片面、错误的结论也将终身难以更正，一错终身。

无论相对于人的天性，还是相对于社会需求，教育本应该是一种多样化的存在。为此，多样化存在本来应该覆盖于社会生活的方方面面，教育应然状态是让多样化思维与行为方式深植在每一个人的心底。

由于管理体制与评价的单一性，不只是学校教育成为单一的教育，也使得家庭教育和社会教育、商业化的教育机构也变得日趋单一。

家庭教育的单一性表现为家庭教育总是为了让孩子考更高分数，上更好学校，获得比别人更多的相对优势，而罔顾孩子的先天特点，罔顾孩子当下的成长发展具体需求和为孩子提供适合其天性的教育。在内容上，单一性表现为许多父母对家庭教育的认识仍然存在较大的片面性，他们把家庭教育等同于智力开发教育，等同于配合学校提高孩子的学习成绩，把背诵唐诗宋词、计算、拼音、识字、学外语当作家庭教育的主要内容，认为有了知识就有了未来的一切，而忽视了对孩子的体质、品德、兴趣、性格、意志等方面的磨炼。从而丢掉家庭教育的独特功能，让家庭成为依附学校应试或帮助孩子应试的帮手。

照理说，校外的培训机构可以多样化一点了，事实并非如此，由于政府的过度包揽和垄断，造成整个教育生态的失衡，各类校外教育机构也必须依靠为应试教育"添砖加瓦"才能获利生存，从而强化教育的单一性。

从总体上看，不改变现有教育的管理和评价体制，不在更大范围内实现办学主体的多元化，不彻底实行教育的管理、评价、办学三者的分离，教育的单一性就会成为越收越紧的死结，捆绑乃至扼杀中国的教育和人才。唯有简政放权，回归教育的原本，实现"官评办"彻底分离，才有可能走出教育的单一性陷阱。

(二)多样性的人与多样性的社会需求通过自主选择结合

2012 年 12 月,加拿大专门从事人才招聘的兰德斯塔德公司发布的在全球 32 个国家就"你认为自己大材小用了吗"问题进行的民意调查表明,中国高达 84％的人认为自己大材小用了,在所调查的国家里排名第一。① 这一数据在一定程度上反映出中国人的天赋与其岗位之间存在差距。

社会需求总是呈现多层次和多样性,个人天赋与他所能发挥的社会作用之间存在巨大差距的重要原因之一是在人的成长和发展过程中,政府以刚性方式发挥了本应该由社会专业组织和市场发挥的作用,包揽了过多公共服务领域的责任,限制了个人的选择。

1. 单一垄断性教育干扰了人对社会需求的自主选择

由于学校教育过度膨胀排斥了其他有益的教育形式,使教育窄化、单一化、呆板化,给学生的成长与发展造成严重的内伤和隐忧,导致一代或多代人素质的孱弱、单调、创造与实践方面的低能。如果人们不跳出单一学校教育的圈圈与社会需求进行直接的接触,就会被学校牵着鼻子走。在因材施教、差别性地满足学生成长发展需求方面,在生存生活实际技能技巧的培育方面,在实践的现场性体验方面,学校教育都存在先天不足。

单一的学校教育不能满足个性化人才、特别是创造性人才成长的需要,难以增进受教育者实际的生存生活生产技能,在学校教育中,难以感受到实践的体验和获取实践的真知。连续地过长时间地接受学校教育,往返于家庭、学校之间,难得与生活、与实际、与社会相交流,久而久之,学业完

---

① 胡声桥:《超 8 成中国人认为自己被大材小用　高居全球榜首》,引自中国广播网:http：china. cnr. cn/guantianxia/201212/t20121215_511568062. shtml.

成之时已经养成了对知识、对书本等虚拟世界的沉迷而失去自主性；对社会、对生活、对实践因长期忽略与缺失而失去兴趣和灵感，养成面对真实世界时的迟钝、漠视、低能与惰性，于是怠于认识真实世界、怯于参与真实世界的实践，也就不会自主选择。

中国教育的问题已由能否普及转化为如何改变学校教育的过度单一性的问题。以为学校教育就是整个教育的全部不仅无助于人才的健康成长，无助于人的素质和谐发展，而且潜藏着巨大的危险，造就纸上谈兵、高分低能、个性消失、千人一面的平庸。学校教育的缺陷与不足存在于学校之中，不能仅仅靠学校努力弥补，也不要指望学校成为万能的教育机构，而是每个需要学校教育的人要确立学校教育仅仅是教育的一种方式，把太多的要求与期望强加于学校也不切实际。学校教育无法胜任"万能教育""完整教育""全面教育"的角色，求全责备，苛求学校则勉为其难；看到学校教育的局限，承认和正视学校教育的欠缺，自主地了解社会的需求后再去选择学校教育是一种解决问题的途径。

2. 政府对教育责权的垄断压缩了选择性空间

政府对多样性人才的成长应负有一定责任，这一责任主要体现在公平提供不同个体受教育的机会和条件，做好保底的"基本"工作，至于一个人怎么发展，一个学校怎么办学，这些属于专业范围的教育事务则不必干预。若政府管得过宽，不仅会降低学生的能力和水平，还会影响社会各方面参与发展教育事业的积极性和活力。对学校满足多层次、个性化的需求，政府要履行监管责任，并释放出已被现行体制压缩的选择性空间。

首先，要吸收社会力量参与政府的教育决策及管理。

一是充分发挥社会各界参与教育决策的作用，听取各方对教育的建议和意见，使重大决策经过科学的研究和论证。随着教育与社会关系的日益密切，教育决策更离不开社会的参与，要有社会各界人士参与决策过程，决策不仅要听取教育界学者专家的建议，也应征求教育界以外人士的意见，要通过多种渠道了解和听取社会各界对高等教育的建议和意见，并将这些建议转化到政策的制定中。作为决策咨询与政策研究机构也应不断完善业已建立起来的决策咨询机制，尝试吸收教育界以外专家学者参与决策咨询。

二是在政府教育管理层面，尝试设立委员会，吸收社会力量直接参与管理，如邀请企业家、社会学者和个人等社会各界人士担任委员，委员会的意见和建议可以作为政府行政的重要参考。

其次，要发挥专业组织在教育治理中的中介及协调作用。

中国过去长期是"强政府、弱社会"，整个社会受到政府行政权力的超强控制，几乎没有社会中介组织存在和发展的空间，因此，更需要政府规范自身权力，让度空间，积极培育和扶持教育中介组织发展和壮大。教育中介性组织在教育管理中可发挥多种作用：协调学校与政府的关系，实现政府管理和学校自治的有机结合；促成不同学校间的衔接；规范学校及其专业设置基准，维护教育教学质量，整合不同学校教育资源；维护教师的权益，促进教师专业化；研讨教育问题，捍卫学校的自治权；开展调查研究，为教育决策和改革提供咨询和建议等。例如，由社会中介机构对学校的教育质量和学术标准来进行评估等。

再次，加强学校与社会、企业、行业部门等的合作关系。

社会人士参与学校的董事会或理事会制度有助于学校走出封闭的运行状态，对社会的需求及时做出反应；也有助于加强社会对学校的监督，有效地避免学校内部利益群体对学校事务的控制，使学校更好地履行好自己的社会责任。促进产学研合作，加强与企业社会的联系，拓展发展空间，使学校依托行业，寻求到更多的社会支持。多元的董事会或理事会对学校的办学方向、发展规划、学科建设、科学研究、科技开发以及产业发展等进行咨询、审议、监督、指导或参与学校发展规划的实施，可以拓宽学校发展的视野，董事会或理事会会员单位也可获得学校新的科研成果和技术，进行在职人员培训及录用毕业生，联络学校与企业的关系、感情等，学校与社会、企业融为一体，通过深度合作，既有助于推动学校的长足发展，也有助于更好地为区域经济和社会发展服务。

最后，学校需建立广泛的社会监督、信息公开制度，加强社会监督。

由于学校财务管理制度、招生工作等环节存在权力专断，损害了学校在公众面前的形象，降低了学校的社会接受性，因此，除了应当加强学校自律和政府对学校的审计监管外，还必须建立更为广泛的社会监督、信息公开制度。只有加强社会力量的监督，弥补单纯的行政主管部门监督所存在的不足，才能使监督更为充分有效，从而保证监督结果的客观性和公信力。通过建立学校信息披露机制，由代表社会公众利益的公共媒体或专职社会中介机构对学校进行第三方监督，一方面能使学校了解更多、更广泛的来自于社会的需求，不断改进自己的工作，使办学更好地反映社会要求；另一方面也对学校起到积极的宣传作用，有助于沟通学校与社会的关系，取得社会的理解支持，提升学校的社会声誉。

3. 增加多样性和自主性

社会转型时期，社会对人才需求的多样性与经过各级各类教育后进入到社会就业的单一性人才之间的不对口现象近些年日趋严重，一方面从大学或职业学校出来找工作的人因找不到合适的工作而就业难；另一方面不少岗位需要的人却招不到，供需之间矛盾和不一致现象是社会转型期教育面临的突出问题。

面对这一问题必须明确的基本原理是，多样性的人与多样性的社会需求之间是天然耦合的，如果出现经过教育的人不能找到合适的岗位，则表明教育出了问题，通常出问题的方式有以下几种：

一是教育的单一性既不符合人的天性多样性，也不符合社会对人才需求的多样性，造成二者之间的剪刀差。其应对策略是一方面了解不同个体的特性和具体的教育需求，因材施教，探析多元化的人才成长教育；

另一方面必须了解社会转型期多样性人才需求特征，在此基础上构建适应多样性人才成长的多元化教育生态体系，搭建多样性人才成长与多元化教育互联的通道，完善多样性人才成长与多元化教育相对应的评估机制。

二是在教育过程中，约束或摧毁了教育当事人的自主性，使教育当事人在教育教学过程中不能自主，从而偏离他的天性，丢掉了真实的自己；同时，由于摧毁了个体的自主性，使个体在高考的专业选择以及就业等诸多需要自主选择的环节无法做出自主选择，因而无法与社会中符合自己天性的需求有效结合。

人类总体的多样性表现为个体是特殊性，或者说是个性。人的个性并不是一出生就清楚的，即便在生长过程中也是复杂变化的，如何让多样性的人与多样性的社会需求结合是个极为复杂的问题，对此，曾经采取的政府包揽、计划体制、包分配都证明不是好办法。由于外界不可能知道一个具体个体的个性全部，也不可能完全站在个体的立场考虑问题，所以解决这一问题的最有效设计就是由个体顺应其天性发展，在发展中自觉搜寻社会需求，在搜寻的过程中自主地与社会需求结合，可形象地称为"谈恋爱"，即是说这种结合一方面是能力的匹配；另一方面是情感的结合。

在人与社会需求的结合中，还会涉及人与人之间的关系，从大约20万年前在东非出现现代人（"智人"），人类经历了一个走向全球的过程，每个人都是人类繁衍的个体，都有其存在的价值，都有自己的基本权利，都能为社会承担一份责任。从这个角度说，每个个体有共同性，尤其是近500多年来，整个世界开始更为密切地相互联系起来了。开始以1492年哥伦布到达美洲为起始标志的"全球化"过程，人类在1万多年前失散后重新走到一起，未来的人类社会大方向是走向合作，而不是走向分裂、封闭、冷战。所以，每个人都要学会与他人合作，合作的范围越大人类进步越快，每个人的进步也就越大，每个人都要学会更广泛的合作。

文明多样性是人类社会的客观现实，是当今世界的基本特征，也是人类进步的重要动力。有集权制度传统的社会，常常以集中力量办大事、讲求纪律性等各种理由干预个体成长发展中的自主选择，因而在这样的社会里，更需要超越思想的障碍和束缚，更需要克服形形色色的偏见和误解，保障个体的自主选择权利，不同人之间的合作也要基于自主，才能极大地发挥人的自主性和创造性，促进经济、政治、思想文化的繁荣，使人类更加和睦幸福，让世界更加丰富多彩。

社会各方面要充分尊重每个人对人生的不同选择，努力建立多样性的社会生态。人生的选择或者人生的完善是多种样态的。个体的选择可以以社团、思潮等各种方式呈现，其前提是个人自觉自愿的，而非被绑架的。

相对于人对物质和职业的需求，人类精神方面的需求则丰富得多，保障人的自主选择包括保障人们精神生活选择的多样化，为此需要社会有更大的宽松度及自由度，个人需要以更宽阔的胸怀拥抱丰富多样的人生和社会，才能保障社会的精神水平及文明水平处于良好状况。

（三）教育要顺应并发展人的多样性

个人的天性和社会的需求是先于学校教育的存在，所以卢梭提出的"天性为是"依然是处理当下教育与个人天性之间关系的准则。满足社会多样性需求需要教育深度满足个体发展的个性化需求。教育不能改变人的基因，也不能让多样性的个体按照一个模式发展，只能顺应各个不同个体的天性，为发展人的个性提供充分有效的服务。

教育的现时性与人的成长发展的长期性决定着培养发展人的多样性的一种方式是发展人的适应和变化能力。认定所培养的对象需要成为未来世界未知环境中的未成人，需要根据当时当地的环境和实际需要去进行生成和变通，通过增强学生的可变通性提高满足社会多样性需求的能力。

另一种方式就是尽可能依据具体学生的天性进行个性化培养。个性化教育需要教育工作者尊重学生的个性、了解学生的潜能，这是培养多样性人才的前提。而以计划体制和政府包揽为特征的人才培养模式仍然制约学生多样化的个性发展。为此，培养具有个性化的人才就必须切实做到以下方面：

首先，深刻认识到传统教育思想理念和计划体制下教育的弊端。这种体制在学科和专业设置、课程体系、培养途径以及考核评价制度等方面存在一系列问题，制约和影响了人才的个性化培养。

学科专业结构的设置缺乏整体思考、缺少系统设计，强调培养精于一艺的封闭型人才，以专业教育为核心，专业面过窄，变通性弱，立足于培养螺丝钉，缺乏全球视野，忽视人文素养。在课程体系上综合化程度不高，重理论课程、轻实践课程，重专业课程、轻通识课程，片面重视学生专业知识的学习，忽视实践和学生综合素养的培养，或干脆片面迎合市场和政府的要求。在考核评价上重知识掌握、轻创新思维，考核评价方式主要是考试和考查。而最普遍的是考试，主要强调的是学生的知识水平、应试能力。这种以分数的高低为标准、以奖惩为目的的考核体制使学生只会成为一个"考试机器"，导致学生对探索新事物的兴趣越来越少、创新性思维能力也在减弱。

其次，确立个性化为教育导向。培养多样性人才需要个性化而非刻板的标准化，信息社会到来需要以个性化教育为导向，创新是个性化而非整齐划一的结果，顺应时代的要求，因势利导，努力推进个性化教育模式是人本教育的必然选择。个性化教育确立之后，教育的使命就在于激发每一位学生独特的潜能，并使其在教育中得到充分有效的发展。在教育的各个环节尽可能避免趋同性，彰显学生个性；摒弃死记硬背、简单以分数的高低来评价学生的优劣。培养具有创新精神与实践能力的人，敢于改造社会、改变世界的人。

再者，建立多元自主的评价。建立多样的评价标准，让每个学生依据自己的天性选择符合向自己优势潜能和人生志向的标准评价自己。在他人评价的同时可进行自主评价。评价制度应承认人的个体差异性，接纳多元化的发展观，建立起以能力评价为主的多元化教学评价指标体系，满足学生个性化发展的要求，培养多元化人才以满足社会对多样性人才的需求。高校需要根据培养多元化人才培养目标制订相应的评价制度，重视学生学习知识的能力以及创新能力和实践动手能力；既能评价学生的专业技能，也能评价其社会适应能力和自我发展能力。

最后，需要建立个性化教育的制度体系。在包括培养目标、培养过程和培养制度等方面进行系统变更。在培养目标上锁定培养独立、创新、实践三个方面的品质，培养出有较强思考能力，具有创新意识、创新精神和创新能力的创新人才。个性化的核心因素是独立意识和创新性。个性化对社会发挥作用要靠实践，因此要培养敢于实践、热爱实践的人。在培养过程中要注重活动，而不只是关在课堂里；在校园内，也应更加重视社团对学生成长发展的作用，而不要仅仅把教学当教育；即便在课堂里，也要将灌输式课堂教学转变为注重启发思维和培养能力，采用互动、启发式的教学，注重学生的体验与感知，鼓励学生开放思维，形成以生为本，师生共学的教学模式，教师由指导者转变为参与者，鼓励学生自发进行讨论，多给学生提供自主学习的机会，培养学生解决问题的能力。

四、天性需要的多元与学校多样性

追究多样性的个体未能正常成长为多样性人才的原因之一是学校的单一性。也就是说唯有学校是多样的，可供多样性的学生自主选择，才可能更好地培养出多样性的人才去满足社会对人才需求的多样性。

如何保障学校的多样性是世界各国都在探索的路径。为了保证学校的多样性和学生的选择权,同时保证政府对孩子尽到所应承担的教育义务,一些国家支持在教育领域提供更多的选择,已经设计出教育券,政府给属于政府应承担教育义务的家庭的家长发放教育券,提供给家长和学生选择学校更多的选择权,家长拿着这个教育券可以选择去上私立和公立学校或其他学校,学校持券向政府兑换成办学经费。如果学校收费与教育券额度有价格差异,家长只需把中间的价格差异补上就可以了。

自 1991 年起,美国在公立学校和私立学校之外开始创设特许经营学校,就是允许私营企业开创新的公立学校,尽管由政府资助,但可以在现存的公立学校系统之外独立运营,它为教育市场带来了更多的选择和竞争。在过去 25 年间,大约有 5000 多所特许经营学校建立(美国有大约 10 万所公立学校)。作为一个改革群体,他们代表了美国现阶段教育改革的希望。

(一)办学主体单一与虚化

中国现有办学主体的单一性已为社会所共知,在大学阶段,大学校长们已经意识到"某种程度上,中国只有一所大学,就是教育部大学,我们都是分院"[1]。至多还有一些省属大学由省政府和教育厅担当办学主体。在基础教育阶段,不同时期办学主体有所变化,"以县为主"体制中的办学主体也就是县级政府,其单一性显而易见。

长期以来,政府对教育采取大包大揽的管理方式。既要管学校基建拨款、办公经费、校长任命、教师调配、教师工资、教师补贴,要管招生规模、招生区域、入学条件、教学质量,还要管学校收费和经费开支。政府对教育的管理成本非常高,但这种政府直接干预学校办学所带来的效益却不容乐

---

① 《政协委员炮轰中国只有一所"教育部大学"》,引自新华网:http://news. xinhuanet. com/ politics/2014-03/04/c_126220397. /htm.

观。由于学校只是政府的一个附属机构和复制机构，从校长到普通学生，既缺少积极性，也缺乏危机感，责权利不一致。

所谓办学主体的虚化，就是说在现有体制下，每所学校不是一个相对独立的法人，即便是大学也仅是一个民事法人，中小学连独立的民事法人都不是，于是从学校的实际最高管理者到一线教学人员之间的层级过多，沟通渠道不畅，沟通过少，其责任会一级一级衰减，最终导致在这样的学校里问题不断，出了什么问题谁也不负责任。

通常发生问题的时候，一线教学和管理者是直接责任人，他们也应该为自己的行为负责；但由于他们不能完全自主地决定自己的教学和管理行为，他们负不起完全责任，也不能完全由他们负责任。然而在一级和相连的另一级之间没有明确的责任和权力边界划分，也就难以分清相互间谁该负什么责任，最终的结果是这个体制内的人都不想负责任，导致责任主体的虚化。

如果上述表达还显得抽象的话，不妨拿乡村学校为例。乡村学校是政府办的，至少当地县级政府是责任主体，县级政府将这个责任委托给县教育局，在这个过程中经历了一次责任衰减，存在一定的责任模糊边界；县教育局任命一名校长，这一环节同样有责任衰减和模糊边界；校长管理一些乡村教师，由于这名校长是任命的，教师中有人或许在专业上比他还要强，校长的管理在专业上也未必得当，教师们对校长也未必认可，由此再次产生责任衰减和模糊边界。于是在不少乡村学校，当地村乡干部或有一定经济实力的住户子弟都送到县城或其他相对更好的学校上学，对能否办好本乡本村的学校没有责任意识；大多数乡村教师也把家安在县城，孩子也在县城学校上学，每天或一周早出晚归一次，还可能迟到早退，也很难负起应负的责任，使得乡村学校的责任链难以弥合。

也正因为如此，学校一旦出了什么事，就是当地政府出了事，各地就会用维稳的思路和方式加以解决。学校没出什么事的时候政府也很少过问学校的事,还不断给学校发出各种文件和行政指令,以至于学校如何布置作业这样本应该由教师做决定的事,也得由省教育厅乃至教育部发文件敲定。

由于办学的责任链过长过散,学校责任主体的虚化,一方面对专业知之甚少的行政部门事无巨细面面俱到地管得很紧;另一方面有一定专业知识和能力的教师无法依据专业准则发挥作用。学校成了个"小脚女人",难以经得起风雨,也就不会向个性化、专业化的方向发展。责任主体虚化成为长期制约中国教育质量和品质的因素,也让教育的内在矛盾长期积累。

这种办学主体虚化的现象并非短时间的存在,湖北省监利县就是一个典型的例证①:

> 自 1996 年起,监利县义务教育就面临基本建设和教师工资欠账,于是向包工头老板借款搞基建,老板连连上门讨债不得,便将教学楼和宿舍门锁上,学生无处睡觉,也无法上课。教育局也开始被接踵而至的债务官司弄得焦头烂额,数次讨债未果的包工头一怒之下将教育局和下属学校告上了法庭,教育局的官司最后都输了。2003 年该县几乎没有不欠债的学校,负债额超过 100 万的 24 所学校差不多都是乡村中小学,尽管用于基础教育的财政拨款达 11254 万元,但全县中小学共负债 10615 万元,其中,乡镇公办中小学负债 6281.8 万元,村办小学负债 453.2 万元。到 2002 年全县有 17 所学校被堵门,2003 年春季入学监利县就有 40 所学校被延迟一周开学。财政困境中的监利教育曾经有过两次裁减手术:2000 年并校减员,将村小学由 1999 年的 709 所减少到 446 所;2002 年人事制度改革,精简分流了 2007 名公办和民办老师,最后的 2117 名民办和代课老师除了遴选 158 名老师民转公以外,其余全部辞退。2002 年年底,监利县开始将教育的困境

---

① 易颖:《监利教育变法》,《南方周末》,2004 年 1 月 29 日。

写成报告，向省、市反映，该年8月国务院发出《关于进一步加强农村基础教育改革的决定》，同意各省、自治区、直辖市可以选择一两个试点进行基础教育改革的试验。省层面赶紧回复说"可以做试点，给了8个字：自愿改革，自费改革"。监利的基础教育综合改革由此展开，教育局8易其稿，县委常委会讨论了5次，最后在2003年10月形成并发布了以"教育服务的市场化"为核心理念的"监发17号文件"《关于基础教育综合改革的实施意见》，宣称："从2004年起全面实行'义务教育卡'制度，即政府把投入义务教育的经费均摊到每个学生，并以'教育卡'的形式发放到学生个人，让学生自主择校消费。""公民办学校均可凭所收取的'义务教育卡'到县财政领拨相应的办学经费。"同时，"政府设立义务教育经费专项账户，将上级转移支付用于教育的资金和县级财政对义务教育的投入全额进入专户，不得截留或者挪作他用。"同时，在政府为之办理养老保险和医疗保险以后，公办教师的"铁饭碗"将被打破，在教育行业中形成教职工自主择校、择岗和身份能公（办）能民（办）、职务能升能降的用人机制。学校按照教职工的岗位和业绩付酬。

"监发17号文件"称：学校真正成为独立的法人和名副其实的办学主体，将政府过去对学校的高度计划管理改为学校自主管理。原先是事业单位的学校则将演变成为一个提供教育服务的市场主体。学校事务的决策权从教育局移交到新组建的学校民主管理委员会手上。改革之后的县教育局则将变成一个"行业主管部门"。同时，县人事局、编制办、财政局和物价局、劳动和社会保障局等部门对教育系统的管理职能也随之"变微观管理为宏观管理"。2004年1月监利县所有中小学都已建立学校民主管委会，并完成校长的聘任和教职工的全员聘用。政府还设计建立学校教育教学质量评估、国有教育资产管理委员会、教师交流服务中心、教育信息发布中心、学生个人信息管理网络系统等一整套对教育的监控和服务体系。

这次改革借用了弗里德曼"教育券"理论，打破了原有的整个基础教育管理模式，改变了政府在基础教育领域的治道，认定政府从无限政府走向有限政府，完全没有必要大包大揽；同时也有人提出质疑，认为这就是"卖学校"，因此前后有教育部、省教育厅和荆州市教育局的领导多次光顾。监利的变革并未持续多久又回到原有的体制，这本身并不能说明改革没有必要，而是说明当初的改革主要还是以平衡教育投入不足、急于摆脱财政压力为动力，而非政府本身自觉地想改变体制，一旦加大对教育的经费投入，这种动力随即消失，加之更高教育行政部门的干预，自然难以为继。

监利的改革未能持续下去并不能说明办学主体的虚化问题就已经解决了。2014年中国多个地方发生教师停课讨薪的群体事件，在经历了多年经济增长和物价上涨后，大量教师收入过低，月工资在2000元以下，再次显露出办学主体虚化的问题不仅没有消除，而且还在发展。

实现"政校分开，管办分离"，扩大学校办学自主权，实化教育主体，教育主体有自觉自主了解学生成长需求和社会人力资源需求的权限、能力和意识，才能据此办出多样化的学校。

（二）学校责任链的断裂

由于前述分析的学校外部责权边界不明确，学校不是真正独立法人和名副其实的办学主体，直接影响着学校内部责权难以划分。做任何事主体不明就不可能充满活力，办学主体不明，学校办得如何没有一个明确的责任人承担责任，教学质量低下的状况也就难以改变，更不要说多样化、个性化。

就大学而言，现在的大学不能自己招生，不能自发文凭，不能自授学位，也不能自主确定开设什么课程，那么教学质量不达标学校也负不了责任，学校内部也没有谁能负责，于是全国统一发放的文凭和学位的含金量越来越少。学校内部领导模式叫作党委领导下的校长负责制。到底谁负责?好像是校长,但校长是被党委领导的,似乎又不是校长,领导的不负责,负责的不能领导,于是造成责任链断裂,学校内部并没有人真正对具体学生的成长发展负有必要且明确的责任。

中小学内部的责任链断裂更是明显,前述提到的农村学校已有体现。就一般中小学而言,其内部管理大多是外部行政管理体制的镜像,分设这个处那个处,校长由外部的行政管理者任命,校内的各处主任又由校长任命,于是官场意识和规则在校内盛行,导致大家都一心向"上",管理层并不真诚关注教师和学生,教师也难以真诚尊重和了解学生,责任链断裂的现象或隐或显,有些学校还很严重。

除了纵向的责任链断裂,横向各部门各处室之间依然是责任链断裂,原本学生的成长发展是教师的责任,后来不少学校为了加强思想政治工作,受行政体制影响成立了政教处或德育处,对学生的品德教育权力最终由这个部门把握,于是一些普通教师在对学生进行学科教学的同时放弃对他们的思想品德教育,也就是通常说的教书不育人。导致教书不育人现象出现的体制根基正是政教处的单独设立,它剥夺了一般教师从事育人的话语权。

在原有的学校责任链断裂情况下,近年来,一些地方以均衡教育资源的名义推行集团化办学,由于集团化仍存在中心与边缘,集团范围超越了有效管理半径又会造成新的责任链断裂。于是,集团化与精细化成为一对新的矛盾。依据世界各国的成熟经验,学校教育不仅班额需要做限定,而且学校规模也不是越大越好,适度规模才能保障质量,才能培养出多样性、个性化的人。依据长期的调查,幼儿园班额 30 人左右,中小学班额不超过 40 人为宜。幼儿园 3 个平行班以内,一个幼儿园总计不超过 10 个班为宜;小学 5 个平行班以内,一所小学不超过 30 个教学班为宜;中学 8 个平行班,一所中学不超过 50 个教学班为宜。超过上述规模,则可能在某一个环节,某几个环节,乃至大面积出现责任链断裂。

学校责任链断裂的原因之一是中国的中小学巨型学校太多了,动辄几千、上万学生。其实,微型学校更有利于责任链紧密,是应该鼓励的方向,政府应该鼓励微型学校的发展。俄罗斯、美国在经历过学校扩大的历程后都选择发展微型的学校,每校平均就是五六百人,而且是从小学一直到高中,所以校长基本上能叫出每个学生的名字,了解他们成长发展的整个过程,整个学校就像大家庭一样,这种教育环境是最有利于学生发展的。巨型学校只能是工厂化、标准化、流水线化的办学模式,不可能是个性化的办学。

学校不仅是教育教学的场所,基础教育作为一种公共产品,基础教育中占绝大多数的公办学校还是纳税人出钱建立、由政府管理的公共资源。适龄儿童依法享用质量合格的公共教育是一项基本权利,也是地方政府必须履行的责任。学校责任链的断裂事实上是政府没有尽到应有责任。政府在尽责提供基础教育这一公共产品的过程中没有必要每个环节都亲力亲为,并不等于一定要由政府直接兴办学校,在于一定要把各个环节的责权关系分得清晰。世界多个国家实行由政府提供,由私立学校或专业组织管理,提供多元化的教育。这样做考虑的是个人基本权利保护原则和辅助性原则(principle of subsidiarity)。根据辅助性原则,凡是市场和社会能做的,政府不越俎代庖,中共十八届三中全会决定其实已经把这一原则没有冠以此名地楔入其中。

事实证明,过去由政府运用行政手段对公共教育资源进行配置是低效的。要高效配置公共教育资源,政府必须从管得过多、管得过死中解脱出来,适度运用市场杠杆配置公共教育资源,把教育的选择权更多地交给学生、家长,让学生的选择成为教育责任链的一个端点,政府的委托和督察成为另一个端点,其间如果有断裂的,由学生、家长、专业的督察加以判定,由他们的选择来决定是否认可和使用责任链断裂的学校教育,从而使学校自主地设法弥合校内责任链。

通常，责任链断裂的学校是不能为所有在校学生提供质量合格的教育服务的。这类学校可能有些学生考进很好的高一级学校，可能获得各种各样的荣誉，也可能本身就是一些家长追逐的重点学校，但它们真正把精力用在部分学生身上，他们通过选择会考试的学生，重点做好会考试的学生的培训来掩盖自己的责任链断裂，掩盖自己并未真诚地为每一个学生提供适当的服务的真实状况。

检验一所学校是否存在责任链断裂的问题，不能仅看其外表的光鲜，也不能仅仅看课程是否先进，关键要看每一个学生是否能在学校里有知心的师长，能够及时解决其成长与发展中随时遇到的各种内心问题。未能做到这一点的学校都存在程度不同的责任链断裂。

由于政府长期是学校的上级，不少学校眼睛只向上，校长往往对自己的官帽看得比学生的成长发展需要更重，学校责任链断裂的情况普遍存在于中小学和幼儿园。相对而言，公立学校责任链断裂的状况甚于私立学校，在私立学校教师和职员能够更加清晰地意识到自己的薪水来源于学生的学费，而在公立学校铁饭碗和大锅饭的体制使得不少教职员工没有这种直接感受，内心更加麻木。

为此，有必要系统思考的是，政府直接办学与将学校作为一个有限责任主体办学哪一种是更好的选择，衡量的标准可以为以下四个方面：一是学校的责任链能否因此更为紧密，每个学生的天性能否得到更有效的发展；二是政府的管理成本和学生经济负担的比较；三是教职员工收入水平能否得到有效保障和整体提高；四是办学质量能否提升到新的水平，能否更有效满足社会对人才的需求。

（三）实化有限责任的多样性办学主体

学校的多样性并不能由单一性的教育主体全能式地提供，而只能是不同主体对教育有不同的认同和价值取向，对教育方式方法有不同的选择，让他们成为办学的有限责任主体，才有可能办出多样性的学校，满足个体和社会对教育的多样性需求。

中国学校多样化发展需要跨过的门槛有两道：一是办学主体多元化；二是将政府的无限责任主体转变为每个学校责权明晰的有限责任主体。

办学主体多元化关键在于建立公立学校与私立学校平等发展、适度竞争的良性生态。穆勒在《论自由》一书中道："普遍的国家教育只是一种把人们塑造成相互雷同的发明。"公立学校倾向于提供标准统一的教育，培养符合政府需要的人。公私立学校形成良性竞争更多的是解决政府治理问题：

一是众人已达成共识地推进治理体系现代化，以权力公开透明为重点推进行政体制改革，实现权力运行规范化、公开化，权力约束权力、程序约束权力、制度约束权力与社会监督权力的有机结合，建设一个法治社会，有序地扩大公民民主与自由权利，让私权与公权平等，把权力关进制度的笼子里，有效约束权力、监督权力、问责权力，才会有公立学校与私立学校的真正平等。

二是真正建立法治的市场，使市场在资源配置中起决定性作用，将倒逼包括涉及办学主体多元化的全面改革。在政府与市场关系上，"市场决定"的适用范围不仅包括微观经济运行层面，还包括宏观的公共产品供给。在教育上过度依赖政府必然是单一化的，所以教育上不仅需要改变政府对资源的直接配置，还需要明确划分宏观调控、市场监管中的政府与市场边界。充分尊重市场决定资源配置的一般规律，并在市场决定资源配置的前提下激活社会资本，打破行政垄断、资源垄断，以简政放权为重点，解放和增强社会活力，办出多样化的学校。

三是创新社会治理体制，满足社会利益主体与社会利益诉求多元化的需求，在转变行政管理为主的社会管理方式的同时，加快发展公益性社会组织,以满足包括教育在内的社会的公共需求,同时加快公益法人的相关立法,保障公益性社会组织的合法权益和常态发展,推进官办社会组织逐步"去行政化",鼓励支持社会组织参与教育等公共事务,建立独立第三方教育评价机构,提高社会自治程度,形成社会对话协商机制来解决教育中的具体利益纷争。

单一主体办学是中国办学体制的弊端,美、日、俄三国公、私立教育发展的历史与现状及其具体模式不完全一样,但在发展过程中都体现了一个共同的趋势,即办学主体由一元向多元的转化。通过比较可以得出实行办学主体多元化是中国教育发展的必然选择。

中国有世界上最为悠久的私学传统,1949 年前,除台湾省外中国共有注册中学 4045 所,在校生 103.9 万人,其中公办 1778 所(占 44%),在校生 63.62 万人(占 61.2%);民办中学 2267 所(占 56%),在校生 40.28 万人(占 38.8%)。高等学校 227 所,其中公立 138 所(约占 61%),在校生约占 73.1%;私立大学 65 所,约占 29%;教会大学 24 所,约占 10%。① 当时公私立学校基本上是平衡的。后来在国家统揽统包一切教育的大背景下,中国的私立学校经历了调整、消失、恢复、发展的坎坷历程。学校曾作为生产资料的一种也必须进行社会主义改造,收归公有。

1978 年后,非公有经济发展与人们日益增长的教育需求结合为私人办学的恢复、发展提供了社会、文化和经济基础,但长期以来仅仅将它当作"拾遗补阙"(1978—1991 年)、"国家办学的补充"(1992—1996 年),未能给予私立学校平等的合法地位。

1997 年 7 月 31 日,国务院第 226 号令颁布《社会力量办学条例》。这是 1949 年后中国颁布的第一个有关民办教育的行政法规,一方面确立了民办教育的法律地位和"积极鼓励、大力支持、正确引导、加强管理"的工作

---

① 中华人民共和国教育部:《共和国教育 50 年》,北京师范大学出版社,1999 年,第 572 页。

方针,要求"改变政府包揽办学的格局,逐步建立以政府办学为主体、社会各界共同办学的体制";另一方面又要求社会力量办学以职业教育、成人教育、高级中等教育和学前教育这些公办教育的边缘为发展重点,并提出到2010年"基本形成公办学校与民办学校共同发展的新格局"的体制改革目标。

接着经历了从2002年至2009年民办学校开始分化、重组、优胜劣汰阶段。2002年12月28日,第九届全国人大常委会第三十一次会议通过了《中华人民共和国民办教育促进法》,其中提到民办学校与公办学校具有同等的法律地位,国家保障民办学校的办学自主权。然而,在实施过程中,民办学校的办学自主权与教育行政部门管理权之间的界线范围一直难以明晰,不同人对民办教育的地位、作用认识不一致,忽视甚至歧视民办教育的现象长期存在,加之管理、经费、质量等方面的问题,阻碍了民办教育的发展。

以《民办教育促进法》的颁布为界,中国民办教育的政策演进方向呈现出两种相反的趋势。在2003年以前,从中央到地方与民办教育相关的公共政策都表现出积极支持的倾向,但这种趋势以《民办教育促进法实施条例》的发布为标志开始发生变化,管理、规范成为中央政府民办教育政策设计的主流。尽管民办教育对中国社会转型、促进教育发展和推动社会进步做出了重要贡献,但事实上没有获得与公办教育同等的法律地位。2008年印发的《独立学院设置与管理办法》引发了民办教育的"真""假"之争,"真民办教育"呈现整体走弱的态势。随着国家免除义务教育阶段学杂费政策的实施,以及该政策背后国家对义务教育责任的回归,民办学校面临政策歧视,生源流失严重。

2010年颁布的《国家中长期教育改革和发展规划纲要》再次提出消除对民办教育发展的歧视政策,但事后并未取得可以看得见的进展。

使用"民办教育"一词本身说明思想观念问题仍未解决,规范的概念是

"私立学校"。私立学校的发展增加了教育提供方式的多样性,为受教育者增加了选择的多样性,还能有效缓解教育的供求矛盾;能充分利用社会各种有效的教育资源,降低教育成本;增加教育投入,吸纳更多的资金用于教育;创造更多就业机会,增加教育供给,缓解就学就业压力;在公立与私立学校间建立平衡有助于形成相对竞争,整体提高教育质量;能提高教育的效率,改善教育公平,扩大教育自由。但无论在《民办教育促进法》出台以前还是以后,私立学校及其相关利益群体的合法权益却始终没有得到应有的尊重和保障。要真正获得与公办教育平等的法律地位,中国私立学校还有很长的道路要走,私立学校与公立学校平等的良性生态形成尚需要一个艰难的过程。

让学校成为一个有限责任主体的障碍不在学校,而是在其母体的政府管理体制。政府管理体制不改变,学校就无法成为有限责任主体。需要相关法律界定政府与学校间的关系,赋予学校办学自主权,学校才有可能合法性地成为有限责任主体。

让学校成为独立的办学主体所带来的直接变化是不同学校间可依法遵规适度竞争。不仅校际之间存在争夺学生的竞争,教师之间也存在争夺岗位和薪酬的竞争。这种竞争的最终效果在于提高教育质量,争相把教育办得更好,更适合学生的天性,同时让优质教育获得优厚的回报。政府退出了直接办学,其责任转向依法监管和调节,防止个别学校违规违法,以维护良好的办学秩序。

办学主体多元和有限责任化以后,作为非企业法人登记注册,个人、企业等都可参与办学,赋予学校自主办学法人地位,尚需加强政府在公平配置教育资源上的作用。中国是一个民间办学传统悠久的国家,近60多年来对民间办学的限制过多、门槛太高、管控太严,使民间办学的活力没有被激发出来,民间财力和民间智力都没有得到释放,也无法发挥作用。只有通过办学主体多元和学校有限责任化改革吸引民间财力、智力进入教育领域,教育发展才会焕发活力。

以大学为例,香港科技大学在 10 年时间内迅速发展成为一所世界排名前列的大学,无非是政府利用马会的钱做种子基金,"以四两拨千斤"的方式引得社会支持,聘请了全世界最好的老师,并放手让专业人员进行"资深教授治校"的方式管理学校,严格限制行政人员参与学术事务。

政府与学校之间的关系没有理顺是教育领域诸多痼疾的主因,顺应国家行政管理体制改革的要求,推动教育行政管理部门转变职能和简政放权,推进教育管办评分离,改变政府的角色定位,减少行政审批,推进政务公开,把学校从行政科层体系中解脱出来,通过制度设计实化办学主体,使其责权明晰才能担当培养人才大任。主持 1985 年《中共中央关于教育体制改革的决定》起草的胡启立曾道:"即使今天来审视,我以为,中国教育的关键,仍在体制;中国教育的前途,仍在于改革。"①

衡量一国教育管理体制是否优良的最终标准是它能在多大程度上把学生的创造天赋释放出来。释放得充分,必然能够把这个国家发展得好,这个国家必然是世界强国。

---

① 胡启立:《〈中共中央关于教育体制改革的决定〉出台前后》,《炎黄春秋》2008 年第 12 期。

第五章　管理:基于学生成长发展需要

学校管理的过度行政化已成为全社会的共识,去行政化虽然多次写进政府的教育政策文本,落实起来却漫长艰难。依法自主办学就必须去行政化,摒弃用管理行政机构的简单方式管理学校,让学校管理回归依据专业组织特性的专业管理。如何管理学校与如何定位管理直接相关,塑造的学校管理人本值较低,服务的学校管理才能提高人本值,学校管理的第一依据是学生成长发展需求,然后参考社会对人才的需要执行政府的相关政策。依据整个社会的法治需要,建设现代学校才能更好地满足学生成长发展需要。确立学校的非企业法人地位,明确界定政府与学校边界,制定学校章程并切实依章办学是建立现代学校制度的关键性前提。除了现代学校制度建设,学校还需要依据人本治理原理设计管理程序,以学生成长需求为导向,实行扁平化、低中心、网络化、互动型、非对称的管理,在各个不同环节尽可能地提高管理的人本值。

人本学校是一个人本值较高的学习中心，它依据师生自主发展的内在和个性需求，在管理者与被管理者之间经过协商达成共识，制定规则，自觉遵守，共同治理。这种管理在组织、考核评价、课堂实践等方面追求尽可能的人本化，一方面学问需大家商量，另一方面很多课程没必要所有人都一起在学校完成，学习更具弹性，学校更像一个超市，给学生更多的选择和机会。

一、去行政化

教育的行政化是社会法制不健全条件下的产物，当下中国学校的行政化是阻碍学校人本化管理最为普遍最为巨大的障碍。加快推进教育领域去行政化，去地方化，同时加强专业化才能有利于学生成长发展需要的有效满足。

在人类学校发展史上，经历过单体孤立学校时期，发源时期的私学、柏拉图的学园、稷下学宫都是如此，其特点是：自主性极高，理念与形式、设置、运行相协调，师生主体性得到较好尊重。办学效果个体间参差不齐，整体效果良好。到汉代官学、西方文法学校时期则进入形式化的学校时期，不同学校之间有相同或相似的形式。这一时期的特点是：学校之间仅是形式和内容上的相互模仿，每所学校独立自主办学，各自有一定特色，师生关系明显产生等级，自主性在一定程度上保持，又受到一定程度的限制。办学效果是教育普及的面扩大，个体的相对效率下降。

各国学制产生以后学校发展进入制度化时期，每所学校都成为学制体系的一个细胞，其特点是：学校自主性大大降低，千校一面，教学目标、内容、评价属于制度性安排，与各个学校无关。制度化学校的效果是教育更加普及，人（师生、校长）被制度格式化，一定程度上抑制了杰出人才的成长与发展。

仅在中国等少数国家出现的学校行政化时期，学校成为行政化科层体系的附属品和复制品。这一时期的办学特点是：学校几乎完全失去自主性，学校的唯一边界是政府，政府办、政府管、政府评价，政府给资源，校长、教师都是政府的人，学校与社会、家庭的联系渠道被边缘化乃至被封闭。这样的办学效果必然难以满足多样性个体成长发展的需要；也难以真正满足社会对人才的需求。在这种学校中"人"逐渐消失，有的是好生、差生，知识框、美德袋、荣誉架、分数载体。考试和选拔功能的深度嵌入阻碍了生命的自主创造，教育和学习功能让位于胜出。政治、经济、社会阶层变换功能强化压抑了儿童天性的自然生长，导致不少儿童的心智不健全，知情意分裂，人格缺陷；聪明却不智慧，有知识却不会思考，公民意识缺乏，信仰缺失；勇气、胆量、正直和诚实的品性严重不足，科学与理性思维欠缺；法制观念淡薄。

（一）学校过度行政化

1949 年，新中国新教育体系建立过程中，在教育管理和办学体制上建立起了高度集中统一的体制，过分强调中央和省、市、县集中的权力。在教育管理权限划分上，政府对学校管得过死，统得过多，使学校失去个性和活力，同时政府应该管的事又没有很好管理起来。

1. 通过行政任命校长将学校和行政体系连成一体

此前，政府对各级各类学校主要采取的管理方式是：政府制定法令、法规，地方和学校分散管理，除极少数教育部属公立学校外，其他学校均由地方教育行政部门依据法令法规加以管理。公立学校除校长负责外，还建立校董会、校务委员会作为指导咨询机构，学校的独立自主性较强，教育行政部门也不干涉学校事务。

1950 年后，事实上建立了历史上从未有过的政教合一的庞大体系。在这个体系中，具体从事学校管理者的第一身份是政治工作者，然后才是教育工作者和专业的管理工作者，甚至其中一部分人没有专业资质，仅仅是一位政治工作者。1950 年 1 月 5 日，政务院公布的第八次政务会议通过的《政务院关于任免工作人员暂行办法》中规定：大学校长、副校长由政务院提请中央人民政府任免；高等专门学校校长、副校长由政务院任免。[①]

1953 年 5 月 17 日、18 日、27 日，毛泽东主持中共中央政治局举行讨论教育工作的会议，会议决定从宣教部门、青年团抽调干部充实大学的领导，几年内由地方逐渐解决中小学的领导骨干，开启了直接由行政人员管理学校的行动计划。[②] 1953 年 9 月 24 日，中共中央批发教育部党组等机构的报告的指示中指出："改进文教工作的关键是加强各级党委对文教工作的领导和改善文教部门本身的领导状况。各级党委今后务须分出一定力量抓紧领导文教工作。要立即抽调一批比较强的党员干部到各大学和各高级中学去担任主要职务。初级中学以下的学校领导骨干应由各地党

---

① 中央教育科学研究所：《中华人民共和国教育大事记（1949—1982）》，教育科学出版社，1983年，第 13 页。

② 中央教育科学研究所：《中华人民共和国教育大事记（1949—1982）》，教育科学出版社，1983年，第 77 页。

委有计划地逐步加以配备。调集一批干部进行教科书编审工作。"①这一指示基本确定了政工治校的组织基础。

　　1957 年以反击"外行不能领导内行"为由，中共中央决定从中央一级党政机关中抽调 1000 名高级、中级党员干部，派往大、中学校和若干科学、文教单位工作，加强党对文教战线的领导，这 1000 名干部中，有司、局长级以上干部 200 人，处长、科长以上干部 800 人。相应地各省市也进行这种抽调，湖北省各级党委抽调 3000 人到各级学校任领导职务，中学普遍建立党支部，中共党员校长占中学校长总数的 83.7％，小学占 29.9％。② 据中共中央宣传部的材料：至 1959 年 2 月，仅山西、辽宁、河南等 16 个省市派到高等学校担任系总支书记以上领导骨干的干部有 1230 人，分配到中等学校担任校长、支部书记和教导主任等领导工作的有 6162 人。③

　　1958 年 9 月 19 日中共中央、国务院发布《关于教育工作的指示》强调："党的教育工作方针，是教育为无产阶级的政治教育服务，教育与生产劳动相结合。为了实现这个方针，教育工作必须由党来领导"；"一切教育行政机关和一切学校，应该受党委的领导"，"在一切高等学校中，应当实行党委领导下的校务委员会负责制，一切中等学校和初等学校，也应该放在党委的领导之下"。④ 这一指示彻底否定了"一长制"，认为它"容易脱离党委领导"。

　　1980 年 12 月 27 日，中共中央组织部、教育部发出两份关于高校领导班子建设的文件：一是《关于加强高等学校领导班子建设的意见》（以下简称《意见》）。《意见》中要求：党政干部要明确分工。党委对学校工作的领导，主要应是路线、方针、政策的领导，要着重致力于做好政治思想工作，以

　　① 中央教育科学研究所：《中华人民共和国教育大事记（1949—1982）》，教育科学出版社，1983 年，第 88～89 页。
　　② 高长舒：《湖北教育 50 年》，湖北教育出版社，1999 年，第 526 页。
　　③ 中央教育科学研究所：《中华人民共和国教育大事记（1949—1982）》，教育科学出版社，1983 年，第 202 页。
　　④ 何东昌：《中华人民共和国重要教育文献 1949—1975》，海南出版社，1998 年，第 859 页。

及党的思想、组织建设工作。学校所有的行政工作，都应由院校长为首的行政人员去处理，要使他们有职有权有责。二是《关于高等学校领导干部管理工作的通知》（以下简称《通知》）。《通知》规定：全国重点高等院校的党委正、副书记，正、副院校长和非重点高等学校的党委书记、院校长由中央管理。非重点高等院校的党委副书记、副院校长，专科学校的正、副书记和正、副院校长，凡属部委主管的，由部委党组管理；凡属省、自治区、直辖市的院校，由省、自治区、直辖市党委管理。高等学校处、系级干部，由学校党委自行管理。① 此后的 30 多年里，校长由行政部门任命，学校归属于某一个具体的行政部门的学校与政府间的关系一直没有变化。

2. 用管理行政机构的方式管理学校

1952 年，教育部先后制定颁布了《幼儿园暂行规程（草案）》43 条、《小学暂行规程（草案）》46 条、《中学暂行规程（草案）》45 条，这是新政权最早发布的规范学校教育行为的条文，分别对学校的学制、设置、领导、教学计划、教材、教导（养）原则、成绩考查、学籍管理、组织、编制、会议制度、经费、设备等方面做了规定。② 这些《规程》的内容具有一定的教育专业性，要求全国各地不分城乡和区域经济文化发展差异，不分民族、地理环境的东南西北都遵循相同的规程，显然是以管理行政机构的方式管理学校。1952年 9 月 29 日，教育部发出《关于各级学校校旗、证章式样的原则规定》。其中规定：各级学校不必制定校徽；校旗只用简单颜色，标明校名即可，不必另加图案；证章原则上规定为长方形，只需标明校名，不必另加图案。③ 这一规定表面看是一件极微小的事，却内含对全国学校统一的行政化要求，

① 中央教育科学研究所：《中华人民共和国教育大事记（1949—1982）》，教育科学出版社，1983年，第 600 页。

② 中央教育科学研究所：《中华人民共和国教育大事记（1949—1982）》，教育科学出版社，1983年，第 55～56 页。

③ 中央教育科学研究所：《中华人民共和国教育大事记（1949—1982）》，教育科学出版社，1983年，第 66 页。

消解学校办学理念个性化存在的基础。此后中央、省、市、县行政部门对学校的要求连续不断，每年学校接到的文件数十份。1958 年上半年，中共中央和地方各级党委的一些领导干部纷纷到学校兼任教学工作。中共中央政治局候补委员陆定一、康生，中共中央宣传部副部长周扬、胡绳，上海、广东、山西、吉林、湖北、内蒙古等省、自治区、直辖市的党委的第一书记柯庆施、陶铸、陶鲁笳、吴德、王任重、乌兰夫等分别在当地高等院校兼任教授。[①]

　　这种状况一直延续下来，2013 年教育行政主管部门禁令频频，包括禁止不合格教材进中高职课堂；严禁义务教育学校举办任何形式的选拔生源考试，严禁将各类竞赛、考级、奖励证书作为入学依据，严禁公办学校举办或参与举办"占坑班"；在高校毕业生就业招聘活动上，要严禁发布含有限定"985 工程"高校、"211 工程"高校等字样的招聘信息，严禁发布违反国家规定的有关性别、户籍、学历等歧视性条款的需求信息；严禁高校利用调整计划指名录取考生，严禁各省级高校招生办公室对"点招"考生违规投档；要求各地教育行政部门和中小学校要严格落实国家有关规定，禁止组织学生集体补课、有偿补课；坚决制止各成人高校片面强调经济效益，随意降低教学标准，减少授课时间等现象；小升初就近免试入学，严禁拿各种等级证书作为入小学和初中的敲门砖；严禁未经批准随意开会，严禁随意违规超标准开会，严禁到风景名胜区开会，严禁动用财政性经费举办校庆等礼仪庆典活动……不少禁令每年必发，如严禁补课从 2000 年起几乎每年都有，严禁奥赛也是从 2001 年就发布禁令，规定奥数不得与招生挂钩，严禁学校铺张浪费也曾多次发文，发通知反复禁止的还包括教育乱收费，研究生、公务员等各类考试，严禁占用学生时间，严禁教师挖苦、体罚学生，严禁高校违规录取，等等。而现实的状况常是这些禁令从中央发出，几乎所有的省

---

　　① 中央教育科学研究所：《中华人民共和国教育大事记（1949—1982）》，教育科学出版社，1983 年，第 226 页。

市每年都在颁布同样的禁令，但是教育乱象禁而不止，某种程度上还愈演愈烈。这些禁令所禁行为未必有错，"一刀切"的禁令能否遵循教育的科学规律值得深思。以禁令维系的管理方式长期收效甚微，不只不能解决问题，反而在不断损伤教育管理部门的信誉。唯有摈弃行政万能的思路，通过管理体制与机制改革，让学校从行政部门的附属位置上解放出来，通过实施依法治教，自主办学，让越来越多的师生和学校管理者走上自觉遵循教育规律、自主完善的道路。

3. 对师生的政治要求苛刻

1950 年后，各校进行越来越严格的政审工作，一些学生不得不将对自己不利的信息隐瞒。1954 年 6 月 26 日，中共中央批转高等教育部党组的报告，决定该年暑期在高等学校毕业生中进行一次"忠诚老实学习运动"。7 月 10 日，高等教育部向全国各高等学校校院长发出电报，布置这项工作，要求学生用忠诚老实的态度将自己的经历、家庭情况、社会关系以及所有历史问题或政治问题书面交代清楚。1955 年 1 月 5 日，中共中央批发中共北京市委高等学校委员会《关于 1954 年暑假高等学校毕业生进行忠诚老实运动总结报告》，中央在批示中提出：今后应加强新生在录取前的政治审查。并望教育部及早考虑在全国中等学校建立学生档案制度的问题。①

1958 年 1 月 15 日，教育部发出通知：今后评定中学生的操行成绩，除依据现行《中学生守则》外，学生社会主义觉悟的程度和他们对体力劳动的认识、在体力劳动中的具体表现，也应该作为评定学生操行成绩的重要依据。②

---

① 中央教育科学研究所：《中华人民共和国教育大事记（1949—1982）》，教育科学出版社，1983 年，第 107 页。

② 中央教育科学研究所：《中华人民共和国教育大事记（1949—1982）》，教育科学出版社，1983 年，第 211 页。

1964 年 5 月 18 日，高等教育部发出通知：根据中共中央关于积极地培养提拔新生力量和革命事业接班人的指示精神，从本年起，每年从应届大学毕业生中，挑选 60 名工农家庭出身、政治思想好、历史清楚、学习成绩优秀、身体健康而有培养前途的优秀党员，进行重点培养提高。[①] "文化大革命"期间学校更是要求政治挂帅。1980 年后对学生的政治要求有所改变，但在学校中的政治课教学和考试一直进行，学校"德育工作政治化倾向明显，导致德育工作出现曲折前进的过程"[②]，以至于在小学里学政治，到大学里补做人的基本道德准则。

4. 对学校的统一领导

在中国社会结构中官本位的行政体系是社会的基本构架，学校被镶嵌于这一行政科层体系之中，众多的学校仅仅是行政科层体系的末梢，教育的效率和效益都与行政科层体系本身直接相关，学校领导体制随政治经济发展发生多次变化。1950—1952 年中小学试行校务委员会制；1952—1956 年实行校长负责制。高等学校 1950—1956 年实行的是校长负责制。

1956 年党的八大后，党章规定基层党组织对本单位起领导作用，高校的领导体制也逐步发生变化。由于党政不分，以党代政行为普遍，高校校务委员会有名无实，校长的作用难以发挥。

除了"文化大革命"期间，中小学一直实行的是"校长负责制"，但不同时期中小学校校长负责制的内涵和具体形式各不相同。1952 年 3 月 18 日，教育部颁布的《中学暂行规程（草案）》第 29 条规定："校长和副校长由省、市人民政府任命（省辖市和县设立的中学校长由市、县人民政府提请省人民政府任命）。各级人民政府业务部门内所设立的中学的校长由主管业

---

① 中央教育科学研究所：《中华人民共和国教育大事记（1949—1982）》，教育科学出版社，1983 年，第 360 页。

② 中华人民共和国教育部：《共和国教育 50 年》，北京师范大学出版社，1999 年，第 505 页。

务部门任命,并报同级人民政府教育部门备案。"①

1963 年的中小学《条例》中特别强调了"各级党委必须加强对中小学教育的领导","要有计划地从各方面调派一批得力的党员干部到中小学去加强领导工作"。②《全日制中学暂行工作条例(草案)》第 34 条和《全日制小学暂行工作条例(草案)》第 41 条均规定:"校长是学校行政负责人,在当地党委和主管的教育行政部门领导下,负责领导全校的工作",在校长主要职责中均规定"贯彻党中央和国务院的教育方针,执行教育行政部门的指示;领导教学工作,进行思想政治教育工作"。③

1968 年 8 月,遵照毛泽东的指示,各地贫下中农陆续向学校派出代表或毛泽东思想宣传队,在社、队革命委员会领导下,成立以贫下中农为主、有师生代表参加的贫下中农管理学校委员会(组)(后来简称贫管会)或教育革命委员会(组),把本社队范围的中小学管起来。贫下中农管理学校后,宣布废除校长负责制,学校的一切重大工作,均由贫管会决定。有些地方将小学改为五年制、中学改为四年制,或都将中小学合并改为"九年一贯制"。有些地方组织贫下中农讲师团,按照社队需要安排教学活动。有些地方还清理、下放原有教师,选用在乡知识青年充任教师,聘请贫下中农任兼职教师。④

中小学校大约在 20 世纪 80 年代中期开始实行校长负责制,各地推进的速度各不相同,到 80 年代末,中小学校基本上实行了"校长负责制",中小学校在人权和财权上的非独立性决定着这种负责制仅是委托管理式的负责人。

1985 年,在《中共中央关于教育管理体制改革的决定》(以下简称《决定》)发布后,邓小平强调领导重视教育的同时也强调地方行政领导对学校

① 何昌东:《中华人民共和国重要教育文献 1949—1975》,海南出版社,1998 年,第 140 页。
② 何昌东:《中华人民共和国重要教育文献 1949—1975》,海南出版社,1998 年,第 1151 页。
③ 何昌东:《中华人民共和国重要教育文献 1949—1975》,海南出版社,1998 年,第 1154、1158 页。
④ 中央教育科学研究所:《中华人民共和国教育大事记(1949—1982)》,教育科学出版社,1983 年,第 420～421 页。

的领导作用。《决定》的基本原则是"放权",然而在实施的过程中,行政部门"权力下挖"现象普遍严重,甚至在一所县城小学,要调动一个教师得经过县长和县委书记的签字,教育体制改革的步子总难以迈开,学校的办学自主权受到政府部门过多的干预,使得学校无法自主灵活地办学。

1988 年,教育系统的人事制度改革中最敏感的"校长责任制"在一些高校被提上了日程。"校长责任制"是相对于党委责任制而言,其内涵是校长在校内有教学业务方面的全面领导权、有人事和财政方面的自主权。1989 年,少数大学刚刚试点实行大学校长责任制,便又因政治风波而暂停,继续沿用党委领导下的校长负责制。

5. 实行统一的教学计划和安排

学校的教学工作安排由行政部门决定,全国一致却难以更好地满足不同学生的实际需求。

1950 年 6 月 24 日,教育部颁发全国高校统一校历。[①] 1954 年 8 月 17 日再次颁发统一校历。1950 年 6 月 4 日,教育部发出《高等学校颁发学生毕业证书暂行办法》,对高等学校毕业证书式样、验印和颁发程序做了规定。1954 年,全国高等学校开始实行统一的教学计划和教学大纲。[②] 1954 年 7 月 3 日,教育部、出版总署联合发出指示,规定中学、小学、师范学校、幼儿园课本、教材一律由国家指定的出版社编辑出版;教学参考书、工农兵妇女课本、教材由国营出版社出版。1954 年 7 月 9 日,高等教育部颁发《高等学校课程考试与考查规程》,并对补考及退学、升级留级标准做了规定。[③]

---

① 中央教育科学研究所:《中华人民共和国教育大事记(1949—1982)》,教育科学出版社,1983年,第 20 页。

② 中央教育科学研究所:《中华人民共和国教育大事记(1949—1982)》,教育科学出版社,1983年,第 129 页。

③ 中央教育科学研究所:《中华人民共和国教育大事记(1949—1982)》,教育科学出版社,1983年,第 108 页。

由教育部颁布全国统一的校历自然难以适用于东西南北跨度如此之大,气候差别如此显著,不同类别学校教学实习要求不同的实际,然而对毕业证和校历的统一要求意味着行政部门要对学校具体教育教学行使权力。统一教材剥夺了教师对教材的编写和选择权,统一收归政府;教学评价也完全受到行政的控制。

1955 年 6 月 10 日,教育部发出通知,对 1955—1956 学年中学教学计划做若干调整,并颁发了 1955—1956 学年中学授课时数表。[①] 连布置作业也要统一,这样全国的中学更像一所大学校了。1955 年 8 月 31 日,教育部发出"取消给小学生统一布置作业"的通知,这个通知表面上在减少统一,实际效果是教育部对学校的细节管得越来越宽,从而导致学校的自主性越来越低;接着 9 月 2 日,教育部颁发《小学教学计划》,并发出《关于执行〈小学教学计划〉的指示》,要求全国的小学实行同一个教学计划;同日还颁发了《关于小学课外活动的规定》,从而全国小学生的课内课外都要遵守教育部的统一规定;9 月 21 日,教育部再次发出通知,要求盲童学校也应执行《小学教学计划》。[②] 此后具体细节随时有调整,统一教学,全国一盘棋安排的思路几乎未变。

1962 年 8 月 2 日,教育部制发全国统一的中学生登记表和小学生登记表,并为此发通知规定:对初中和小学学生的直系亲属和社会关系不要进行政治审查,制发学生登记表只是为了了解学生情况,便于进行教育和填写学籍簿,并要求各地对高中学生档案制度中存在的问题进行一次检查。[③] 1962 年 9 月 12 日,教育部发出通知,规定中学上课时间每节课为 50 分钟,小学每节课为 45 分钟,1963 年 5 月 23 日教育部发出通知:试行重新

---

① 中央教育科学研究所:《中华人民共和国教育大事记(1949—1982)》,教育科学出版社,1983年,第 132 页。

② 中央教育科学研究所:《中华人民共和国教育大事记(1949—1982)》,教育科学出版社,1983年,第 140 页。

③ 中央教育科学研究所:《中华人民共和国教育大事记(1949—1982)》,教育科学出版社,1983年,第 314～315 页。

制订的《小学生守则(草案)》和《中学生守则(草案)》。1979 年 8 月 25 日教育部修改后重新颁发。

1978 年 9 月,全国大中小学开始使用新编的全国统一教材,十年制全日制中小学使用教育部组织编写的全国通用教材。[①] 1982 年 8 月 28 日,教育部发出通知,重申不要让儿童上课时背着手听讲。通知说,经常叫儿童背着手听课,使儿童精神处于紧张状态,很容易疲劳。双手背着听课不是先进经验,而是日本统治东北时期遗留下来的一种不合理的管理办法,希望各地尽速检查纠正这种现象。[②] 行政部门要求越细,学校就越局促。

6. 学校内部管理行政化

现在学校的内部管理机制是由它的外部过度行政化的管理生成的,校长是由外部行政权力机构任命,决定了他肯定是先向赋予他权力的机构负责,因此学校内部的管理也存在过度行政化问题。主要体现在学校内部行政权力决定一切,以党代政、党政不分、大权独揽现象较普遍,管理过程中行政权力不受监督,专业权力被边缘化、假冒或替代而不能发挥作用;学校的专业性水平不高,成天忙于行政事务;学校内以行政为序列的等级关系明显,行政人员与普通教师绩效收入差距拉大,关系不和谐。

校内行政化造成校长仅仅依靠行政指令办学,很少关注学生成长发展需要,不必对学生和教师负责,不会以学生成长发展的需求作为第一个依据。比如,在课程安排上缺少灵活性,以学校安排的课程为主,很少进行选课,这样学生所学的内容就非常狭窄,所学的内容不一定适合自己的天性,也不一定适合社会对人才的需要,出现大学与社会交往较少,大学对学生的了解太少的情况。要从根本上解决这一问题还是要确立这样的意识:大

---

① 中央教育科学研究所:《中华人民共和国教育大事记(1949—1982)》,教育科学出版社,1983年,第 529 页。
② 中央教育科学研究所:《中华人民共和国教育大事记(1949—1982)》,教育科学出版社,1983年,第 665 页。

学的主要的任务是培养人才，培养人才要依据每个人的天赋进行，不能以某个模式为标准，一定要把学校各方面的工作都放到保障学生发展上来，而不是像现在这样，被项目、资金、评奖、评职称所裹挟。

学校行政化也导致在专业领域难以摆脱行政指令的束缚，根据行政指令进行教学，教师大面积职业倦怠，对学生的伤害极为严重，以致不少学生都难以明白自己是如何被伤害的。

上述简略的列举足以说明学校管理中的行政化的具体内涵，至今，从幼儿园到大学的管理的专业性成分依然过低，行政性特点依然过强。要想办好学校，就需要遵循"彼且为学校，与之为学校"的原则，依据学校的特性去管理学校。

教育过度行政化是中国教育整体的体制性弊病，在这样的体制下就很难出现教育家；如果做不到教育家办学，就不能出现丰富多彩、春意盎然的教育生态。行政部门随时可以调一个不相干的人来当校长，校长根本不是一个专业化的岗位。校内事务管理也缺乏专业性和民主程序，很难办出自己的特色来。

（二）去行政化的出路是依法自主办学

由于管理行政化已深入学校内部的管理，去行政化后学校需要向原生态的学校回归，学校的主要功能是教学，仅仅需要依据教学的需要和原理、原则对学校的管理进行设计。在文明社会形态下，去行政化后学校发展的出路就是依法自主办学，或者如一些人作为理想诉求表达的"教育家办学"。

1980年后，全国人大及其常委会先后制定并通过了《中华人民共和国学位条例》（1980）、《中华人民共和国义务教育法》（1986年、2006年修订）、《中华人民共和国教师法》（1993）、《中华人民共和国教育法》（1995）、《中华人民共和国职业教育法》（1996）、《中华人民共和国高等教育法》（1998）、

《中华人民共和国民办教育促进法》。国务院先后颁布了《普通高等学校设置暂行规定》《教学成果奖励条例》《教师资格条例》《残疾人教育条例》等16项教育行政法规。教育主管部门还发布了一些教育行政规章,初步建立起了教育法规体系,在一定程度上实现了有法可依;但法规体系还不够完善,例如没有学校法、考试法,幼儿教育阶段无法可依,现有的教育法规、配套性法规之后,可操作性差;法律条文与行政文件趋同,主体和责任都不甚明确;更为严重的问题是,中国教育的执法情况一直不理想,执法力度远远不够,行政的力量远高于法,社会各方面依法治教的意识仍然淡薄,政府违法难以问责,教育经费投入和学校的合法权益未能有效保护。

学校的职能是教育,担当言传身教职责的教师和教育管理人员需要从内心认同法治。长期以来,教育内部治理主要依靠行政手段,其管理基于一个错误的假定:一部分人管理另一部分人,设定一部分人是当然的管理者,另一部分人是当然的被管理者,没有自我管理的权利和能力,只能被动受管,而非大家都是主人的自主管理或共同治理。这种管理的规则和方法基本是因管理者的性格、好恶、情绪等个性特征决定的人治。于是导致师生法治观念和意识淡薄,价值标准模糊,自己不能做主人也就放弃责任,在不少人脑中滋生有权就是老大的陈旧思想,而不愿在学校内部倡导依法自主管理。在这种管理机制下的学生,在校园内没有培养自治愿望、自治能力和自己管理自己的程序,不能大家立法守法共同治理,未能学会从自律走向自信、自主,再从自主走向自立、自强,走进社会也不善于自我管理,必然给社会带来一系列的问题。遵循人的成长发展规律,从幼儿园开始培养孩子的自主管理能力是提高全民素养的需要;从建设民主社会的长远目标出发,让学生在民主生活中学习民主的方法和程序,培养法治和自律意识,是所有学校必须担当的社会责任。

对于依法治校而言,学校内的师生和所有成员都是依法治校的主体,大家共同遵循的是学校章程，所以需要校务公开，加快各级各类学校章程建设，实现每校有章程，完善依章办学、自主管理、民主监督、社会参与机制。政府要扩大并保护学校依法自主办学的自主权；通过规范的专业程序遴选校长，并确保其任职期间接受师生的监督；建立政府对私立学校财政补贴、公共产品购买、助学贷款、基金奖励、捐资激励等合法渠道，促进办学主体多元化，依法保护私立学校法人的权利，消除对私立学校各种客观存在的歧视。近年教育行政部门推行的一校一章程，这项工作需要法律赋权，否则只能是没有效力的花架子。

二、教育管理是塑造还是服务

美国学者魏克礼认为世界范围内各国的学校都一样，将它们的指导性原则归纳为 14 条，概括而言就是："学校组织形式的基础都是'教室'；被教授的内容基本都分科；孩子都根据年龄分组，比如一年级、二年级等；学生都由教师进行经常性的管理和监督，年龄比较大的学生也不例外；学校基本都有一个漫长的暑期；公立学校不仅仅由政府资助，还应该由政府来管理……"但他对这些原则的正确性持怀疑态度，他所构想的下一时代教育模型的一些关键词是"做自己教育的主人、个性化教育计划、老师＝教练＋顾问＋引路人、无边界"，等等。"而当我设想到未来的学校系统，只有一个理念在我脑海中出现——没有一种唯一正确的途径。"魏克礼希望教育领域应拥有更多选择和良性的竞争。不仅仅有一种类型的现代学校产生，还会有各种新的模式产生，或简括为"我们的学校并不一样"[①]。

在魏克礼这段描述中，包含着两种不同的教育管理理念，一种是他所看到的世界各国都一样的由政府管理的学校，它的定位是通过管理对师生

---

① 魏克礼：《教育改革没有唯一正确的途径》，《新京报》，2015 年 1 月 26 日。

进行塑造;另一种是他所希望的"并不一样"的学校,它的定位是依据学生的天性和成长发展实际需要为学生成长发展服务。

(一)塑造的学校管理

塑造的观念本身是以管理者为本而非以学生为本,以传道、授业、解惑为职志的教学和基于这种理念的学校管理必然以训练、塑造学生为己任。在以官本位、社会本位、学校本位、教师本位作为办学理念的时候,学生都处于从属的地位,成了被管理、被教训的对象。

塑造的学校管理不承认学生、教师与管理者之间是相互平等的,而是认为管理者高于被管理者,于是设法维护并利用管理者特权实行管理。在管理者和被管理者之间有或明或暗的身份差异、角色区分,管理过程中自我定位为行政领导,管理过程中常居高临下,颐指气使。

塑造的学校管理常以自身的立场为出发点,单方面确立管理的标准、规范,而不是与师生协商确定;若遇到学生不符合其规范时,自认为天然具有当然的裁判权,常采用的手段就是惩戒,偶若也使用表扬、批评,最终还是为维护自授的垄断的裁判权服务。

塑造的教育管理方式中管理者以自身的利益为重,一切管理行为都是为了维护管理者的利益,提高管理者的尊严和权威。一旦管理者的权利与学生的基本权利不一致或冲突的时候,就会忽视乃至侵害学生的基本权利。

塑造的管理认为自身的规范不可逾越,因而常用管理规范来禁锢的学生个性发展,阻止学生自由发展,甚至采用一些巧妙的方法消磨学生的个性,限制学生的自由,把管理者的想法潜移默化或直接铺盖给学生。

塑造的管理把不同学生当作相同的标准件,忽视因材施教,忽视不同学生的个性和发展状态的差异。

塑造的学校管理在各个环节对学生和被管理者的要求都是唯一的,没有选择空间和机会,没有选课制,看重固定知识,看重标准答案,就连学生的宿舍、座位也都由学校统一安排,没有选择的机会。

塑造的学校管理常常方法单一、陈旧,还自以为是。

塑造的学校管理最终想把学生塑造成管理者心目中理想的人格和个性,而不希望促进学生自由自主地发展为最好的自己。

塑造的学校管理并非是毫无价值的,人类文明大约 2000 多年的历史中就这样建造秩序。只是它与人本教育是有差距的,也很难符合人的天性,很难充分满足社会对人的成长发展的需求,在人类社会进入新的发展形态的时候需要改变。

(二)服务的学校管理

服务的观念就是要明确管理以学生为本,学生是学校存在之本,没有学生就没有学校存在的必要,没有教师存在的必要,更没有学校管理的必要。因此学校在办学、管理方面要为学生服务,尊重学生的基本权利,满足学生成长发展的需求,办学、管理要通过为教师或教学服务去为学生成长发展服务。

在社会转向以人为本的大背景下,重新审视教育本身,认识教育工作本身的性质,探讨学校管理工作的思路与模式是从事教育管理工作的人需要思考的问题,在教育管理上必须牢固树立服务的意识。

学生的成长发展是教育的中心,越来越多的家庭不断增加教育投资,同时也提高择校期望,以使自己的孩子获得较好的教育。让受教育者有选择学校的权利与让所有人都有权享受教育一样应成为教育的基本原则,放开管控以后学校供给必然增加,学校的垄断地位自然会消失,学校在适度竞争的环境下必须放下身段,与家长、学生平等交往,这同样要求学校管理牢固树立服务的意识。学校在竞争中得以生存就必须办出自己的特色,就要求转变观念,重视对学生与家长的服务工作。

服务的学校管理的逻辑基础是教育即服务。无论是公立学校还是私立学校，无论学校的经费由国家拨款还是来源于学生的学费，国家或学生（家长）就是学校的投资者与消费者。学校的一切工作包括学校管理、后勤服务、教育活动、课堂教学及教学改革等诸方面都要为这些投资者与消费者服务，都要对学生的发展负责。一所学校办得好不好，主要看学生是否愿意选择这所学校的学习与生活，主要看家长对这所学校的各方面工作是否满意；一个老师教学好不好主要看学生是否喜欢他的课。因此要求学校各项工作都树立服务意识。

教育服务必须尊重消费者与投资者，要有良好的服务态度，以客户的满意度作为评价员工绩效的一个主要依据。同时，教育服务的独特性在于服务对象同样是教育的主体，学生是活生生的人，有思想，有情感，具有主动性。在教育服务过程中，服务的提供者与服务的对象是多层次、多主体的。学校作为一个整体，其服务的主要对象是学生、家长与社会。学校管理服务包括教学与后勤服务，服务对象又包括一线教师、学生及家长，服务的内容也是有差别的。教育服务还具有迟效性、不可重复性等特点，学生的成才与健康发展是学校教育的最终产品。对学生的培养需要学校、家庭、社会、学生自身多方面的努力，而学校是其中的一个主要教育元素。

服务的学校管理中，管理者、教育者与被教育者之间的人格和权利是平等的，是亦师亦友的关系，超越出教与被教、管与被管、评价与被评价的关系。教师需要评定学生，学生也有权评议教师；教师对学生不再是知识的权威，而是探求真理的同伴；学生仍需要尊重教师，教师也需要尊重学生。教师可以以其人格力量和丰富的知识魅力赢得学生的尊重，却不再享有天然的师道尊严。同时面对吸收新知识能力更强的学生，教师在知识方面的权威也受到极大的挑战，老师和学生将成为平等的交流对象，某些时候某些方面学生甚至会成为老师的老师。教师只有不断地学习新知识，接受新观点，才能以高质量的教学与教育活动赢得学生。

　　服务的学校管理中，学生和家长是可以选择哪个学校的服务的，他们可以用脚投票，这是促使服务质量提高的有效机制。它能促使在教育教学和管理活动中针对不同年龄、不同个性、不同需求的学生特点进行不同的管理和教学，尊重学生的个性，发挥学生的特长；并进而从人力资源管理角度引入竞争机制，使教师树立全心全意为学生和家长服务的观念，形成良好的师德，处理好与学生和家长的关系。

　　服务的学校管理需要不断追求更优的质量来获得信任和自身生存的基础，不能依靠政府作为后盾继续端铁饭碗，吃大锅饭。公立学校相对于新建起的私立学校已具有历史较长、积淀较厚的相对优势，有传统、社会声誉、教师等多年积累长处。但随着学校办学体制的多样化，私立学校与公立学校间的竞争将形成更为良性的教育生态，尤其是私立学校在管理上的灵活性将成为与公立学校竞争的长项，也会牵引着公立学校向服务型的管理发展。

　　服务的学校管理需要打破计划体制下学校管理的僵化和封闭性，激活学校内外的各种教育因素，生源、师资、财源、信息源，使学校和社会之间实现充分的能量交换，充分调动师生的积极性。正如陶行知所说：不能充分运用社会力量的教育是无能的教育，不能满足社会需要的教育是盲目的教育。

　　服务的学校管理需要健全与家长的联系渠道，由家长自主组建家长会，充分发挥家长参与学校工作的主动性与积极性。随时听取家长与学生对学校工作的意见，并及时纠正学校工作中的失误，共同营造培养人才的教育环境。

　　服务的学校管理需要建立良好的学习保障机制，提高各环节服务工作的质量。管理必须配合学校进行的教育教学工作，使师生开展的各类学习活动得以顺利开展，逐步改善学习和活动条件，尽量能够满足家长与学生提出的合理要求，改善学校的硬件条件，创建优美舒适的校园文化环境,校园环境的建设要体现以人为本、以学生为本的观念,做到实用、美观、安全。

三、办学的第一依据是什么

办学的依据常是多重因素,以不同理念办学,各种依据的排序是不同的,通常把最重要的依据排在第一位。在公立学校,办学依据主要由学校的主管部门决定,学校的具体办学人也有一定的决定空间,只是相对较小。相对而言私立学校有更大的空间决定自己依据什么办学,怎样办学。但由于整个的教育评价和管理体制限定,即便是私立学校,在确定依据什么办学和怎样办学方面自主的空间依然较小。

一所学校办学的第一依据体现的是它的办学逻辑,若它奉行以人为本、以学生为本的理念,则其办学第一依据肯定是学生成长发展的具体真实需要。

(一)政府依据什么办学校

还是以中国的学校的发展为例。1949—2008 年全国(不含香港、澳门、台湾地区)各级各类学校发展的各种数据如图 5-1、图 5-2 所示。[①]

需要说明的是,1957 年开始的"大跃进"使中国学校数达到最高峰,但所办起来的学校规模小,质量不高,仍不能满足求学需求。1961 年后学校向扩大规模、减少数量的方向发展,各级各类学校总数从 1960 年后呈现减少的趋势,但由于每校学生数的增加,尽管 1949—2008 年全国各级各类学校总数仅仅由 35.2 万所增加为 57.7 万所,增长 1.6 倍,但在校人数有巨大的变化。

---

① 图 5-1、图 5-2、图 5-3、图 5-4 数据来源于各年度教育年鉴。

万所

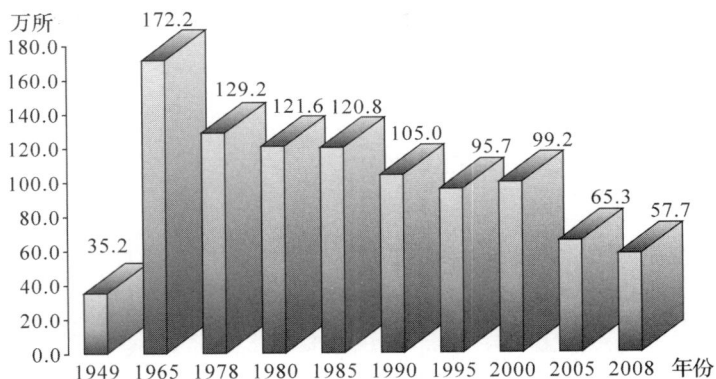

图 5-1　1949—2008 年各级各类教育学校总数变化情况

■ 学前教育　▨ 义务教育　▢ 高中阶段教育　■ 高等教育

万所

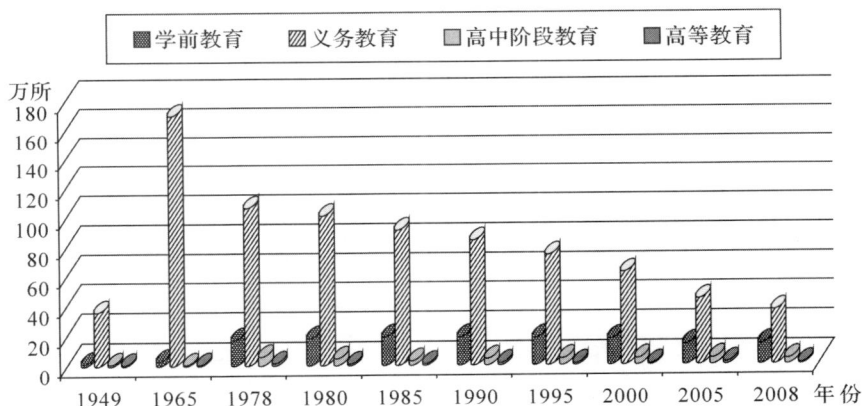

图 5-2　1949—2008 年各级各类教育学校数变化

1978 年后,各级学校中除了幼儿园的数量还处在非理性增长状态,其他各个学段的学校数基本没有多大增长。同时,随着学龄人口的减少和中小学结构布局调整,义务教育阶段学校逐渐减少。

图 5-3 表明,1949 年,全国各级各类教育在校学生仅为 2578 万人,此后又一个快速增长,经过 30 年发展,1978 年达 2.24 亿人,为 1949 年的 8.7 倍(见图 5-4);此后由于学龄人口下降,义务教育阶段学生减少而呈现学生总数减少趋势;1990 年后,由于非义务教育阶段的幼儿、高中、大学入

187

学人数增长,出现新的在校学生数增长势头,到 2008 年达 2.59 亿人。

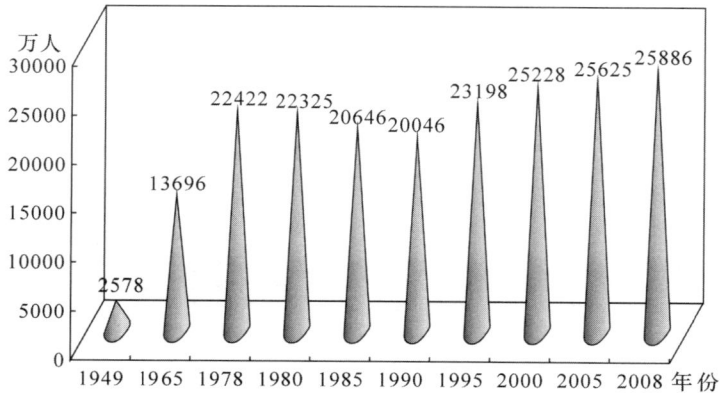

图 5-3   1949—2008 年各级各类教育在校学生总规模

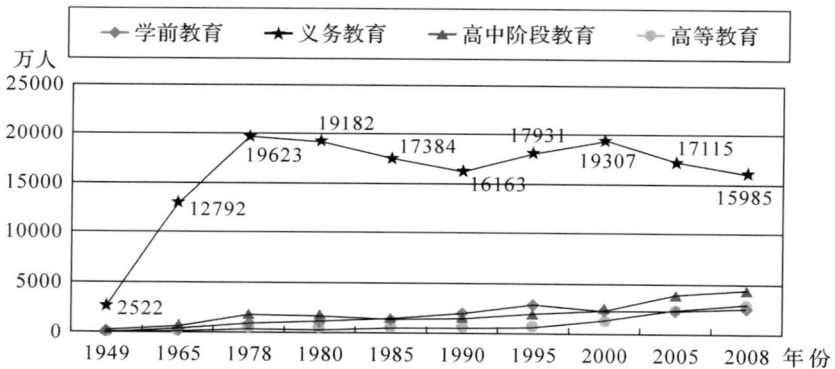

图 5-4   1949—2008 年各级各类教育在校生人数

上述数据说明政府办学主要还是依据社会对教育自发的需要,缺少整体、专业的规划和长远的打算,更谈不上关注个体人的需要,以至于学校数波动较大。

值得关注的是,20 世纪 80 年代中期以前中国农村学校以"村村有小学,乡乡有初中"为原则布局,这种布局的原理依据还是行政区划而不是人,客观上便于学生就近上学。但在 1986 年《义务教育法》颁布后,各地将普九验收作为政府的一项硬任务,在财力不够的情况下就进行了较大规模的农村中、小学布局调整,各级地方政府以农村初、高中为重点,逐年撤并了许多初高中及小学。1990 年贵州全省就撤除了 1/3 的学校,许多县将所有乡(在山区,一个乡约 5000~15000 人)的高中撤了,全县只剩下一个高中,集中在县城;同时将数个初中合并成一个中心初中。离学校远的孩子要走三四小时以至更多的时间,因此大部分的初中生都要住校。1998—2008 年全国各地进入"撤点并校"的高峰,基本数据见表 5-1。

表 5-1 1998—2007 年全国撤点并校小学数据

年　份	学校数量(万所)	在校生数(万人)
1998	60.96	13953.80
1999	58.23	13547.96
2000	55.36	13013.25
2001	49.13	12543.47
2002	45.69	12156.71
2003	42.58	11689.74
2004	39.42	11246.23
2005	36.62	10864.07
2006	34.16	10711.53
2007	32.01	10564.00
2008	30.09	10331.51
减少总数	30.87	3622.29
减少比例	50.64%	25.96%

"撤点并校"的一个重要理由是人口减少,提高学校的教学质量,倡导均衡发展,提高办学效益。由表 5-1 可看出,学校减少比人口减少的比例高出 1 倍。具体到一个地区,2005 年《中国教育信息报》对山西吕梁地区某县"撤点并校"这样报道:"2005 年为'教育重点年',……短短两年时间。其中农村小学由 2003 年的 205 所调整为现在的 94 所,农村初中由 15 所

调整为 7 所,共计撤并农村中小学 119 所,复式班和单人校全部取消,在较短时间内实现了由分散办学向规模办学,常规教育向现代化教育的跨越式发展。……直接受益的农村学生达 20000 余人。"撤并过程中影响最大,撤并力度最大的是偏远贫困山区的小学,导致此前大量投入的学校校舍和基础设施闲置、浪费,给孩子、父母造成了极大的不便,六七岁的孩子要翻山越岭走几十里路去上学,路途较远校车安全问题成为家长和学生的一块心病。一些地区出现学生生活条件下降、辍学率回升等问题。不少地方用寄宿的方式解决路途遥远问题,又给孩子父母增加食宿交通费的负担,家庭教育费用骤增难以支撑。因为大部分学校都不是按寄宿学校的标准设计的,不能满足学生寄宿的基本要求,如宿舍、就餐、饮水、洗漱、卫生、保安等,还引发孩子的家庭教育、人格教育面临一系列新的问题,获得的依旧是低质量的教育,还逼得大量的爷爷奶奶租房做饭陪读。一些地方村民以各种形式表达反对也无效果。依据人口和村民意愿适当减少学校数显然有其合理性,而中国的乡村学校的撤并显然是以领导政绩为依据,将教师不愿意去的学校撤掉,未能走民意征集程序,忽视了方便学生就近入学的前提,以尽可能减少教育经费开支、降低当地政府用于办学的成本为依据,但学校撤并把部分政府的教育经济成本转嫁为农民的教育经济成本、学生的时间成本和安全风险,显然并非以当地居民为本,以当地的孩子为本。

2002 年和 2003 年,国务院和财政部分别下达了《关于完善农村义务教育管理体制的通知》和《中小学布局调整专项资金管理办法》,进一步推动了农村中小学调整工作。许多县教育部门为了获得这笔资金而撤并小学及教学点,尤其在一些山区,从 2003—2007 年,撤了近 1/2～2/3 的教学点及完小,这对农村特别是偏远山区的农村村民造成了深远的影响。

学校向县、乡集中,带来的直接后果是城镇出现学生人数很多的巨型学校和巨型班级,尤其是县城的高中,学生人数达五六千、近万人的中学已不在少数。教师都来自被撤并学校,由于编制限制、不合格教师清退难、优秀师资补充依旧困难,寄宿学校很多教师还要承担或参与学生生活管理;寄宿生生活方面未能恰当安排,小学生寄宿面临洗衣服、洗澡、就餐等难题,但很多学校相关设施并不完善,有些学校周边网吧、歌舞厅较多,治安环境较差,也使学生和家长产生畏惧心理,教学质量不仅难以提高还会出现下降。巨大的学校规模给学校管理、学校文化营造、校风建设以及教育资源再分配等方面都带来新的问题,同时带来更为深层的乡村文化断裂和乡土认同的迷失。

美国曾经也有过"撤点并校",全美国的学区由 1961 年的 36402 个下降到 1970 年的 17995 个。即使美国在撤点并校中在校车等教育资源的供给上做了充分准备,但仍有多项研究表明在教学质量、教学投入、学生成长等方面,合并学校不一定有什么裨益,还可能带来新的问题。因此从 20 世纪 90 年代开始美国又兴起"小规模学校"运动,让办学更加多元化。

上述案例说明政府依据什么办学校不是抽象空洞的,而是现实具体的。尽管 2002 年后"以人为本"写入中央政府的文件传播开来,但在教育实践中并未能切实落实。这一案例还只是政府在办学布点上未能依据民众实际需求办学的实例,实际上在学校观、教育内容、教育评价、教育经费投入和使用等方面都依然存在未能落实以人为本之处。

政府依据什么办学校又直接影响到学校依据什么安排学校的日常工作,影响到学校是否切实为学生服务。在一些具体事项上,政府实际上在绑架学校,比如为了强调学校安全,不少学校不敢带学生参加校外活动,减少学生的体能运动;为了减轻学业负担,政府强令学校不要考试,影响了学校对学生学习状况的了解;为了各种评比检查,学校不得不停课发动学生打扫卫生,甚至在一些评比中学校还要求师生参与作假。这些都严重背离了教育的基本精神。

从整个世界教育发展的态势看,20 世纪 60—70 年代各国主要关注的是教育系统规划,包括入学率、结构、内部效益、外部效益等;80 年代重心降下来,学校管理的研究成为重点,最近这 30 年左右,重心又下降到学生的学习,逐渐强化对学生成长发展需要的关注。但是中国长期以来将重心还停留在系统规划,未能跟上世界教育关注转变的步伐,学校教育的人本值难以提升。

(二)学校依据什么安排工作

学校工作的第一依据是什么? 作者曾用这个问题问过很多人,得到的回复有个明显的差别,国外的教育工作者几乎都回答为学生,其中最为典型的是以色列教育科学研究院院长,她认为不仅学校的工作要以学生作为第一依据,国家教育政策的改变和决策也应该是以学生作为第一依据。

而在中国比较普遍的是用一些宏观抽象的"主义、路线、方针、政策,教育的性质、目的、任务"等大词作为依据,或者强调学校管理必须服从和服务于社会的政治和经济的发展。一些貌似权威的教育管理书籍还将"方向性原则(目的明确、面向全局)"放在第一,认为学校第一是不能把方向搞错。

就是在这样强调不要把方向搞错的中国教育,近几十年发展恰恰在方向上出现过这样那样的偏差,深入分析出现偏差的根本原因就是在如何看待人上出了问题。1949 年全国政协《共同纲领》提出要办"民族的、科学的、大众的教育",其中对人的定位就不是少数人,而是大众。教育要为大众服务,而不能仅仅为少数被选择出来的人服务,或仅仅为有钱有权者服务。大众有平等的受教育权,不能厚此薄彼。在教育实践过程中,教育受到非教育的因素干扰而目标偏移,没有把人当作教育的主人,没有把学生当成教育的主体。一些教育管理者常常将教育当作政绩工程来办,教师和学生成为实现教育管理者政绩的工具和摆设,为了追求出政绩出现了将优秀的教师集中到一所学校,将优秀的学生集中到一所学校,以及用财政经费优待少数人的重点学校,并形成了为实现这一目标的从教学到评价,再到管理的体制基础,出现"以权择校"和"以钱择校"现象。

在办学实践中,学校把红头文件当作办学的第一依据,甚至是唯一依据,从而忽视了学校的本质特性是育人,颠倒了逻辑次序。就像医院中必须遵循生命为大的原则,学校必须始终把学生成长发展需求作为学校管理的第一依据,然后再了解社会对人才的需要,在此基础上参考相关法律法规、政策文件。

在教育实践中,实现人本教育必须毫不含糊地认定办学的第一依据是什么。在这方面,官本位的学校与育人本位的学校是截然不同的,其差别见表 5-2。

表 5-2　两种不同的办学逻辑

	第一依据	第二依据	第三或其他依据
人本学校	具体学生个体成长发展的真实具体需求	社会对人才的需求	国家法令、国际同行经验、政策文本
行政中心(官本位)学校	文件、行政指令	国家宏观需要,抽象的社会需求	学生成长发展需要等

遵从天性为是的原则,人本学校必须以学生的充分自主成长和发展为逻辑起点,以保护学生的好奇心与兴趣,维护学生学习的自主权为中心,改变教学设计。学生成长发展的需求是一切教育和管理的第一依据,也是教育改革的终极依据。教师、校长和行政管理人员、学校管理和教学评价以及各级教育行政和社会组织都应如此,要依这些需求去设计课程、进行管理、开展各方面工作;学生成长发展的需求最大,应像尊重生命那样尊重它的存在和差异性的特点,围绕它设计课程,选配教师,确定评价标准,变革管理方式。学校当通过满足学生成长发展的需求去满足社会对教育的需求,从而提高教育服务社会的能力,而非相反。过去数十年教育恰恰以行政权力为中心从相反的方向过度强调了非教育的需求,严重忽视了学生成长发展的实际需求,导致教育低效,培养不出杰出人才。

鉴于中国学校走过的歧路,回归人本学校存在较大的差距,也存在巨

大阻力,因此需要逐步转向:

第一,人的发展是社会其他各方面发展的必要前提,人的发展比其他任何一方面发展都具有更高的价值,而每个人的充分发展是以人为本的最终体现。学校的一切工作必须做到尊重人,尊重每个具体的人,尊重他们在教育上的自主选择,尊重他们的独立人格。教师要尊重学生,教育管理者要尊重教师,要把教学的自主权还给教师和学生,杜绝单方面强制命令的教育。

第二,需要把学校从行政科层中真正解放出来,真正实现"去行政化",不能仅仅将教育和学校作为其他方面发展的工具,也不是经济和政绩的筹码。需要尊重教育的内在规律,要注重质量,确立科学的质量观和发展观,依照专业社团的方式进行管理,根据学校的特性和内在逻辑管理学校。

第三,落实人本教育关键在于维护教育当事人的自主权,最重要的是学生应该有学习自由和自主权。学生的学习自由权包括受教育的选择自由权、学习自由权、表达自由权等,每个教育当事人都要成为自己教育的主人,政府有责任维护每个人的教育自主权,而不应强求一律;政府有责任创造条件使人人在其中做出适合自己的选择,要使每个人走上自己的教育之路,而不是千万人都走一条路。学生难以成为学习的主人,教师难以成为教学的主角,自然会是千人一脑、千校一面。

第四,人本的学校必须是一所透明的学校。学校内部是人人平等的,需要营造最有利于优良人格成长和智力最有效发挥的民主氛围,实行民主管理,师生能充分行使民主权利并直接参与学校的管理活动。学校管理者要尊重人才、信任师生,充分调动他们参与学校管理的积极性,增强管理工作透明度,确保师生的知情权、参与权、监督权。

第五,还需要去中心化。在行政为中心的学校里,校长成为当然的中心,或者有些学校还声称"以教学为中心",师生都必然被边缘。而在人本校园中,学生才是理所当然的中心,而学生又不只是一两位,不能只以某一个学生为中心,每个学生都是包含教学、管理、评价等一系列工作的中心,就如同医院里各个诊室以病人为中心那样;而不同学生之间又是平等的,所以学校里事实上没有一个唯一的中心。

第六,就是规范人性化。学校管理需要规范,与此前僵硬的规范不同,人本学校中的规范是人性化的,使学校工作有章可循、有法可依、有序进行的同时充分考虑到不同人的特征差异做合理的要求,注重实效。在学生评价上也在积极探索更加多元化的评价方式,发展学生自我评价、自我激励能力,培养学生自主学习的习惯,确保他们的学习自由权。

人本学校的各方面设计、教育教学、管理、评价、教育方式方法等方面都需要将学生的成长发展需求作为第一依据,在学校进行各种革新和兴替的时候,也应该以学生的成长发展需要为第一依据。例如,社团是学生自主学习的很好方式,就应积极鼓励学生自主组建各种社团;书院制有利于学生宿舍生活的多样,也有利于学生良好品格养成,若将学生成长发展作为第一依据,就宜予以支持。

再比如选课制、走班制、弹性学制、学分制、导师制、个案教学制,这些制度实施起来会增加学校的工作量,需要改变复制行政体制而来的学校管理制度,但它们的优点是可增加学生自主选择的机会,具有更强的灵活性,具体照顾了各类学生的不同特点,提供学生个性得以完全施展的空间。如依据行政中心做选择,就不可能实行这些制度;若以学生作为第一依据,就必须坚定不移建立集多样化和个性化于一个系统的教学管理制度,并设法为它们的有效实施准备前提条件:一是提升学校的学科、专业和课程体系;二是提升师资能力和质量;三是优化学校教学设备;四是升级整个学校的管理评价体系。

建立现代学校治理体系的中心要集中在学生身上,为学生个性化发展创造条件,允许学生走不一样的道路,把每个孩子都当作特殊人才,让每个生命绽放光彩,就要让学生去选择、尝试,学校应给学生提供更多课程,确保学校具有一定的课程建设权力。学校通过自身的课程体系、课堂教学结构、教学组织形式、学生指导服务体系的建设吸引学生、留住学生，形成促进学生个性化健康成长的教育教学指导服务体系；通过在时间分配、内容分配、活动方式上进行改革，用结构化的设计来调动学生学习的积极性，每一个环节都着眼于学生的自主、合作。

四、建设现代学校满足学生成长发展需要

尽管随着网络信息和 MOOC 的发展，在家学习等多种形式的学习成为可能，人们学习的途径更多样化，学校仍将是未来相当长的时期里绝大多数人学习的主要场所。因此，需要在校园中建立科学民主、规范有序的教育秩序，遵循教育规律，关注每一位教师、学生的发展需要。尊重个性差异，体现以人为本，促进学生的充分和谐发展，谋求学生身心健康与知识学习和谐发展。学习途径多样化在一定程度上又会促进学校由封闭走向开放灵活，所以，建设现代学校满足学生成长发展的需要将会是一个漫长而又需要及早启动的过程。

现代学校不只是一个时间概念，它是人类探索如何才能更好地、更有效地从事教育而形成的制度共识，在不同地域和文化中现代学校可能会有不同的表现，其质性要求是学校具有现代性，其核心是保障学生的学习自由权，在现代学校治理体系中，努力创造条件给学生充分的自由选择权，尽可能地让学生自己选择学习内容、学习方法和学习难度，甚至要尽可能地让学生来自己评价学习结果。

现代学校管理关键在于建立的四个支柱：法律赋予的办学自主权；学术主导的内部治理；无行政兼职教师（教授）主导的专业委员会负责学术评价、人才引进和绩效评价、经费分配；健全的学生自治组织。建立现代学校制度可以从制定学校章程做起，把学校建成学人真正可以安身立命的心灵

家园;以学生为中心,尊重学生,真正落实服务学生成长和发展的策略,逐步完善校内的学生自治是现代学校建设的内核。

现代学校制度是社会法治环境里的学校治理制度,是依法治国在依法治教上的落实,要通过《学校法》的立法加以保障,用法律治理校长、治理学校,学校成为责任有限独立自主的法人,自己对自己的行为负责任就行了,对社会开放,学校的教育资源、体育设施、图书馆对公众开放。

现行学校管理体制管办评是一家人,管理者既是船长又是舵手。自己办学校,自己评学校,自己说我自己好就行了,没有人监督,没有人评价。所需要的变革是管的不要办,办的不要评,把管办评彻底分开,把校长的权力还给校长,把教育局局长的权力还给教育局局长,把老师的权力还给老师,老师都有选教材的权力。一个学校里面,你的教材和我的教材可以不一样,最后是以课程标准为依据考评,把每个人的积极性充分发挥出来。

(一)中国对现代学校制度的急需与障碍

随着经济社会发展和民众对教育需求的成长,建立与中国经济社会发展相适应的现代学校制度已经越来越成为教育工作者的共识,也是未来学校发展的方向。

现实中学校基本上是戴着镣铐跳舞,学校中的教师、校长、学生乃至教育行政人员皆如此。各方面都急需要解放,大家都能够按照各自教育的理想去做,遵循教育的规律做。这样导致体制内的呆板常与民间的灵活和创意对比鲜明,中国人的创造性、勤奋、智慧在民间有非常好的创意,经过不当的体制管理后就了无新意,足以说明不少问题。

中国教育发展滞后可能有多方面的原因,但最为关键的问题在于管理,实践和大量的研究分析表明,学校管理制度问题已经成为制约中国教育改革与发展的根本性的制度性障碍,其核心就是办学自主权问题。在这么多学校中表现出共性问题是将学校作为政府行政机构的一个分支进行设置管理，又在学校内部复制行政科层体系，从而建立起一个过度行政化的学校管理体系。目前全国约有1000多所公立大学，每一个大学都有正厅级、副厅级的校领导，加起来约有2万多人；中小学还有数以十万计的处级、科级领导，这么多人不是教师选出来的，也不是学生选出来的，而是上级部门委任的，他们常常只是对上负责，没有可操作性的规范要求需要对下负责，也没有激情去了解学生和教师的需求，从而导致管理制度问题成为影响教育质量最核心的问题，从根本上提高教育质量就必须从建立现代学校制度开始。

现实的状况是，教育行政机关在人、财、物、课程及其他教育教学业务方面，对学校管得过多、统得过紧，学校的办学自主权越收越小，校本管理尚未形成，学校依法自主管理尚未实现；政府在分配教育资源时不能做到均衡、协调分配，导致一系列教育不公平问题的出现，也不能激励学校提高效能。

在学校内部，校长负责制缺乏坚实的民主基础。多数地区和学校的校长由党委组织部或教育行政机构任命，导致校长主要对上级党委或教育行政机构负责，部分校长对教职工、学生、学生家长和社区的服务意识相当淡薄；任命制度还导致一方面有真才实学的人难以走上学校领导岗位；另一方面校长缺乏民主意识和民主作风，从主观上排斥他人参与学校管理，教代会、教育工会形同虚设。校长与教职工之间关系冷漠、情绪对立的现象较为普遍。

学校与社会相互孤立，学校与社区、学生家庭很少往来，条块分割的体制和发育不全的社区功能，导致大部分社区的人士和学生家长难以有效地参与学校管理。学校秩序和行政领导保持关系就能获得人、财、物的保障，也失去了与社会联系的内在动力。

正因为此，学校的发展潜力未能真正激活，学校效能未能充分发挥，绝大多数学校难以可持续发展，建立公平正义、民主法治、廉洁高效、开放透明、与社区相融合的现代学校制度,推动学校尽快从传统走向现代、从人治走向法治、从低效走向高效、从封闭走向开放、从"文化孤岛"变成乡村或社区的"文化孵化器"、从立足当前走向可持续发展就显得十分急迫。

"现代学校制度"基于新公共管理理论及与之相关的教育市场化(准市场化)和私有化的实践。中国的经济体制改革要求教育体制改革与之相适应;同时政府职能转变以后,要求政府向学校放权;再就是国内教育投入与供给不足的压力,教育特权化和"择校"压力要求通过制度创新来缓解。建立现代学校制度的目的就是为尽可能多的学生提供充分的、平等的、成本较低的、优质的教育服务,并为大众获得这种优质的教育服务创造平等的制度条件,其重点是建立开放的、民主的、以人为本的、最终指向育人的学校管理制度。

然而,在中国建立现代学校制度的急需并不能改变其艰难,早在2002年中国政府相关部门就启动过现代学校制度的研究,当时就发生过争议,有人建议把"中小学要实行校长负责、党组织发挥政治核心作用"改为"中小学要实行校长负责、党组织发挥政治保障与监督作用",由此可见阻力之一斑。

建立现代学校制度的主要障碍在于:

首先,现代学校制度建立的基础是现代教育观念,本质是要确立师生为学校的主体,其核心是关注学生的发展,使学生成长发展需求成为学校工作的第一依据,它对教育的认识是开放的,认为它始终伴随生活,然而中国长期实行的封闭教育使得教育在职人员和教育管理人员、政府的教育官员教育观念大大落后于实际的教育需求,限制了学校制度更新。

其次,现代学校制度的社会体制基础薄弱。当下学校举办者与管理者、评价者合一,政府既直接管理学校,又是学校的举办者与所有者,还是学校政策的制定者,学校评价的实施者,多重角色混为一体。对具体学校的人、财、物的管理上政府统得太多,管得太死,行政审批事项过多过细,使学校的教学科研、招生和学生管理、人才培养和使用、经费使用、行政管理等很多方面都缺乏自主权。这种体制一方面影响了公立学校的发展，同时压制了私立学校的发展。

现代学校制度是能够适应市场经济和建设学习型社会的基本要求，以完善的学校法人制度为基础，学校依法自主、民主管理；现代学校制度所要求的外部环境是教育管理部门决策、执行和监督相互分离、相互制衡、相互推进，建立与学校法人制度、责任制度相配套、责权明晰的领导制度，使各个领导职能机构各尽其职、各负其责、相互制衡。在整个社会民主与法治不足的情况下建立现代学校制度就如同聚沙筑塔，难有所成。温家宝在2013年政府工作报告中道："要推进社会主义民主法治建设。坚持人民主体地位，发展更加广泛、更加充分、更加健全的人民民主，保证人民依法享有广泛权利和自由，促进人的全面发展。"从逻辑上理解，这句话前面所说的才是建立现代学校所必需的前提条件。

再次，就是专业群体的缺乏。现代学校制度不会从天而降，不会由政府行政机构建立后交给学校，或由行政机构建一个模型委托别人实施。现代学校制度除了能够较全面地反映社会现实的需要和与时俱进的精神外，还应具有人本性、民主性、科学性、开放性、发展性和生态性等基本特性，不可能由专业性不强的行政人员设计和建立。而现实中，学校内部学术权力与行政权力始终存在不平衡，学校内部存在着明显的行政化倾向。所以要充分发挥学术权力的作用，提高专业教师的积极性，改善学校的学术氛围。政府在这方面所必须做的是放权、让度空间，现代学校制度建设的主体是需要一批为教育专业改进献身的人长期不懈努力。

最为关键的是学校法人地位不明确。现有的学校依然仅仅是政府行政科层中的一个机构，其内部是行政体系的复制，其外部是行政机构的附属，学校与政府机构法律关系调节存在较大障碍。现代学校制度要求学校是相对独立的完整法人，其他国家也把学校定位为非企业法人，而中国《民法通则》第三十六条规定:"法人是具有民事权利能力和民事行为能力,依法独立享有民事权利和承担民事义务的组织。"第三十七条规定:"法人应当具备下列条件:(一)依法成立;(二)有必要的财产或者经费;(三)有自己的名称、组织机构和场所;(四)能够独立承担民事责任。"中国的绝大多数公立中小学不具备"能够独立承担民事责任"的条件,在《民法通则》的法律框架下,在"学校法人"未能从《民法通则》所规定的一般"法人"中独立出来并另行界定的情况下,中小学校的法人地位就难以确立。

分别而言,对于独立建制的私立学校,必须确立并依法保障其完整的法人地位,形成完善的法人治理结构;但现实中不少政府行政指令和政策对他们的约束远超过法律。对于私立教育集团或企业集团等组织所办的学校,若教育集团或企业集团授权该学校具备完全的法人地位,则该学校可以具备完全的法人资格;如果教育集团或企业集团不授权该学校具备完全的法人地位,则该学校只能确立不完整的法人地位。

对于公立学校,也需要依据管办评分离的原则,授权学校或学区成为完整的、独立的法人。以现有《高等教育法》为例,其文本政策味太浓,法律味太淡。《高等教育法》第三十条规定的法人资格仅在民事活动中发生作用,对于高等学校与政府的法律关系并未明确,第三十二条至第三十八条规定的大学办学自主权很难得到政府行政部门尊重。高校在民事责任范围可以担负责任主体,但在涉及与政府关系的问题时,高校仍然不具有法人资质。与此相关的还需加强执法力度,因为中国目前除法律本身有问题外,还在执法体制上存在执法不严的问题。

上述法律关系在行政包揽的学校管理体制下如何转型,不仅需要政府自身简政放权,而且需要重构整个社会的法治体系,远非教育一个系统所能完成。

此外,学校管理上没有摆脱计划经济体制的束缚。尽管中国市场经济发展已具有一定的基础,由于整个教育体系依然是政府办学,无论是中央部委所属院校,还是省属高校,以县为主管理的义务教育阶段学校和幼儿园,甚至是各类民办学校,政府在物质资源获取上,政策资源的分配上,招生及各种学术资源的配置上具有绝对的权力,依然还存在严重的计划模式的痕迹。

最后一重障碍是党政不分,"党组织领导下的校长负责制"的表述存在诸多歧义,党政的权限划分缺乏逻辑基础和明细边界,党政等各方面的分工难以明确,在具体的学校常会因人而异。

上述建立现代学校制度的重重障碍决定着在中国建立现代学校制度还有很长的路程,但建立现代学校制度的急迫性决定有必要为此不懈探索。

(二)现代学校制度的基本内涵

制度是指办事的规章或行动准则,具有保证、维护、监督、制约等多方面的重要功能。学校制度是围绕学校职能形成的管理、教学、科研、服务社会、校园文化形态的体系。现代学校制度是以建设适合学生天性和成长需求的学校为目标,建立促进学生、教职工、学校、学校所在社区的协调和可持续发展的一套完整的学校管理规范和制度体系,包括学校法人制度、治理制度、产权制度(资产管理制度)、学校与社区和家庭的互动制度、学校内部的教学管理制度。

现代学校制度是一个开放的、发展的概念,现代性是其内在特质,其内涵是依据时代特点和社会发展的要求而变化的,需要符合现代社会伦理和学校自身特性,不同学者从不同的角度和立场出发,也有不同的表达,其核心是:学校面向社会,依法自主办学,以人为本,实行民主与科学管理,贯彻以学术为主导的法治和民主精神。建设现代学校制度是不断改进求索的过程。

作为参照,不妨以"现代企业制度"做比较,现代企业制度是指以完善的企业法人制度为基础，以有限责任制度为保证，以公司企业为主体，产权清晰、权责明确、政企分开、管理科学的新型企业制度。其主要内容包括：企业法人制度、企业自负盈亏制度、出资者有限责任制度、科学的领导体制与组织管理制度。如果一个企业不以营利为目的，厂长经理没有决策自主权，那它就不是一个真正意义上的现代企业。"现代学校制度"自然有别于公司的性质，但它的结构形态和运行之道，特别是在如何讲究效益方面可以借鉴现代企业的管理理念，需要学校法人制度作基础，需要有限责任、学校主体、责权明晰、政学分开这些最基本的要素。

《国家中长期教育改革和发展规划纲要（2010—2020 年）》对现代学校制度的表述如下①：

> （三十八）推进政校分开、管办分离。适应中国国情和时代要求，建设依法办学、自主管理、民主监督、社会参与的现代学校制度，构建政府、学校、社会之间新型关系。适应国家行政管理体制改革要求，明确政府管理权限和职责，明确各级各类学校办学权利和责任。探索适应不同类型教育和人才成长的学校管理体制与办学模式，避免千校一面。完善学校目标管理和绩效管理机制。健全校务公开制度，接受师生员工和社会的监督。随着国家事业单位分类改革推进，探索建立符合学校特点的管理制度和配套政策，克服行政化倾向，取消实际存在的行政级别和行政化管理模式。

> （三十九）落实和扩大学校办学自主权。政府及其部门要树立服务意识，改进管理方式，完善监管机制，减少和规范对学校的行政审批事项，依法保障学校充分行使办学自主权和承担相应责任。高等学校按照国家法律法规和宏观政策，自主开展教学活动、科学研究、技术开

---

① 《国家中长期教育改革和发展规划纲要（2010—2020 年）》，引自中央政府门户网，http://www. gov. cnjrzg2010-07/29/content_1667143. htm.

发和社会服务,自主设置和调整学科、专业,自主制定学校规划并组织实施,自主设置教学、科研、行政管理机构,自主确定内部收入分配,自主管理和使用人才,自主管理和使用学校财产和经费。扩大普通高中及中等职业学校在办学模式、育人方式、资源配置、人事管理、合作办学、社区服务等方面的自主权。

(四十)完善中国特色现代大学制度。完善治理结构。公办高等学校要坚持和完善党委领导下的校长负责制。健全议事规则与决策程序,依法落实党委、校长职权。完善大学校长选拔任用办法。充分发挥学术委员会在学科建设、学术评价、学术发展中的重要作用。探索教授治学的有效途径,充分发挥教授在教学、学术研究和学校管理中的作用。加强教职工代表大会、学生代表大会建设,发挥群众团体的作用。

加强章程建设。各类高校应依法制定章程,依照章程规定管理学校。尊重学术自由,营造宽松的学术环境。全面实行聘任制度和岗位管理制度。确立科学的考核评价和激励机制。

扩大社会合作。探索建立高等学校理事会或董事会,健全社会支持和监督学校发展的长效机制。探索高等学校与行业、企业密切合作共建的模式,推进高等学校与科研院所、社会团体的资源共享,形成协调合作的有效机制,提高服务经济建设和社会发展的能力。推进高校后勤社会化改革。

推进专业评价。鼓励专门机构和社会中介机构对高等学校学科、专业、课程等水平和质量进行评估。建立科学、规范的评估制度。探索与国际高水平教育评价机构合作,形成中国特色学校评价模式。建立高等学校质量年度报告发布制度。

《国家中长期教育改革和发展规划纲要(2010—2020 年)》对现代学校制度纲领性的表述是:政校分开、管办分离,建立依法办学、自主管理、民主监督、社会参与的现代学校制度,代表着 2010 年中国对现代学校前卫的认识,2020 年能否实现依然没有确切的把握。

依法办学而不是以行政指令或行政隶属关系办学,这是现代学校制度的外部前提。凡依法建立的学校,自然就获得自主办学的基本权力,这种自主权力又不属于校长或某一个人,而是属于评议会之类的组织。依法办学是建设法治国家在教育方面的实践,它又是前述其他三个方面得以有效实现的前提,既要求政府要依法行政,又要求学校要依法管理,社会要依法参与、依法监督。在行政对学校干预过度的现实面前,依法才能明确学校的社会定位,依法才能维护学校办学自主权,抵制学校外部非法干预。在学校内部依法就是依据学校章程规范各种责任和权力主体的权利,以及各方面的关系,其中最为关键的是保障学生的学习自主权,保障学生作为学习主体的权利,学校的本质应该是搭建平台、创造机会,帮助学生认识和发展自己。要把未来还给学生自己,而不是按照固定的模式去"塑造"学生。

现代学校制度建立的过程中自主管理关键在于确立学校的完整法人地位。在管办评彻底分离的框架内确保学校的非企业法人资格,政府只管办学,不要管学,即政府只管把学校建起来,并负责提供学校运转过程中的经费,然后就应当把学校交给教育中介组织、专业的教育管理组织来进行管理,这样才能提高管理的效能和专业化程度,提高纳税人所缴纳的税金的使用绩效。唯有建立了学校法人制度,学校内部的自主管理才有外部保障条件。

民主监督是指学校内部各项专业工作由专门的委员会组织实施,并整体形成对行政权力的有效监督。学校内部治理结构可依据校内成员的自主选择有所不同,可以划分为:学校民主管理委员会(管理委员会、民主自治管理委员会、校务委员会、校务会议)领导下的校长主持制,这种方式在当今世界各地属于基本类型;另外还有"校长负责制"为主的学校制度类型;以"董事会(理事会)领导下的校长主持制"为主的学校制度类型;以"教育集团、企业集团领导下的校长主持制"为主的学校制度类型。

社会参与主要是社区、家庭、人力资源需求者、校友等各方面对学校事务的参与。

现代学校制度所需要处理好的关系主要包括外部关系和内部关系两大方面,外部关系又包括学校和政府、学校和社会、学校和学校的关系三个方面;学校内部的关系则主要包括学校和教师、学校和学生的关系,其中还涉及教师和教师、教师和学生、学生和学生的关系。学校教育教学环节的制度的建设是现代学校建设的重点和核心。以下分内外部两方面加以介绍。

1. 学校内部制度

学校内部必须培育植根于学习本质,以人为本,思想独立,学术自由精神为核心的内在制度。作为一项具体的制度,它主要是保障教师独立进行教学和学术研究,免受学术以外的力量干扰的制度;是保障学生自主探求真理和识别真相的制度,尤其是在面临科学精神与权势压力、财富欲望之间斗争的情况下,保证学校教育教学和学术研究不被商业化和各种利益、权势所驱动、所改造,使之保持真正的求知精神和探索精神。

中国现行学校内部管理体制存在与现代学校逻辑相冲突的问题:一是党政分工不明确;二是现行体制下教师、学生、职工的地位不明确;三是学校内部学术权力的缺失及学术权力与行政权力的失衡;四是学生权利处于真空状态,学生权益缺乏制度保障。

现代学校制度的内部制度至少包括三个基本部分:

作为社会组织,履行社会职能的学校机构及组织制度。在世界多数国家和地区,学校被定位为非企业法人,它的主要社会功能是培养人才,研究学问,服务社会发展。这一功能定位决定着它需要有相应的制度才能有效地实现它的功能。

作为知识组织,为实现知识生产和传播而形成的知识增值与学科制度。在真理面前,无论年龄大小、学识高低,每个人都应是平等真诚的,这种制度要确立学术的主导地位,同时大家在探求真理的途中是平等的,而不适用于行政科层的体制,不能以职位的高低确定话语权大小,也不能以人数的众寡来确定谁是正确的。为此,学校需要一种民主包容的制度。

作为教育组织,培养人才的学校教学与学位制度。学校本身就是一个治学的地方,应该追求真理,其职能是培养追求真理的人,主要是培养人探求真理的一些基本的精神,同时又具有相应的一些专业技能。学校制度本身要遵循追求真理以及培养人才方面的规律。学校不是简单地服务于外在社会的需要,只有这样它完成了自己培养人才的使命以后,才能够更好地服务于这个社会发展。这是现代学校制度设计所必须遵循的理路。

正因为此,现代学校制度本身要服务两个主体:第一是教师主体;第二是学生主体。以教师为主体是现代学校教育制度的根本,教师要有主人的地位、权利和意识,只有这样教师才能够全心全意去担当起一种责任,而非仅仅将它当作一个谋生的职位。现代学校制度要为教师的成长和实现自己的使命提供有利的条件和充分的机遇,要给予他们足够的人力和财力,足够的时间和空间,足够的发言权和知情权。

服务学生主体就是要求这种制度将学生制度化地设置为学校的主人。学校的一切工作瞄准一心一意培养人,一切工作要以了解学生成长发展的需求为依据,要以满足学生的成长发展需求为归止,要从制度设计上保障学生的学习主人地位,从招生、教学全程、校园生活、教学评价到毕业的各项工作,在于使学生对学问,对今后的研究,包括对他的人生增加深度的思考。学生不是被动受管的对象,而是学校服务的对象。要增强平等、尊重的意识,在制度上安排一流的老师给学生讲课。

学校内部管理体制建设目前急需要做的是:

第一,明确党委、行政和学术各自职责范围及其相互关系,改变党政分工不明确的状况,改变行政本位、官本位的学校组织定位。

第二,确定教师及学生的地位。目前比较大的问题是教师和学生的基本权利都未得到有利于学术增值和人才正常成长发展的保障。在学校内部,如果教师群体的利益不能保证,那这个学校很难得到发展。学校能获得社会认可的实际上是几个"产品":一是学生;二是教师成果;三是对社会的服务。它们共同构成了学校对社会的贡献。

第三,降低管理层次和管理重心。目前,学校管理重心过高,应有所降低,尽量吸收专家的力量和发挥一线教学人员的作用,才能更有效更灵活地处理好校内各方面各类型的问题。

第四,建立制度保障学生权利。如保障学生自治的充分自主性,学生在校内各种决策过程中权利的有效表达和维护等。学生社团要真正成为学生自己的组织,而非一个学校团委的派出组织,或者是辅导员辅助说服学生的工具。

以学生为中心,就是要让学生当学校的主人,在生活资源、教育资源的配给上,应该确实是以学生为核心来展开的。在大学中教授要参与治校,学术要相对独立,学生要学会自治。

2. 学校外部制度

现代学校需要建立以法律为依据、以学校法人化为标志的外部制度。现代学校的外部制度包括学校和政府、学校与社会、学校和学校三个层级的多重机制。

学校作为法人,它和政府的边界明晰,不是政府的下级,法无禁止即可为,还可以行使对政府"法无授权即禁止"的监督,由此具有更为自由、广阔的专业创造空间。在过程管理方面,政府的主要职责是根据教育事业的发展规划进行筹资和拨款;利用经济和必要的行政手段调控教育发展的总体规模、教育结构和地区布局。政府对教育的行政管理应以法律和法规为依据,而不取决于行政首长的意志。[①]

---

① 喻岳青:《政府对高等教育宏观管理的职能:调控与服务》,《辽宁高等教育研究》1995 年第 6 期。

在现代学校框架内的政府对于学校而言，其职责规定可以归纳为四个方面：保障条件、服务发展、有效监督、维护公平。保障办学条件就是依据《中华人民共和国教育法》第六十五条对政府有关行政部门提出的明确要求，教育行政部门的责任首先是科学规划学校布局，对学校进行建设，确保城乡建设预留教育用地，解决布局不合理等问题。服务发展就是为学校发展提供物质和外部条件的服务，确保教育经费的足额到位，确保校园安全，动员、协调社会各个方面尊师重教。有效监督就是依法对学校的办学行为进行监督，完善教育督导，特别是维护学校办学自主权，维护学生自主学习的权利，维护教师自主教学的权利，监督经费的使用等，避免把教育行政部门的责任转嫁给学校，也要避免行政人员干涉具体的教育教学组织方式。教育行政部门要立足教育公平，推进基础教育均衡发展，平等对待不同学校（城乡、公立与私立），保障每个学生平等受教育的权利；健全家庭经济困难学生资助体系，确保每一个学生不因经济困难而失学；扶持特殊教育，切实关注学生的特殊需要和个性需求，保障特殊儿童公平接受教育、全面融入社会；维护私立学校权利，促进办学主体多元化，满足民众多层次、多样化的教育需求。建立学校教育与社区教育的联系渠道，积极促进全民学习、终身学习的学习型社会形成。

学校作为市场主体之一，需要建立与市场的正常交换机制：一方面，作为办学经费来源之一，市场是教育经费筹集渠道之一。另一方面，市场是教育的增效机制，公立教育常以一种政策垄断的面目出现，由于缺乏市场竞争压力，因此造成教育的效率不高、质量不高、学校对学生不负责任。再者，市场机制还是办学主体多元化的重要转换机制，能打破政府垄断办学的局面，在教育资金配置中发挥了选择优化作用。

在市场经济条件下，具有培养专门人才、发展科学、服务社会等职能的职业与高等学校必然与劳动力市场、知识商品市场、科技市场和各产业部门等建立起更密切的联系，产、学、研受到市场活动的直接调节，需要不断了解社会的需求，并通过自己的服务获得社会的资源。在制度层面加强社会对学校事务的参与，能够使学校更好地了解社会和用人单位的需求。世界各地的高等教育都日益重视市场机制的建立，1995 年中国台湾地区《教育报告书》指出：大学教育人力培育的规划应该兼顾整体资源的应用、社会需求及市场的机能。① 世界范围内劳动力价值形成的教育因素在增强，复杂劳动力商品化在加剧，学校已经无法抵御市场的"诱惑"。

独立第三方专业评价是现代学校外部制度的重要组成。专业机构和社会中介机构对学校学科、专业、课程等水平和质量进行评估是学校发展到较高阶段的产物，是促进学校整体质量提升的专业杠杆；建立专业、科学、规范的评估制度才能解决多样化学校与对学校规范管理之间的各种矛盾，才能化解评估制度的行政化倾向严重的问题，才能平衡不同利益相关者不同教育质量诉求，消解政府独占的评估主体，吸纳多方参与教育评价；建立学校自评、同行评议、专业组织评估的评价体系，才能契合现代学校制度建设的需要。

独立第三方专业评估制度的建立才能实现管、评、办真正的分离，通过它发挥专业评估的作用，通过具有专业性的指标，进行专业评估、课程评估、机构评估、主题评估等各种类型评估，鉴别和考查不同学校不同专业的学科优势和办学水平，从而避免以同一指标衡量各所学校，难以考查出学校的办学特色和学校某一具体学科和专业的办学质量。

现代学校是现代终身教育体系链中的一环，相对于社会而言是社区的组织成分，因此，还应形成学校、家庭、社区三者之间的相互参与、合作机制。在各学校之间和学校内部各主体之间，要形成良性的、公平的、平等的竞争机制，遵从校际伦理。

---

① 戴晓霞：《两岸大学教育学术研讨会论文集》，厦门大学出版社，1998 年，第 112 页。

(三)建立现代学校制度的程序

建立现代学校制度究竟从哪里做起? 对此不同的人有不同的看法。事实上中国在引入现代教育后已经有过建立现代学校制度的实践,北洋大学堂开启了中国最早的现代大学制度建设,京师大学堂早期模仿日本的制度,1917—1925 年的北京大学、1921—1925 年的东南大学、1931—1937 年的清华大学以及 1939 年 4 月成立的西南联合大学等是中国现代大学制度实践的经典案例,在此前后建立的一些著名的中小学都有自己的办学章程,施行现代学校制度。

由于它涉及政府及民间的办学理念、学校的办学体制、政府的学校管理体制、学校内部管理结构几个方面,比较现实的路径是多点出发,多面互动,交替前行。

在多面互动的现代学校制度建设过程中,还需要有共同的目标:促进学生的充分、整体、个性化、终身发展;促进校长、教职工的专业化发展;促进学校的可持续发展;促进学校所在社区的可持续发展。其中最重要、最根本的目的是学生的充分自主发展。在这样的大前提下,现代学校制度建设的几个大的步骤如下:

第一步,办学世俗化、专业化。其中最为关键的是保持学校的纯洁性和专业性,保障学校内"兼容并包",思想自由,学术自主。

第二步,政校分离,管办分离,依法治校。

一是依法确立学校的法人地位,理清并明确界定政府与学校的关系,完善学校法人制度,培育有利于竞争的外部市场,建立参与程度更加广泛的监督机制;建立防止市场化,保障教学研究独立、多元、法治的轨道。政府需要明确自己该管什么,不管就是失职;不该做什么,做了就是违法。

二是要以比较完备的法律法规制度为依托,改变现行的以行政指令为主的学校管理方式;修订《高等教育法》,将政府对高等学校的直接管理改为依法监督、财政经费资助等方式的间接管理。各级学校均须通过健全章程,增强权利责任意识,对学校的重大组织原则和治理结构进行规范,做到依法按照章程自主管理,履行法定职责,拒绝非法干预,保证学校稳定可持续发展。

三是所有学校都必须依据国家法律制定和完善学校章程,把它作为学校办学活动的重要依据。《中华人民共和国教育法》第二十六条规定,设立学校及其他教育机构必须具备的基本条件之一就是"有组织机构和章程";第二十八条有关学校及其他教育机构行使的权利中第一款就是"按照章程自主管理"。所以学校章程是现代学校的起点和要件,是学校自主管理、自我约束、依法接受监督的基本依据,是学校制定发展规划和其他规章制度的原则基础。学校章程要对学校性质、学校的权利和义务、学校的组织机构、教师及其他职工的权利和义务、学生的权利和义务、学校的课程与教学、学校的管理、学校与家庭、学校与社区、后勤管理、民主管理与监督等基本关系予以规定。

大学章程依法律程序由学校和相应的政府立法机构制定,由设置高校的相关立法机构通过,具有法律效力,政府依法依章或者建立政府参与的董事会管理高校,董事会对高校内部的事务不干预。在政府与高校的关系上进一步明确政府与大学的边界,建立高效精干的政府管理和服务体系,总的特点是政校分开,学校自主管理,大幅度地放权是当前状况下建立现代大学制度所必要进行的过程。依法治校就是依照国家法律以及符合国家法律的学校规章制度,来规范学校的教育教学、科学研究和社会服务活动,管理学校的事务,保障师生员工的合法权益,实现学校办学、管理与运行的制度化、规范化、程序化和科学化。

普通中小学也应有自己的章程,以此规范校内各主体之间的关系和活动。

所有学校章程都是学校的公器,应由师生和教职员工共同参与制定,共同遵守,不能私用,尤其不能成为有一定行政权力的人对没有行政权力的人的单向使用。

第三步,依据专业的逻辑设计和完善学校内部民主化管理。

健全制度体系、依法自主管理学校内部事务,要从教学制度、人事制度、财务制度、法人制度、民主参与制度等方面贯彻依法、民主、专业、公开的基本精神,规范教育教学、人员(包括教师和学生)、财务等各方面的管理,用制度管人管事。在这方面过去一百多年积累了不少经验,如教授治校,设立评议会、教授会,"凡学校章程、条令的审核通过、学科废立、课程设置、教师的审聘、学校预决算等重大事项,都必须经过评议会的讨论决定,才能执行"①。学术至上,行政其中,行政不能凌驾于学术之上,而是要为学术服务,以民主与科学精神治校,敢于抵制违反教育教学规律的各种社会干扰。

第四步,建立现代学校的发展性评价制度。

建立科学、规范的评估制度是建立现代学校制度的必然要求。中国在专业评估上与其他国家存在较大的差距,学校的评估制度存在着行政化倾向严重、缺乏多元利益相关者参与、缺乏专业性、指标设计不科学等一系列问题,难以满足建设现代学校制度的需要。建立第三方评估制度应该加强中介评估组织的建设。中介评估组织出现的原因是教育的利益出现了多元化倾向,教育的控制权由政府包揽转变到逐渐向学校自身和市场分散。② 利用中介组织进行评估不但可以更好地体现不同利益相关者对教育的利益诉求,而且由于中介组织不直接受政府的管理,需要依靠自己的信誉获得生存,专业性强,可以更好地保证评估的客观性和科学性。因此,让中介评估组织积极从事对学校学科、专业、课程等水平和质量的评估工作,建立必要的审议、咨询、评估机构,可为学校和政府的决策提供相对客观的参考依据,促进管理决策的科学化和民主化。尽快提高中国现代学校

---

① 刘克选等:《北大与清华(上)》,国家行政学院出版社,1998 年,第 53 页。
② 马延奇:《现代大学制度与高等教育评估制度创新》,《江苏高教》2008 年第 1 期。

评价水平,一方面要与国际高水平教育评估机构合作,让中国的学校评估质量标准与国际接轨;另一方面要充分发挥地方评估机构、行业协会、专业学会等第三方力量的作用,以促进管办评分离为重点,建立一个多元化的,综合使用评估、认证、审核等不同方式的评鉴体系。

第五步,形成现代学校文化。

现代学校制度是知识经济背景下,以人为本、以育人为中心、与市场经济相联系、遵循学校教育生态规律的学校制度。[①] 现代学校以现代教育观为指导,其制度内在的核心和基础是学术自由,体现人文关怀;其基本特性包括民主性、平衡性、人本性、开放性等特性;通过制度建设,为尽可能多的青少年提供尽可能充分的、平等的、有秩序的、成本较低的、优质的教育服务,培养公民精神;保障教师独立进行学术研究,免受学术以外的力量干扰;保障学生自主探求真理和识别真相的制度,尤其是在面临科学精神与权势压力、财富欲望之间斗争的情况下,保证学校学术研究不被商业化和各种利益、权势所驱动、所改造,使之保持真正的求知精神和探索精神。现代学校制度要为社会大众获得这种优质的教育服务创造平等的机会。在校内应尽量做到决策权、日常管理权、监督权相互平衡、制衡并相互配合,形成以民主、法治为基础的同时也是有效率的学校内部治理文化,体现于民主决策机制、管理责任机制、监督制衡机制。

第六步,建立学校与社会良性互惠关系。

学校有了法人资格和自主权之后,应作为社会主体积极参与到社会之中,既要服务社会,又要引领社会,建立自己与社会的多边关系,而不仅仅只有与政府的单边关系。办学主体多元化后,要打破政府垄断办学的局面,强化市场在教育资金配置中的作用,招生、课程、专业的设置与大学的就业形成联系,产学研一体化。

---

① 朱小蔓,刘贵华:《功能·环境·制度——基于生态理念的现代学校制度建设》,《华东师范大学学报》(教育科学版)2006 年第 2 期。

以上各步存在前者为后者的基础前提关系，并不存在严格的先后次序，所以在建设现代学校制度的过程中不同的人可依据自身的条件选择不同的方案从不同起点向前推进。

五、学校的人本治理原理与程序设计

建立了现代学校制度只是相对理想的学校有了制度保障，并不能保证所有建立现代学校制度的学校都是理想的学校。学校的人本管理可能在尚未建立现代学校制度的学校中局部实施，如果在建立了现代学校制度的学校中实施就会使学校进入一个更理想的境界。然而，必须清晰地意识到，人本治理是学校管理中最难的方式，而不是最简单的管理。人本学校除了需要以现代学校制度作为基础，还需要建立多元包容的学校文化，使师生的多样性、自主性都能得到滋养，在多元环境中能够相互学习、反思、合作、共享。

学校的人本管理需要科学地处理学校组成各要素之间的关系，促进各要素之间的和谐，增强工作的明晰度，使学校层级之间、教职员工之间相互理解、相互关心、相互支持，形成和谐愉悦的心理环境。通过理性、民主的决策及管理，营造学校内部和谐、科学化、制度化、民主化、人性化的管理，体现人与人之间的和谐，制度与情感的和谐。人本学校管理者要具备公正的做人品质，深切的人文关怀，较强的人格魅力。在校园中形成"为学生成长服务，为学生发展奠基"的教育理念，大家把精力和智慧都集中到为学生的健康和谐发展上。

科学与民主是学校人本管理的必需品质。科学就要认真研究存在的问题，而且不是校长一个人研究，而是师生共同研究，形成共识后做决策。民主就要相信教师和学生，让他们成为学校的真正意义上的主人。校长要一身正气，让学校的决策程序公开化、透明化。校内各种人际关系和谐了，大家都能感受到这种和谐的能量,并不由自主地也去效仿这种和谐,进而在彼此之间形成一种和谐的氛围,学习的效率也就自然而然地高了,学生身心更加健康,心灵更加美好,人的成长也就更人性。

(一)成长需求导向

在确立了将学生成长发展的需要作为学校工作的第一依据的原则之后,还需要通过相应的制度设计使之得以实施,改变当下盛行的升学需求导向的学校管理模式。

严厉的管束在中国是一个古老的传统,现在很多人还喜欢它,认为它是可行有效的手段。一个人的本能会抗拒外界的严格管束,而人在自我意识形成之前完全是一个被动个体,在将近十年、二十年甚至更长久的管束之中,就会丧失他的天性。幼年时期,孩子总是在成人的呵护下生活,于是绝大多数成人习惯于为孩子做主,而不让孩子做主。久而久之,它就成为教育中的一个大问题。不只是父母不愿放弃为孩子做主,学校里的教师、教育管理人员乃至政府官员也不愿让孩子做主,于是许多原本属于孩子的权利被成人社会占据。不少成人还要反复申明这是为孩子好,而实质上,这样做对孩子损伤于无形,贻害无穷。

成长发展的需求是指人的生命成长过程中产生或生成的需求。在实际操作中,首先要做的就是认识了解学生的成长发展需求,这种认识了解包括整体性、群体性和个体三个层面。整体性的需求就是作为一般个体特定成长阶段所共有的需求,如求知欲、交往需求;群体性需求指某个特定自然环境和文化背景下一个特定班级或非正式的群体的需求,如农村孩子向往城市生活、城市孩子对大自然的向往;个体需求主要是基于个体独特潜能在成长的各个阶段所呈现出来的各种需求。人本学校管理在充分了解学生整体性、群体性需求的同时,还需要设计出相应的教学与管理机制对学生个体的成长发展需求进行了解并尽力予以满足。

对学生个体的成长发展需求进行了解和满足并不能像对静态的物理对象进行测试那样轻易获取。当然可以参考使用一些量表对学生进行测试，但这种测量往往未必准确，也未必完整，只是作为一种参考依据有其必要性；学校里更需要建立的机制是设计出学生多样性的学习生活途径让学生在体验基础上自主选择，如图 5-5 所示。

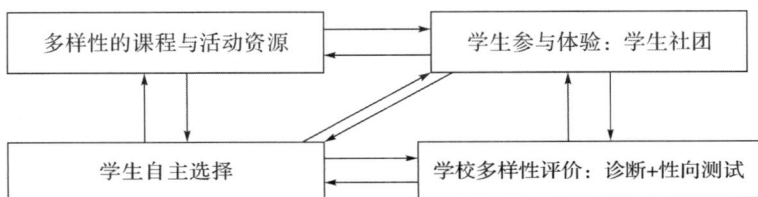

图 5-5　学校学生个性化需求了解与满足机制简图

学校首先要做的基础性工作就是尽可能多地提供多样性的课程与活动资源，由学生自主选择，提供学生参与和体验的机会；在学生对这些活动进行选择和参与这个小循环之外，学校可对不同学生依据其意愿进行标准各不相同的评价，在评价过程中对学生进行诊断和性向测定，测定的结果供学生进一步参与和选择时参考。

简言之，学校教育要按照人的成长发展需要的逻辑，依次序满足学生成长发展的需要。但学校满足学生成长发展需求并不同于一般的喂食，而是一个十分复杂的过程，有人曾阐述了放盐做汤的理论：人体需要盐，倘若让他直接吃盐则很苦很咸，天天吃就不想吃了；如果把适量的盐放进食物或汤里，做成各种各样的鲜汤菜肴，则各种原本不太好吃的食物变得好吃了，民间甚至有"要想甜，放点盐"的说法，人们就喜欢在喝汤吃菜的过程中吃盐了，人体吸收了所需要的盐分，也就保证了身体健康。

人本学校需要仿效放盐做汤的理论，让学生自主地选择自己喜欢吃的食物，喜欢学的内容，以喜欢的方式学习，这就是最适合他的天性的教育，这样才能增强针对性，提高实效性，紧贴、服务并最大限度地满足学生成长成才的需求。

在具体的学校形态中,学生自主组成的社团是学生个性化需求展示和满足的最为有效的组织形式。学生社团是学生成长成才的重要载体,可开展多样性的活动,包括社会调查、志愿服务、公益活动、勤工助学活动和科技创新活动,学生在社团活动中自我教育、自我管理、自我服务,不仅能增长能力,还能增强学生的社会责任感。

除此之外,学校要通过课程和教学安排满足学生的学业需求,对学业的需求是学生对学校的最大需求,其中包括以高度负责的专业的方式引导学生学业,提供专业支持,规范学生的成长发展,激发学生学习的热情和动力,调动学生学习的积极性和主动性,形成勤于学习,奋发向上,诚实守信、敢于创新的良好学风。学校的课程和专业设计需要一头紧密联系社会需要,另一头密切联系学生成长发展需求,把学习的选择权交给学生,创造各有所学、学有所得、学有所成的条件。

学生成长不是单一维度的,需要以学生生活为基础,人本学校的管理就不能离开生活,而需要以生活为基础前提,需要在一定范围内满足学生的生活需求,尤其是对那些寄宿学生,学校满足他们的生活需求就显得更为重要和必要。学校需要做好学生的食宿的安全和质量保障,确保食堂价格不高于市场价格,丰富学生课余生活,帮助贫困家庭学生,相应的管理尽可能做到科学化和人性化,力求使学生满意。

学校需要依据学生成长发展需求调整教学观念、教学体制、教学条件和教学方法,合理安排学校课堂和书本学习与动手实践的比例,把学生所有的成长需求都纳入学校教学计划和考核体系,提供必要经费,而非仅仅注重眼下某个能够获得短期利益的单一方面,以增进学生对社会的体验和理解,增强社会责任感,提高将自我潜能与社会需求进行自主选择对接的能力,使学生了解自己的长处,得到自信;同时找到差距,获得启迪,增强才干,提升素质。

学校还需要满足学生的文化与精神的需求,使学生精神生活充实,道德境界得以升华,人文素养得以提高,不断提升学生的人格、气质、修养等内在品质。引导学生在大量了解基本事实的基础上进行独立的分析、判断,提高分析判断和免受蛊惑的能力,在亲身体验的基础上判断真假、是非、善恶,确立对完美人格和理想社会的信仰,形成自己的世界观、人生观、价值观。

学校在自身资源有限的情况下,要充分利用网络资源满足学生成长发展的需求,利用网络为学生获取信息、发布评论、表达意见、参与公共事务、了解社会需求服务,充分利用这一重要渠道的思想性、知识性、趣味性,拓宽学生的视野,并引导学生文明上网。

学生成长需求导向还应关注到学生的健全成长的短板,比如长期受父母的溺爱缺乏实践的锻炼和磨炼,心理素质、意志品质和自我控制能力较差,不能适应社会快速发展的节奏和日益加剧的竞争,在面临越来越大的学业压力、经济压力、心理压力、情感压力和就业压力的情况下,不少学生患有焦虑症、抑郁症、恐惧症,有心理问题的人增多,出走、自残、自杀等非理性行为时有发生。这些都是现实而骨感的成长发展需要,当引起学校足够的重视。学校需要建立完善校内心理教育保障机制,在了解个体真实需求的情况下,应有针对性地引导此类学生确立积极进取的人生态度,提高心理调适能力,培养良好心理品质;引导学生正确对待自己、他人和社会,正确对待困难、挫折和荣誉,消除心理困惑,增强克服困难、承受挫折的能力,珍爱生命,关心集体,悦纳自己,善待他人,健康成长。

以学生成长需求为导向的学校治理与以行政为中心的学校管理是两种差别巨大的教育管理模式,它所强调的是学校一切工作是为学生成长发展服务,尊重学生的自主意识。与此前学生教育管理工作比较注重“管”,重在“说教”和“管教”,根据规章制度对学生进行约束、控制(control),侧重约束与控制的管理理念不同,它所强调的是基于对学生尽可能全面准确的了解,采取符合学生的心理特征变化和他们的成长规律的方式为他们的成长发展服务,从控制变为服务,从此前的上下级关系变为平等的朋友关系,使学校管理工作真正深入到学生的心坎。

成长需求导向的学校管理提倡服务意识绝不是放弃教育或是管理,而是基于对人的成长发展更为深入的专业认识基础上,以尊重他人的人格为基点,了解真实成长发展需要为前提,把教育和管理转化为服务的方式,使教育治理过程既更加人性,又可避免学生和非专业的家庭成员因对成长发展规律不熟悉而误入歧途,学校有责任把专业判断向学生和家长呈现,最终由学生自主选择。

(二)人本学校治理的结构特征

以人为本落实到学校工作中就是要以学生为本。由此必须改变学校内部的人际关系和机构设置。确立各方面的关系必须基于以下观念:其一,坚持一切工作以学生成长发展为中心,确立服务学生成长的理念,把学生作为学校工作的根本出发点和立足点;其二,尊重学生的人格,尊重学生基本的权利,尊重学生的个体价值和社会价值,确立尊重学生主体地位的理念;其三,充分肯定学生的正当利益,尽可能满足学生成长和发展过程中的各种需要,确立理解学生正当利益的理念。

由此决定了人本学校由原来的一部分人被赋予为管理者,另一部分人成为被管理者,转向学校所有成员的共同治理,学校治理结构的基本特征如下。

1. 扁平式

现行学校管理是从上到下的层级管理,每个人与他人的关系都存在领导和被领导的上下级关系,即便在班级里,还存在班长与班级成员的关系,于是大多数人成为畏于权威和体制的被动服从者,积极性和创造性难以得到有效发挥。只有在扁平的组织里,才能使尽可能多的个体的人本值约等于1,才能使学校更接近于学习型组织,把所有人的内在创造性充分发挥出来。

学校管理扁平式是人人平等所要求的,它较好地解决了等级式管理的层次重叠、冗员多、组织机构运转效率低下等的弊端,加快了信息流的速率,提高决策效率,减少中间环节的失真和损耗,在这种管理中学校的各种人员和机构都需要直接面对学生,从某一个方面解决学生的问题,同时整体上组成一个体系。

由于实际的学校不止一个学生,所以现实中的扁平化管理的学校是图 5-6 右部的多重叠加,形成碟式结构。这种学校管理要求学校适度规模,需要当下一些大规模学校压缩到适度规模。

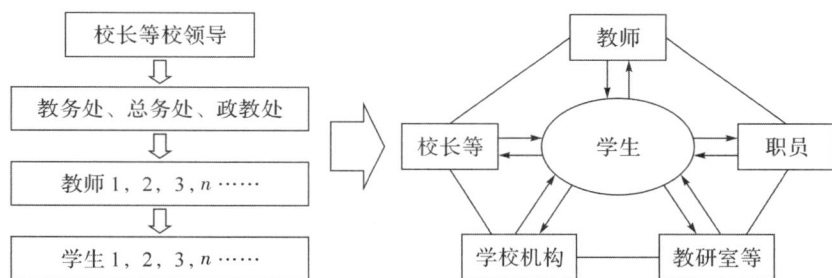

图 5-6 人本学校管理结构变化

2. 低重心

学生为本的学校需要把工作重心移向学生最关心的领域,以学生的内在需求为导向,切实满足学生的根本需求。它的工作重心不在校长室,不在教务处或其他的学校行政机构与部门,不在教研室。学校的校长、行政人员、教师都需要将心放在学生身上。而当下的不少学校事实上是官员和老板在办学校,难以以人为本,重心难以降低。因此需要把权力下放,实现师生的自主管理和共同治理,从而养成学生自律、自主、自强的品质。

低重心就是需要将学校自身的需求聚集到学生成长发展上,而非行政政绩、功利的需求,调整学校的需求层次和需求结构,引导师生员工把学校的教育目标与每个具体学生个人的成才目标统一起来，使"为了一切的学生，为了学生的一切，一切为了学生"不是空洞的口号，创造各种可能的条件，最大限度地激发学生内在成才动力，把工作重心实实在在放到育人为本的这一个工作目标上来。

3. 网络化

所谓网络化就是将当下学校的师生员工以及各个机构之间的单向或单线的联系转变为多向多线联系。网络化是由需求决定的，需求决定关系，需求的多样性及不同学生需求的差异性决定着学校内部的关系是网络状，而不应像现在这样仅仅是以权力为原点的放射状。

人本学校管理模式需要网络化的关系，不少师生的这种关系是建立在关爱或共同的兴趣基础之上的，并非正式的官方关系，这就决定着现有的学校设置将会遇到不适应的问题，需要做调整，给师生之间非正式交往更大的时空。

网络化本身使每个人在学校中的作用得以充分发挥，每个人的长处都可能成为学校内的教育资源为他人享用；同时，人与人之间的责任也能更加扩大，形成一个更广大、更复杂的责任链。现代信息技术的发展为学校结构网络化提供了信息支撑，使得原来需要依靠制度或机构设置的部分学校结构可以通过信息方式替代其功能，从而减少学校制度和机构的设置，而以网络化的交往实现其教育功能。

4. 互动型

当下的学校管理更多体现的是封闭性、强制性、灌输式，对学生的学业强调共性制约，忽视学生的主动性、参与性，忽视对学生的服务性，忽视学生个体创造性，不利于学生人格的自主生成。人本学校管理的基本假定是必须面向每个个体的学生，尊重、关心、引导好每一个学生，促进每一个学生的个性化成长，而非按照学校、教师的尺度去"雕刻"学生。

互动型就是从说教式、灌输式的教育向问对式、启发式、诱导式、激发创造式的教育转变,把重点转向对人性的唤醒,实现从对学生的外部控制向学生自主内控的转型。教师和学校不能关起门来备课、设计教学、管理学校,而是切实依据学生的内在需求确定如何真正把教育内容内化进去。学生主动的需要与教师主动的教学之间相互推动,相互选择。变以往被动的接受为各方面平等互动,关注内心体验,共生共长。管理与育人并重,互育共进,将制度化管理与人性化管理相结合,相互关爱,相互理解,相互支持。从学生接受被动式、强迫式的管理变为主动式、民主式的共同治理,努力做到教职员工都能懂管理,懂教育规律,树立服务意识,融民主的生活方式于教育管理之中。

互动本身需要开放,多元自主、地位平等的主体间才能互动,若不同主体间存在高低贵贱则难以互动,因此在学校内部成员间的相互尊重是互动的前提,这其中尤其需要的是校长对教师、学生的尊重,教师对学生的尊重,把学生当人看,当作发展中的人看,当作自主发展的人看,当作与自己平等的人看,让师生在共同成长中共享快乐。

5. 非对称

走进不少校园,从建筑到设施都讲求对称性,学校的组织结构也讲求对称性,某个行政岗位的领导常是一正两副、一正三副,对学生的要求"全面发展"也是强调对称性。然而人本的学校由于人的多样性、独特性,教育实践中形式上的对称往往难以有效地发挥作用。一个学校中最重要的教育工作往往是少数几个教师做的;真正必需的只是学校众多机构中的少数几个;对学生发生作用的往往是学校开设众多课程中的某一两门,尤其对某个具体的学生而言,更是如此。

因此,每个学校的教育管理工作都要做到个性化,尽可能贴近学生的成长发展需求,尽其心,致其性,追求实质而不要追求形式的完整和对称,不要追求与其他学校的一律,把学生正当合法权利放在第一位,最大限度地满足学生学习和生活的需求,不能满足学生需求的部分就尽可能压缩,抓住关键而不要面面俱到。

非对称在校内组织形态上由以往注重正式组织转向花更大的精力注重发展学生非正式的社团,可以是自发的,也可以是自觉的,使学生在社团活动中找到自己的兴趣点,活跃学术氛围,增强学校的学术凝聚力。

简言之,人本学校的结构需要依据学校如何才能更有效地为学生成长发展服务来确定,以培养人才为中心,开展教学、研究、管理和社会服务。这样的结构要求减少管理机构,减少管理人员,以免学校和师生处于被动状态;保障学生学习自主权、教师教学自主权、学校办学自主权,学校处于自主的环境里,具有较强的自主精神。其基本特点是:开放、平等、参与、合作、创新、可持续,保证及时满足校内不同学生成长发展的需要。师生和教育管理者共同组成学习共同体,大家都是为了学习和成长而来,以积极心态关怀生命,创造幸福。

(三)人本学校治理的运行程序

人本学校治理的一切工作的源头是学生成长发展的需求,它是学校教学、管理、评价及其他活动的信息始源。学校要依据学生成长发展的信息安排后续的各项工作,而非主观确定一个目标,也不能把行政指令向学校做简单布置和铺盖。

其基本运行程序如图 5-7 所示。

如图中所示,学校的第一项工作是学校教职员和各个机构了解不同学生成长发展需求,并将相关信息存入学校的信息反馈平台供各个环节使用;教师依据对学生成长发展需求的了解以及从教学资源情况和从信息平台中获取的信息设计教学;学校管理者依据学生成长发展需求、教师教学的需要、学校章程和从信息平台获取的信息进行学校管理;评价者则需依据学生成长发展需求、教师教学情况、学校管理情况、多元评价标准和从信

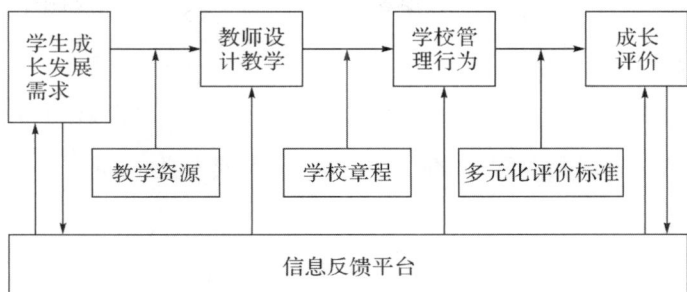

图 5-7 人本学校治理的运行程序

息平台获取的信息进行学生成长评价,评价的信息再存入学校信息反馈平台供此后的各个教学环节参考使用。

通常的学校管理中,上述过程是个不断循环的过程,前一循环的信息是后一循环的依据。保障每个环节的工作是严谨的,才能切实维护学生的合法权益。在教学、管理、评价的各个环节,都要充分听取学生意见和建议,并尽可能做到有记录,程序公开透明,作为评价教师工作的依据,也作为了解学生学业表现的依据。

学校的主干工作都应有严谨的程序,涉及学生成长发展的决定须经多个回合的了解情况、分析利弊,最后师生和学校管理者各个方面达成共识,形成共同愿景,各方当事人须获得相应知情权、决策权和治理权应作为人本学校管理的程序标准。

为了保障这些权利,学生需要有实质性的自治,有完全自主组织起来依据民主程序组建的自治组织,能够通畅表达学生成长发展的诉求,维护学生自主成长的权利和切身利益。教师有自己的权利维护和专业修习组织,保障教师依据自己对学生的了解和专业的体认行使自主教学的权利,保证教学不成为外力作用的工具行为。公立学校校长需要经法定程度遴选;即便任命也须经教师和学生一定的民意表达程序,行政部门不能任命师生都不能认可的人当校长。师生在校长任期内对校长能够依学校章程或相关程序进行监督、弹劾。不能保证师生的上述权利就不会真正办成以人为本的学校。

校内的学生评定、教师晋职、资金分配等均应有事前经过充分合法的民主程序确定的规则和程序，依规则和程序组成专业的委员会和其他形式的组织，由该组织主持进行公平、公开、专业、公正的评估后议定，并设定公示、申诉和复议环节，接受该委员会以外的师生监督。

上述过程本身就是人本教育的践行，经过上述过程的人才能养成既尊重他人权利，又维护自己权利，同时理解自己应尽义务的平等待人的人。

第六章　评价：走向多元与自主

中国考试的历史悠久，当下的教育测评专业水平却落后于世界多数国家，主要原因在于长期在行政权力控制下使用单一的评价方式，缺少竞争和比较，导致出现一个标准则天下无人才的境况。走向多元与自主是人本教育评价的必然方向，因为符合人天性的多元自主评价才会人才辈出，才能满足中国社会发展的需要。如何评价教育和人是与如何假定人性直接相关的，当评价权掌握在行政权力手中，评价的主要功能就是管控或选拔，以人为本的学生成长发展评价的终极依据是人的天性，依据人的天性对人进行评价而不应依据行政当权者的主观臆断评价学生，这样才能适合促进人的成长发展目标，这样的评价本身的职能是服务人的成长发展。人本评价需要明晰评价与被评价者的责权边界，建立多方参与的评价体系，有什么样的人就需什么样的评价，而非以评价来塑造人。

良好的教育评价是现代社会良性发展的必要条件之一。以人为本的教育评价需要尊重人的主体地位，发挥人的首创精神，促进人的自主发展。它本身不是一种权势，而是依据学生的天性对其成长发展状态进行客观真实的测定和记录，并寻找到符合该学生成长发展的优势潜能方向，为各方面对该生的教育提供可靠的依据；同时是促进社会公平正义，增进人民福祉，解放和发展社会生产力，增强社会活力，推动各项社会事业更有效率、更加公平、更可持续发展的基础性制度之一；是推进基本公共服务均等化，加快形成科学有效的社会治理体制，确保社会既充满活力又和谐有序的重要杠杆；是建设法治政府和服务型政府，推动公办事业单位与主管部门理顺关系和去行政化的内容之一；是形成系统完备、科学规范、运行有效的制度体系，使各方面制度更加成熟、更加定型的组成部分，对建立城乡间、区域间要素平等的社会也将发挥重要的作用。评价是为了促进学生成长方向更为明确、更加自信地发展，若不能做到这点就不是好的教育评价。怎样建立以促进学生个性化成长为导向的教育评价制度，不再是个体的事，而是事关大家的制度。

一、一个标准天下无人才

几十年来，人口基数为世界第一，文化历史底蕴深厚的中国教育未能培养出多少杰出人才，成为众多人试图揭开的谜，这个谜的关键是教育评价。在实践中，如何评价一个人决定着如何教学，决定着教学是否真的能为一个人成才服务，也就决定着一个人能否成长。若评价离开这个目标，或在偏离这个目标的实现，那么在教育上的投入越多，则损伤越大。几十年来，中国教育正是由于使用过于单一的标准评价教育对象，导致人才成长发展受到严重障碍。

（一）谁是"一个标准"的需求者

1979 年 6 月，刚刚开放的中国曾派一个访问团去美国考察初等教育，回国后写了一份考察报告。同一年，作为互访美国派了一个考察团来中国，也写了一份考察报告。

中国教育考察团的报告中道：美国学生无论品德优劣、能力高低，无不踌躇满志；小学二年级的学生，大字不识一斗，加减乘除还在掰手指头，就整天奢谈发明创造；重音、体、美，而轻数、理、化；课堂几乎处于失控状态，最甚者如逛街一般，在教室里摇来晃去。结论是：美国的初等教育已经病入膏肓，再有 20 年中国的科技和文化必将赶上和超过这个超级大国。

美国考察团的报告中道：中国的小学生在上课时喜欢把手放在胸前，除非老师发问时举右手，否则不轻易改变；早晨 7 点钟以前，在中国的大街上见到最多的是学生；中国学生有"家庭作业"，是学校作业在家庭的延续；中国把考试分数最高的学生称为学习优秀的学生，一般会得到一张证书，其他人则没有。结论是：中国的学生是世界上最勤劳的，他们的学习成绩和世界上任何一个国家的同年级学生比较都是最好的。可以预测，20 年后中国在科技和文化方面，必将把美国远远地甩在后面。

　　20年之后，"病入膏肓"的美国基础教育共培养了几十位诺贝尔奖获得者和100多位知识型的亿万富豪，而中国还没有哪一所学校培养出一名这样的人才。35年后，即便是在中国受完高中或大学教育后再到美国留学并工作奋斗不息的人，还没有表现得比美国教育培养出的学生优秀。

　　上述两份报告一致的预测结果未能成为现实，显示出双方在如何管理学校、如何评价学生方面的信息不完整，其中最值得所有中国教育工作者思考的是评价问题。

　　考察中国教育几十年的评价实践，单一标准评价教育来源于行政权力对教育的全面管控和包办，包办的范围不只是学校的管理、教学，还包括怎么评价学生、教师和学校。

　　虽然早就"提出健康第一，学习第二的方针"[1]，1954—1955学年也在高中三年级建立学生健康记录卡片制度[2]，但因缺少刚性的考核评价，导致中国学生体质下滑的状况长期延续。2000年后，连续多次的学生体质调查表明，中国学生体质呈现总体下降趋势。在品德方面的思想政治教育几乎每年都发文件，提改进措施，学生毕业后成为社会成员，整个社会品德低下的状况引发舆论广泛关注，走出国门便常因此给国人丢脸。

　　数十年来，中国教育质量的问题一直较多，然而由于多年来中国对教育质量的标准一直没有明晰，较长时期里以政治标准作为教育质量的标准，反复发文件要求加强学生的政治思想教育，即便涉及其他方面，也只是以比较笼统的"红"与"专"和"三好"替代了对学生的科学评价。1979年2月12日，教育部部长蒋南翔回答记者提问时说："当前学校将着重点转移，就是不学习的要转到学习上来；不注意锻炼身体的要注意锻炼身体；要建

---

　　① 　毛泽东：《毛泽东书信选集》，人民出版社，1983年，第401页。
　　② 　中央教育科学研究所：《中华人民共和国教育大事记（1949—1982）》，教育科学出版社，1983年，第118页。

立正常的教学秩序。现在还是要三好。"[1]1985年后,教育评价的标准趋于单一,考试成为事实上的唯一手段;考分成为事实上唯一的依据,升学率成为衡量教育质量的压倒一切的标准,教育评价的实践越来越被高考指挥棒左右,其间虽然也采取过高中会考、督导、评估、检查等一些措施,依然没有哪一项能够比升学更强,由此引发教育质量问题较多。

梳理60多年来政府所发的有关教育质量的文件,一方面,政府不断发文解释教育质量,并要求学校按照文件要求的教育质量去办学校;另一方面,由于教育现实的多样性,政府所发文件对教育现实的解释力十分有限。几乎每次发文都不忘强调"加强党对教育工作的领导",导致专业的教育评价标准难以形成和发挥作用,不断强调的"德智体全面发展"逐渐演变为具有最高解释权的单一标准。

行政管控下的教育评价,由于行政权力的单一性决定了教育评价的单一性。行政当事人为了方便自己的管控,自然会选择单一标准,他们对单一标准有着比任何教育当事人更大的需求。由此衍生到教育实践中就成为学校管理中以官为本,教学中以教为本,评价中以分为本,最终的逻辑是所有教育当事人接受一个共同控制者的管控,这个控制者试图控制所有人,便以一系列的"标准答案"作为对学生成长发展的控制器,迎合出题人意图便能得高分,获得好处,进好学校;否则就会失去机会,造成不少学生在十余年的考试训练中形成趋利性、被动型人格,通过考试的不少学生成为高分低能的精致利己主义者,大大降低了其人本值。

专业评价者也在一定程度上需要相对统一的标准,从比奈西蒙智力量表到现在的各种测量工具都会有相对一致的标准。与行政控制的单一评价不同的是,所有的专业标准不能强加于被评价者,只有当被评价者或需要使用评价结果的某一方认可这个评价方案后才能使用它,不同的专业评

---

① 中央教育科学研究所:《中华人民共和国教育大事记(1949—1982)》,教育科学出版社,1983年,第542页。

价者会设计出各不相同的专业评价标准和方案,总体上构成的是多样性、包容性的评价生态。

同样,个体也在一定程度上需要相对一致的标准,因为每个个体需要将自己与他人进行比较。但个体对这种标准的需求也不是绝对的,甚至可以用不同的标准替代。相对而言,个体更需要多个标准,并从中选择一个比较适合于自己的对自己进行切近的评价,而不愿接受唯一的一个标准对自己强制的评价。

从整个人群的角度看,用一个标准评价所有人的结果是所有的人都不是人才,都难以成才。现实中用单一的标准评价人,培养出的人往往是一种被动人格型的人。这种人往往是老师叫他干什么,他马上就去干了;家长叫他干什么,他也很快去干了。当老师和家长不叫他干什么的时候,他就无所事事,不知道该干什么。这样的人已经很多,已造成国家人力资源巨大的浪费,花费不少却培养了一些虚脱无力、没有精神、没有活力的人。久而久之,这些人进到社会当中就会形成社会的问题。

以当下中国认可程度最高的考试分数而言,考分较低的被淘汰,被这种评价认为不是人才,失去了进一步接受更高一级教育的机会,伤害了他们的自信心和自尊心,从而影响他们成才。那些考了高分的人又如何呢?从内在角度看,他们可能为了考高分而完全抛弃自己的天性,他们获得高分相对于他的成长发展而言是背离自己天性的一次挫折,其中有些人或因此完全失去成才的可能性;从外在方面看,每次的高分都是一个临时性的过程,他需要面对的挑战还很多,即便常考高分,偶尔考不了高分的人,将会受到比那些并不在意高分的人更大的挫折,这往往是导致他走上难以成才的道路的起点。历年高考中各省的考分第一名的人后来的人生轨迹和表现在一定程度上印证了上述分析。

用一个标准评价还导致学生普遍把高考错当成功的终点,似乎高考赢了就赢了终生,在许多学校中一切为了高考,特别在高中,学生作为"人"的存在已经被生冷的分数淹没,进大学之时就是不学习之日,这种考试使学生变成一个个"学累了"的人。教师在"分数至上"的价值取向下也很无辜,他们也很累,很麻木。麻木久了教师的眼中就只有分数,只关注学生考多少分,只关注分数高的学生。老师的精力也的确无法顾及分数低的学生。社会用高考成绩评价学校,校长就只有用成绩评价老师,最终引导着老师成了"教书匠",成了"分数加工厂"里的"工匠"。

正因为此,教育专业人士的基本共识是:用单一的标准衡量多样性的人才,大家都不是人才;以单一标准培养的标准件式的人才又满足不了社会对人才的多样性需求。用一个标准评价所有的人则几乎所有的人都不能成才。由上述分析也可以看出,教育当事者个人、专业评价者都不是单一标准的必然需求者,而相对外行的非专业管理者为了满足管控和方便管控的需要,才是单一评价标准的坚守者。改变这一状况,唯有将管理与专业评价彻底分离,才有可能寻求并建立相对专业、多元、符合人的天性的教育评价。

(二)何为评价之本

对学生的评价不同人会有不同的观点,这才是常态。而当一个人试图要求另一个人接受自己对学生的评价观时,或者要求全国使用同一个标准评价学生时,不能不追问的是这种评价观的依据是什么?

中国学校普遍重视学生的学业成绩,并"认为成绩的提高,是可以通过努力达到,而不只是先天能力的反映。又认为成绩的提高,不只是个人的目标,而且是全班的一个集体目标"[①]。1959 年 5 月 17 日,中共中央在印发关于教育工作的十个文件中道,对于学生,要号召他们不但做到身体好、

---

① 程介明:《中国大陆教育实况》,台湾"商务印书馆",1993 年,第 111 页。

工作好,而且还要学习好。①

1962 年 11 月 20 日,教育部发出通知,试行《教育部直属高等学校学生成绩考核暂行规程(草案)》,废止 1955 年颁发的规程。新《规程》规定对学生学业成绩的考核,主要采取考试、考查的办法。评定考试的成绩,一般采用"优秀""良好""及格""不及格"四级记分;少数有特殊需要的课程,也可采用"百分制"记分。对学生的政治觉悟、思想意识、道德品质的考察,主要采取做鉴定的办法。② 这些评价基本是以知识获取加政治思想为取向的评价。

查阅 1950 年后中国大陆出版的各种教育学教科书,其中所阐述的衡量和评价教育实施效果的根本依据和标准有:党的教育方针、教育目的、教育任务、教育原则、教育规律、教学大纲。很有意思的是这些高大上的概念里几乎都没有提到人。

中国实行改革开放政策后,建构主义以及其他思潮涌入。由于建构主义主张创建一种开放的、积极互动的学习文化,每个学习者不应该等待知识的传递,而应基于自己与世界相互作用的独特经验去建构自己的知识并赋予经验以意义。在评价上倡导目标自由的评价;以真实任务为标准的评价,努力使教育更加关注真实任务的解决;以知识的建构为标准,以鼓励学习者积极参与知识的建构;以经验的建构为标准的评价,更重视对知识建构过程而不是结果的评价,并同时注意有效评价与教学的整合;情境驱动的评价,评价的标准应源于丰富而复杂的情境;依靠学习背景的评价,设计者和评价者必须考虑学习发生的背景;评价标准多元化,形态多样化等。这些具体的评价技术的各环节都在一定程度上考虑到人。

多元智能学说更进一步关注人,在教育评价上强调内容是多元化的,

① 中央教育科学研究所:《中华人民共和国教育大事记(1949—1982)》,教育科学出版社,1983年,第 246~247 页。

② 中央教育科学研究所:《中华人民共和国教育大事记(1949—1982)》,教育科学出版社,1983年,第 320 页。

既关注儿童在各学习领域知识技能的获得,也关注儿童的学习兴趣、情感体验、沟通能力的发展;既了解某个儿童一段时间内身体、社会、语言等方面发展的情况,或他的兴趣、个性特点、学习方式、发展优势等,也了解全体或某一群体的儿童在某一领域或某一个具体活动中的发展情况;不仅关注儿童目前的发展情况,同时也注重分析过去,预期未来,注重发现和发展儿童多方面的潜能,了解儿童发展中的需求。对儿童具体的评价内容可根据评价的目的、教育工作的需要进行选择。不论使用哪种内容的划分方式,评价者在进行幼儿发展评价时都要有正确的评价价值取向,要采用动态评价的方式,教师在与儿童互动的过程中持续地观察和评估他们的发展潜能,调整教学策略,调整环境和材料的适宜性,并给予适宜的支持,引导儿童发展。

上述不同评价的根本差别在于教育评价以什么为本,中国长期采用的是以政府为本,尽管改革开放以后各种思潮涌入,但中国的评价制度没有改变;尽管一些学校开展了生本教育,并尝试进行生本评价,但是这种评价缺乏制度和体制支撑。由于评价体系的缺失,学生和教育改革实践者对生本课堂操作感到迷茫,局部的改革最终依然回到期末考、学年考、高考,校方对教师的考评主要以阶段测、期末考、学年考等成绩为依据,并将教师奖金与学生的成绩挂钩,整体上无法摆脱考试为上的路子。

当教育评价以政府为本,或者以考试分数为本,必然会出现控制性、压制性、外在性的评价,学生学习的兴趣、内驱动力就可能方向不对或难以发挥,生本教学等一些试图进行的教学方法和教学模式上的变革最终必然撞上管理、评价机制的南墙。

由此产生的一个需要回答的理论问题是,究竟什么才是教育评价的根本依据,教育与评价的根是人性假定,怎么评价人和他的学业都必然与人性假定直接相关。现有考试评价制度将人假定为定型的工具而非多样变化的主体,将以人为本作为评价的基础,就需要重新界定人性,把人的天性作为评价体系设置的根本,重新调整政府与民众的关系。现行带有强烈国家主义教育观的高考招生和评价体制的价值基础是儒家的"修齐治平"理论,与以人为本、科学的教育发展观、培养创新与实践能力都存在直接冲突,它的基本假定是培养工具,而非有个性、有思想的人;它奉行的是做人上人的观念,通过考试筛选出做人上人的人选,与人人平等的观念直接冲突。而人人平等是以人为本的教育评价制度所应奉行的价值基础。

以人为本的学生成长发展评价的终极依据是人的天性,依据人的天性对人进行评价而不应依据行政当权者的主观臆断评价学生,这样才能适合促进人的成长发展目标,才能将考试招生改革与学生发展合而为一,也才能有利于建成富强、民主、文明、和谐的现代化国家。

以人为本的学生评价需要改变现有人性假定,从现有高考招生体制的基本假定是培养工具,而非有个性、有思想的人转向培养未来世界未知环境中的未成人。

转变了人性假定,教育需要顺应人的天性,并将人的天性作为教育评价的终极依据,这就必须了解人性,了解不同人之间的差异,了解人类的发展经历和未来方向与趋势,了解个体的终身发展过程,这样才能丰富评价思想,改变长期以来教育评价领域的考试崇拜状态,让思想润滑评价改进的每个艰难环节,然后才能设计多样的评价标准,多样的评价方法,从技术层面解决人本评价问题。

(三)符合人天性的多元自主评价才会人才辈出

每一个人都是与众不同的,与别人不一样的。只有把每个人的最大优势发挥出来,才能够最大限度发挥对社会的作用;社会的发展也需要多样性的人才,这两个方面就跟锅和锅盖一样,虽然各不相同,但终能互相吻合。人本教育就是让每个人走上自己的教育之路,而不是所有的人自觉地、被动地接受一个统一模式的教育。

所谓建立多元自主的评价，多元就是多个标准，人的天性有多少种就建多少种标准，具体的要建多少标准当然是有限的，美国用"性向测试"解决这个问题。性向测试就是测试你未来可能在哪个方向发展具有优势，你的天性会向哪个方向发展。自主就是在多样的标准当中，每一个人依据自己的优势潜能和天性去选择一个适合自己的标准。

从单一的评价转向多元自主的评价是人才充分发展的要求。因为人经过千百万年进化过程本身是各自不同的，对人的评价也应该是各自不同的；在有了多元的标准基础上每个人要依据自己的潜能和志向去选择符合他的标准加以评价。这个评价，不只是外部对某个人的评价，也应该是自己对自己的评价，自己选择外在的标准去评价。

用一个标准评价所有人则天下无人才，并不是简单回到多个标准就会有很多人才。首先需要追问的还是多个标准是如何来的，如果多个标准还是来自行政人员或非专业的安排，类似于曾经实行的政府包办的行政指派工作，乱点鸳鸯谱地要张三去从事工业，李四去从事经贸，依然是违背人才成长发展规律的。

科学的人才评价标准本身并不来自主观臆断，而是来自对人的天性的深刻了解和大面积调查统计，然后再根据统计结果做符合学理和人性的分类。比如，多元智能可以作为一种评价的理论依据，相关的理论依据还会很多。当然，这种调查范围除了个体先天的生理和遗传基因，还需要考虑在多样化的社会中，不同学生个体在不同区域、不同家庭环境、不同文化传统中所形成的独特性，既包括客观的个人需求，也包括带有主观性的价值观、志向、使命感等。教育工作者在教育实践中需要尊重学生的差异性，不能用整齐划一的标准衡量学生的成功或失败，而是要帮助学生去发现自己的天性，让学生主动地以真正对自己负责的态度来发展自己，包括学生自己在内的相关当事人要用一种开放和欣赏的眼光来看待每一个学生，焕发每一个普通学生身上具有的积极力量。

在对人性深刻认识基础上确定的多元评价标准才是保障评价建立在符合人的天性上的前提。保障在评价实践中的评价符合某个个体的天性，就必须保障在评价过程中给予被评价者自主选择的机会。也就是被评价者依据自己对自己优势潜能的认识、体验和判断，依据自己确定的志向选择适合自己的评价标准接受评价。由于是否符合某个具体个体的天性最终须由每个人自己做判定，所以保障自主选择是极为重要的环节。当然在自主选择过程中，教师、父母、朋友和专业人士都可提供参考意见，但最终的决定权在每个人自己手里。

在选择的实践中，当难以准确确定自己的优势潜能和志向时，可以选择若干个评价标准对自己进行评价，在不断试误中逐渐了解自己。每个人在人生的多次选择过程中，需要不断反思自己，不断用实践证实自己，把评价的主动权掌握在自己的手中，把每次外在的评价作为一次证实的机会。

有了符合人的天性的多元的评价标准，并不是任何人都可以去做评价工作，而是需要通过专业评价工作团队依据专业的规则和程序去做评价工作。中国考试的历史很长，对人进行科学评价的历史却不长，专业性不强，过于依赖同一标准的考试，强调选拔功能，忽视诊断、改进、激励功能；简单将各门课不等值的分数相加得到一个总分，从而忽视了专业性的个性差异的区分，抑制了个性潜能的发展；过于把一次考试结果作为超越其权重的依据，形成一考定终身，忽视人在某一段时间内的初始状态、发展过程和未来走向。这种简单、非专业的评价事实上是人才成长发展的主要障碍。

多元自主评价的多元除了指多样化的标准，还包括多元的评价主体。现有评价过于单一的根源是主体只有一个，这样就不可能有一个系统的多样性的评价体系，导致教育很难改进，要通过主体多样逐渐建立一个多样性的评价体系。没有主体的多样，评价的多样实际上是一个空中楼阁，最终不可能实现。参与评价活动的主体除了教师还可以包括专业的评价机构、教育决策机构、学校管理人员、学生家长、学生群体和个体以及学校以外的其他有关人员,充分发挥不同评价主体的作用,将会使评价结果更为客观、全面,激发学生的学习积极性。多元主体的评价方式主要包括自我评价和他人评价。自我评价是学习者按照一定的评价目的与标准,对自己的学习状况进行价值判断,以便自我反省,充分调动学生学习积极性。他评是指学习者以外的人所进行的评价,他评又包括校内的专业评价、同行专业评价、独立第三方专业评价,他人评价可以更加客观,可信度较高,更具有权威性。只有社会中有较多的第三方专业评价机构,才能在选择竞争中提高评价质量。

主体多元的发展性评价以多维视角关注学生的行为表现,更有利于人才成长,在实施过程中多主体评价设计是极为专业的,需要真诚地做,避免形式化和信息失真。不同主体使用的标准不一,需要明确、具体、易于操作的评价标准和评价方法;评价标准和评价方法等评价量规应符合学情,力求简化、实用,以便为自评、互评、老师评、家长评提供可操作的依据,便于评价主体对照标准和方法开展评价活动,更有益于学生对照评价标准有目的地开展学习活动,避免评价活动被架空。不同评价主体的方法和内容应有所不同,不能不分青红皂白地让学生、伙伴、老师、家长等统统"上阵",把应该让学生评价的内容设计成教师评价,把不适合于家长评的或家长不甚了解的评价项目让家长表态,这样也是评价主体多元、评价结果全面,但由于违背了专业性,评价操作牵强、脱离实际,使评价结果失去效度、信度,使评价的调控、激励、反思、反馈、诊断等效能不能有效地发挥出来。

多主体评价中各主体评价的功能各不相同,并非所有内容都需要实行多主体评价,可根据实际情况进行选择使用,相互交错。比如在学生之间的小组互评活动中,应尊重学生的个性化体验和感受,给每个学生以民主参与、交往合作的弹性空间。虽然这种评价的客观性不高,却能使学生在真心参与中获取真实的评价体验,这种评价有助于自主成长。

独立第三方专业评价也需要在有较高专业性的基础上简化测试过程,

细化分析解释。相对于旧有的考试，独立第三方评价所带来的改变有：一是要强调注重全面客观地收集信息，根据数据和事实进行分析判断，将评价建立在大量数据支撑和科学分析的基础上，改变过去主要依靠经验进行评价的做法。二是强调注重考查学生进步的程度和学校努力的程度，注重增值评价，改变过去单纯强调结果而忽视起点、不关注发展变化过程的做法。三是强调注重促进学校建立质量内控机制，从起点环节开始全程控制质量，改变过于依赖外部评价而忽视自我诊断。

要打破对分数的迷信才能更接近人的天性。分数是一个参考，但不是唯一的依据。一个基本原理是：只有评价权力进一步分散，才有可能打破分数的垄断，对分数的迷信。统一地考试，统一地算分数，由各省举办的考试改为全国统考实际上是评价权力的进一步集中。相对于没有客观依据的推荐，看分数是进步；相对于全面的专业评价，仅看分数是肤浅、粗放、落后的。由官方的考试变为独立的第三方的专业测试，实际上是要调整政府与民众之间的利益关系，要更加尊重学生，更加尊重学校，实际上在一定程度上就是政府要放权。这个独立的第三方的权力是有限的，而不是无限的；是能够被有效监督的，也就是难以造假的。政府要从评价的主角当中退出来，让学生、学校与专业评价组织成为真正的主角。

让每个人自己的优势潜能充分发挥、充分发展，这样才能够建立人力资源大国、人力资源强国。这样的体系靠一个机构行不行呢？靠政府垄断行不行呢？政府包办行不行呢？肯定不行。靠计划模式行不行呢？肯定不行。教育评价最终要靠专业团队体系，要靠多方协商，要多方面协调，多元是一个社会教育评价最基本的准则。

二、评价服务人的成长

教育评价制度好不好？最终的依据是能不能真正培养出学生，培养出人才,这是评价考试招生和日常教学评价制度优劣最关键的衡量标准。对学生的评价不是为了把学生拿到天平上称一称,告诉他有多少斤。评价的目的是为了让学生更好地成长,能够独立思想,独立创造,成长为新人才。

(一)从管控选拔到服务

长期以来,人们常用"指挥棒"来形容当下的高考招生,正是由于这样的指挥棒使得教育评价具有高高在上的位置,具有对考生乃至整个教育教学系统的控制力,这就把主次位置搞错了。当下高考招生制度存在各种问题的根子在于非专业的政府行政部门以计划的方式过度集中了招生和考试权力,改进的关键目标是将高考招生的主体由政府归还给学生、学校和专业组织,政府由运动员转变为裁判员,担当好监督公平公正的职责。考试招生要与课程管理、教学这些方面配合,作为人的成长发展的可信的参考和依据,然后共同服务人才成长,服务于国家发展的战略。这一变革可简单概括为将考试招生从"指挥棒"变为服务人才成长发展的"服务器",从现行以行政为主导的计划招生转变为以专业为基础的自主招生,扩大学校和学生的选择权。

将考试招生的功能定位为服务器,就是要为培养独立思考、独立创造,具有创新精神和实践能力的创新人才服务,能与课程、管理、教学这些方面配合发挥服务人才成长的作用,能为不同人才成长发展服务,能够服务于国家的发展战略,服从于人类发展的趋势。

考试招生制度的理想境界就是让考生与高校之间多接触、多了解、"谈恋爱",让高校与考生之间充分相互了解、自主判断、双向自主选择、自愿结合,更好地激发内在潜能,获得更好的发展。同时消除招生过程中的强势"媒婆",形成平等、尊重、和谐、发展的生校关系,从而增强学生自信心;让评价者收集被评价者多方面的信息数据,从而全方位、客观、真实地给出评价,引导被评价者成才。整体上形成符合人才成长的正向逐级提升的良性循环。

怎么评价人和他的学业都必然与人性假定直接相关。现行制度设计中的政府包揽教育评价事实上是国家主义教育观在教育评价上的体现,数千年形成的文化和价值基础是在短时间内难以改变的,它将成为在改革过程中持续发挥作用的障碍。

国家主义评价观体现在政府规定全国统一的考试大纲,并以政府文件下发。考试标准高度统一,基本剥夺了师生和学校在高考招生中的建议权和选择权,以及专业发挥的空间,学校和学生权力不能充分保障,也就难以真正自主发展,造成高考以下的所有学段仅仅追求考试分数,罔顾人的个性、特点和有效发展,违背以人为本的基本原则。政府机构统一招生,而非学校或专业的第三方机构进行考试、学校依据自身的专业发展状况自主录取,录取工作由政府(招生办)统一进行,基本剥夺了学生和高校的自主选择权,造成招生过程中责、权、利分离,相互损耗。政府在其中的主要功能是管控而非评价,政府也无法具有评价的专业能力,由此形成的各方面关系是教学和学校的各方面工作为考试服务,而非考试评价为人的成长发展服务;考试及参与教学和考试的各方都受到一种似乎万能的权力支配,评价者与评价对象的关系完全颠倒,从而阻止了学生学习与各自天性和需求一致的内容,阻断了一代代学生成为与其天赋相称的人才。

以单一的标准(考试分数)评价学生,拒绝多元自主的评价,其结果是学生臣服在考试面前、有求于录取机关,是被挑选者,而非自主展示、自主选择的主体,催生了强烈的应试行为,消耗着一代代人宝贵的青春时光。而对于从幼儿园到高中的学校,高考招生成为"指挥棒",政府完全控制的课程和高考招生既不专业,又难以满足学生和高校自主发展的要求。学生和整个教学围着高考指挥棒转,课程也如此,考的就教就学,不考的就不教不学;高考和课程都不是围着人的成长发展的真实需要转,在一定程度上成为遏制人才正常成长发展的巨型桎梏。由此产生的后果是,这种高考招生制度越来越成为理智的民众避而远之的对象，一方面民众开始用脚投票，选择远走他国，而 SAT［Scholastic Assessment Test，由美国大学委员会（College Board）主办的学术能力评估测试］以其灵活的高考方式"不但每年都举办多场考试，而且每场考试都向全世界学子开放，这无疑给外国学生考入美国名校提供了巨大的便利"[①]，从而出现了 SAT 与中国高考争夺优秀生源的格局。另一方面考生选择弃考，在高考中不报名、报了名不考试、接到录取通知不上学的人数连年增加。这种于国于民都不利的考试招生制度到了非改不可的地步。

中国及东亚国家的大学入学考试和这一地区长期实行的科举有撇不清的关联，政府将它当作工具使用，民众有广泛深沉的情节，从而形成控制与被控制的持久耦合。由于古代社会对创造力没有那么大的需求，进入科举筛选范围的是较少的社会成员，作为一种选官制度尚有其价值，以较小的成本完成了社会管理者的选拔，且完成了一个以智力取代门阀的准绳确立，发展到后期也成为绞杀人才的机器。但是，随着考试功能的分化，现今已设立了专门的国家公务员考试，还使用这种单一的明显带有控制性的方式对所有学生进行评价，则阻碍了专业评价发展的进程，也严重阻碍了所有人的正常成长发展。

当且仅当评价是对被评价者是客观的描述的时候，才能不失真地引发学习者沿着自己的优势潜能和志向的方向自主成长，才可以避免强制性的畸形发展，这种评价环境下成长的个体才具有较强的可塑性，才为进行下一步的教育和人的成长提供了多样性可能，这样的人好像从熔炉里取出的液态玻璃，可以旋转拉伸，适应在各种环境中自主生成。

在一种强制管控的考试评价环境里就会使尚未成熟的个体天性扭曲，过早被注塑定型，从而毁损此后的发展潜能，就好比上了釉彩的出窑瓷器，

---

① 李国，刘婧姝：《官僚化侵蚀大学教育"洋高考"来袭优秀生流失》，《工人日报》，2014 年 3 月 7 日。

当时好看，却难以依据实际需要变形或改变用途，也不适宜做什么改动，且容易破裂、刮伤。

中国看重基础知识、基本能力（"双基"）的主要评价方式是考试，考试考的是知识，当知识以考试的形式呈现，就体现在一个标准答案里，而标准答案并非完整的知识，仅是一种控制的中介。此外，知识不等于能力，而现在的教育以标准答案为主，忽视和摧毁了知识的整体生态，导致很多孩子考试分数高，但是知识并不完整，能力也没有很好地得到表现。这样的学生参加 PISA（Programme for International Student Assessment，国际学生评估项目）测试成绩也不错，但是 PISA 测试还是对知识点的考察，其前提并没有考虑到参考学生花费多少时间、以什么样的方式获得这一成绩。在中美不同的教学情境下，假如中美两个学生都计算出 3＋2＝5，PISA 的得分相同，但由于教学和思考过程不同，并不能得出两名考生素养相同的结论。

作为对比，美国的教育把孩子层次分得很清楚，以初高中阶段的数学为例，对普通孩子和有特殊能力的孩子要求不一样。对一般学生的数学要求不高，这恰好给学生提供了自主选择的空间。中国对每个孩子的要求都很高，就如晾鸭子一样，把所有的孩子都挂起来了，缺少了自主性。美国的做法给孩子腾出了发展空间，让他们进行自主选择，所以美国对数学有天赋的孩子，学习的程度比中国的大学生学得都要深。不仅数学，其他的科目也是如此，中国学生则更多的要忙于各种考试和升学。因此在教育质量的评价上，应该服务于学生成长发展，不应该孤零零地看待数据，应深入了解教育特质。

立足于服务的教育评价就类似于探矿，所做的工作不是筛选而是发现，在现有的对象中发现每个人的优势潜能，诊断其发展状况和问题，了解学生当下的兴趣、志向、想象力和实际操作能力。教育评价可以使用考试作为工具之一，但不仅仅是考试，评价不能以考试作为唯一依据，就如同美国高校录取学生,SAT 的考分只是录取参考的诸因素中的一项,过于重视 SAT 是不明智的,从而避免了学生在考试上过分浪费精力。

正是由于控制性教育评价的存在,中、日、韩、美四国学生中中国学生每日学习的时间最长,学习的方式最为刻板单一,过多的标准答案、过度的复习强化吞噬了学生的学习动力与兴趣,扼杀了学生的想象力、创造力。花费人一生中精力最充沛的几年时间反复学习有限的知识在整个人生成长历程中也是极为低效的学习方法。

然而,管控的教育评价产生的社会基础是选官,其延续的基础是官方的需要。一直有一种观点认为,科举制度是中国历代"天下英雄尽入吾彀中矣"的主要手段。在中国历史上,科举考试事实上是选官考试,19 世纪末 20 世纪初,由于 1905 年科举制度废除,读书人从此被体制内部抛离出来,成为帕森斯所说的"自由流动资源",一部分被新的社会体制吸纳成为军人、商人、律师、医生、工程师、教师和出版商,另外一部分始终漂浮在外,无法在体制里面找到自己的位置就成为所谓的"游士",在体制边缘和外部游荡的、漂泊不定的读书人最有可能成为体制的反对者和掘墓人,甚至有人把清朝的灭亡归因于科举制度的废除。

毫无疑义的是,清朝的灭亡是中华民族历经磨难后的一次进步,即便是由于"游士"参与革命或过剩劳动力的"游民"与之为伍呼应,还是推动了社会的进步。如果说管控有利于社会稳定,那么知识人成为自由流动的资源则更有利于增强社会进步的动力。与科举废除同年成立的同盟会就是一个革命"游士"的大同盟,便是推动此后中国社会进步的一股强大动力。对于政府、社会、被评价者各方面共赢的选择是保持有序自由流动,而非用集中单一的方式对所有人实行管控。

管控者往往不会直接拿管控当作维持这种落后的评价体系的理由,而是用最容易为非专业的民众难以理解其中奥妙而又渴求的公平作为理由。公平在中国受儒家传统"不患寡而患不均"思想的影响而常被简单化、形式化。如果为了公平就用一刀切的教育评价压制不同类型的人才发展途径,那就违背了人性,只能获得形式上的大家一起死的公平,不能达到每个人依据自己的天性充分自主地活下去的公平。建立在压制人的天性发展路径和积极性的基础上的公平实际上让所有人付出的机会成本高得不可想象,大大压低了整个社会的人本值。这种人才浪费的机会成本高得很难估量,导致人口大国的人力资源远比以色列等人口小国弱小。

管控式的教育评价使学生长期处在考试的竞争压力下,自然不可能有长远的自我成长计划,而只能把心思集中在将会决定一生道路的一次次考试上,每个学生所能得到的公平是眼前利益,从幼儿园开始到大学的学习卡位战和争夺战,其实质是对有限的高品质教育资源的争夺,对短期利益争夺会导致对人生长远发展目标的放弃,这就是那些考高分的人常常职业生涯中难有成就的重要原因之一。

管控式教育评价的一个辅助手段是利用人们对教育资源的匮乏导致的稀缺心态,通过评价作为人们获得更多更优质教育资源的门槛。于是家长在稀缺心态的驱动下,让孩子从小沉浸在补习班和题海里,希望能先去抢到眼前看起来很稀缺的学校资源,有源源不断的人在参与争夺稀缺资源中被俘获,人们的注意力被稀缺的优质教育俘获,放弃对孩子成长更有价值的社会问题和自然奥秘的关注,管控式的评价就是它的守门员,不经过它就不得入内,这样不仅会影响人们的教育见识,而且也会影响人生路径,当人们为了解决眼下的难题而极度专注时,就无法有效地规划未来。就如同有人问莫言为何能得到诺贝尔奖文学奖,他回答"因为上学少"那样。

在参与对优质教育资源的争夺中,不少人忘记了与配备良好的教室、高级教师之类相比,孩子要成才更重要的教育资源其实是各自家庭的文化背景、价值观的言传身教、志向和视野的潜移默化,更重要的是自己的潜能。从长远来看,浪费了孩子有无限可能性的少年时光和天生的好奇心这一最大的资源,那就是得不偿失,与其在管控式的教育评价中放弃这些更为宝贵的资源,还不如放弃管控式的教育评价,通过服务式的教育评价找到真实的自己,走上更加充满憧憬的发展之路。

管控总是有边界和时限的,在现代社会,对社会所有成员都需要参与的教育评价的管控本身就是一把双刃剑,它一面伤害的是被管控者,另一面伤害的是管控者。时下迅速增多的低龄留学就是其中的一个表征,当管控者意识到自己确实无力管控,或管控的成本大大高过管控者可支付能力,管控对于管控者也是弊大于利的时候,实质性的改变才会发生。

当然,仅仅由政府来进行这样的改革就必然进入自己给自己做手术的困境。变革的先决条件有:一是进一步解放思想,转变人性假定的工具定位;二是加快政府管理体制变革,简政放权,让专业组织生长发育,并逐渐让专业权力回归专业组织;三是加强法治,由全国人大尽快颁布考试招生法,规范各方在考试招生过程中的责权边界。变革的现实路径必须先从政府管理体制改革着手改变这一制度的管理系统,然后逐渐完善专业程序,提高专业水平;如不改变整个系统,改革就只会成为一场无效的折腾。

2013 年 11 月 15 日通过的《中共中央关于全面深化改革若干重大问题的决定》明确提出考试招生制度改革的大方向:"探索招生和考试相对分离、学生考试多次选择、学校依法自主招生、专业机构组织实施、政府宏观管理、社会参与监督的运行机制,从根本上解决一考定终身的弊端。"[1] 2014 年 9 月 4 日,国务院印发的《关于深化考试招生制度改革的实施意见》中删去了《国家中长期教育改革和发展规划纲要(2010—2010 年)》和《中共中央关于全面深化改革若干重大问题的决定》中确定的"探索招生和考试相对分离",被认为是改革的"半步"或一小步。

专业的服务性评价生成是需要较长时间的,不可能一蹴而就。对于社会发展而言,最坏的局面是当管控性的评价无法进行下去的时候,专业性

---

① 《中共中央关于全面深化改革若干重大问题的决定》,新华社,2013 年 11 月 15 日。

的独立第三方评价尚未生成。所以在转换时期,一方面要有大量的专业人士探索并实践独立第三方专业性服务评价体系的建立;另一方面管控者要明智地让度出空间,使专业的服务性评价有足够的时间空间发育成长。

服务于学习活动的评价本身首要的当然是客观准确、信度高。同时,评价方式和过程对于被评价者学生而言需要既能有效地引导学生开展探究活动,也能真实地记录学生在参与学习过程中真切的富有个性的体验和收获。应本着"科学、趣味、简明、易操作"的原则,设计既人性化,又便于教师、学生进行分项、分期、个性化操作的学习记录。网络已经使这种方式成为可能,将记录过程作为学习活动的自然组成部分,让它成为撬动学习行为的杠杆。设计测评记录应注重实效,具体要求有以下三点:一是运用时机应体现即时性,即学习记录应该有机紧密地贯穿于学习全过程中的每个环节;二是记录形式应体现弹性,记录学生在表述自己的经历、体验、发现、收获时可用等效的多种方式;三是注意记录学生学习行为的各种峰值和拐点,最有效、最实际地反映学生成长发展的变化。

简言之,要以学生为本,建立自主、专业、透明、公正的教育评价制度。自主指学生和学校对评价有更大自主选择空间;专业即由专业团队实施,人员、程序专业化、精细化;透明即程序公开、可监督;公正即所有人和学校一碗水端平。这样才能促进教育评价方式转变,形成良性教育生态。

(二)评价与被评价者的权力边界与平衡

评价是撬动学习行为的杠杆,也是撬动评价相关各方责任和权利的杠杆,如何保持平衡是人本教育所必须考虑的问题。人本教育与非人本教育在评价上的差异就是这一杠杆的支点不同,人本教育更尊重学生成长发展的权利。

依据对考试招生领域历史纵向演进的追踪,对各方面现实问题的综合分析,以及与世界其他国家的横向比较①得出的结论是:中国现有考试评价体制的根本性问题在于非专业权力僭越了专业职能,考试和招生完全由政府主导和实施,评价体系多从行政考评出发,以非专业的方式统揽包办,导致评价过程既不专业,也难实现实质公平;对评价对象学生的基本特征认识不够深刻全面,既不能满足学生和学校的多样性需求,又不公开透明,存在较大的灰色权力运作空间;在"分数面前人人平等"基础上招生虽然能在一定程度上显示出形式公平,却由于不够专业全面难以实现真正的实质公平;最终损伤人才成长发展和综合国力的提升。

1950 年后的统一高考招生在很长时间内实质上是选拔培养干部的考试,随着高等教育进入大众化阶段,同时国家单独设置了公务员考试,依然为政府操控的高考、中考却未实现向一般人才评价的功能转向;随着高考参与面的扩大,高校毕业生就业问题的突出,高校培养学生与社会人力资源需求严重脱节,现有高考招生制度的功能与职能错位及其相关的问题就更加突出。因此,及时实现高考招生主体的变换,回归教育行业内的专业测试和学生专业分流和选拔制度就越来越迫切。

现行评价体系中评价者与被评价者之间存在明显的不平等和被动(非主动)关系,甚至评价者本人也沦为各种行政命令的简单"执行者",对教育学生和学生发展状况进行简单的标准化量化考核。

教育评价制度是整个社会管理体系的一个组成部分,以政府为主体就必然要遵循政府管理的行政逻辑,从而缺乏专业性,导致一方面难以落实以人为本、尊重人民主体地位、发挥人的首创精神这些重要的原则;另一方面又难以有效促进社会公平正义、符合人才成长发展规律,增进人民福祉;同时与进一步简政放权、切实转变政府职能、建设法治政府和服务型政府、推动公办事业单位与主管部门理顺关系和去行政化的基本精神相违背。

---

① 如哈佛大学招生是以学生为中心的,从程序、规则、标准等各方面都展现出积极为学生服务的特点。

完全由政府主导和实施的现行教育评价体制中政府多重角色集于一身，牢牢把控了高考招生的内容、标准、选择权力，既当运动员，又当裁判员；全程由行政为主，专业力量仅局限在有限范围内辅助，专业性不强，只能依据单一的分数对个性和能力差异巨大的学生进行非专业的判定，导致不同地区间公平矛盾日益突出；计划体制较少顾及学校和学生的需求，也不考虑区域人口和入学比率的变化，是一种过于简单的非专业教育评价。比如将各科之间没有等值性的分数简单相加，并以这个总分作为录取依据，将不同区域、不同学校的学生分数进行简单比较，完全不考虑考生在何种条件下取得这一考分。它的录取是一种过于集中的强制性录取，学生意愿和高校录取一向都被严格局限在105％人数的分数段范围内，难以较好满足考生与学校的需求，贻误了学生的终身成长发展；它比较方便政府依据统一标准快速选拔适合某一条件的人，却很难满足社会对人才的多样性需求，依据个人的天性和潜能真正培养多样性杰出人才。

教育评价变革涉及调节国家发展需要和学生发展需要的关系，深层的实质是评价者与被评价者的责权关系调整，其基本假定是评价者与被评价者的人格是平等的，不同之处是在评价活动中的角色不同，双方的责权需要相互平衡。即评价者对被评价者所行使的权力与其所负的责任平衡、一致；被评价者所需要负的责任也需要与他所拥有的权力和享受的权利一致。因为唯有学生的权力和权利得到保障，对他的评价才会更真实，才会有更大的避免高估或低估的动力，才会有利于充分发展，社会的人才才能充足，国家才能强盛，创新型国家和人力资源强国才能建成。

评价过程中要形成多方平等关系：不同学生之间的平等，不同学校之间的平等，学生跟学校之间的平等，整体上形成平等、尊重、和谐发展的多方关系，要在评价中体现出学生和学校是这样的关系，评价者与被评价者的这种关系。这样才能优化评价，力求客观地反映学生的情感、态度、价值观方面的变化，减少被淘汰感，减少对学生自信心的伤害。

从社会观点来说,要由过去做人上人的观念转变为争取人人平等。从每个人的角度来说,应该从小处着手,让改革逐渐积累;大处着眼,看远一点,不被眼前的利益绊住脚步,要争取自己应该有的权利,学生、家长、教师要参与打破不应存在的垄断,争取全社会更好的发展机会。

人本评价方式是多元、多方自主的评价,比如对教师的评价,管控式的评价只有行政管理者对教师评价,人本评价则包括学生对教师教学的评价、同行对教师的评价、教师教学业绩的实证依据等,最终的评价应该是各方面依据一定权重所得的和。在一套评价方案形成之前需要征询师生及相关当事人的意见,最终需要依据专业的实证基础来界定各方的责权边界。

对学生的评价更需要重视实证依据,对于中小学而言,需要建立自身的评价体系,具体包括两大方面:一个是要建立健全小学教育质量综合评价体系,包括建立综合评价指标体系、健全评价标准、改进评价方式方法、科学运用评价结果;另外一个就是完善推进评价改进的保障机制。最关键的是要有评价的专业规范和章程,同时要建立协同推进课程教学、中小学以外招生考试等相关改革,加强专业基础能力建设,保障评价经费的投入。

评价者与被评价者的平衡还体现在多少时间测评一次,对测试结果的解释和使用。减少测试次数有利于维护被试者的权利,增加测试次数必然有损被试的权利;对测试结果的解释越准确越有利于学生发展,越偏离越不利于学生发展,也就损害了学生权利;对测试结果的使用与其功能相当则有利于维护大多数被试的权利,过高或过低都不利于维护学生的权利。

划分评价各方权力边界的基本原则是:一要责权利统一,边界分明;二是各方主体依其特性赋权,行政机构负责行政权力行使,专业机构负责专业权力行使;三是相互制衡,各个主体之间相互监督,整体的过程公开透明。

明确评价各方的关系和责权边界的关键是要健全法制,没有健全的法制就不可能真正改革现有招生体制，不可能建立完善的专业评价制度，政府要放权，从教育评价领域退出来，让学生、高校与专业的评价人员和评价组织成为教育评价真正的主角。因此需要尽快颁布《考试法》，明晰地规范与考试招生相关的各方主体的社会责任和权力边界，否则社会化的考试就缺少保障和依据，独立的第三方专业评价也很难开展。

然而，由于与当下教育评价体制共生的是各类公私教育机构和相关政府工作人员，不少人通过对学历的看重占据了社会中高阶层地位，他们又多半都是最适应这个体制者，而这个阶层又通过在应试教育上的更多支出保证自己的下一代在这个考试体系中也能脱颖而出，从而把自己在社会地位上的优势又传给下一代。这就使得急需改革的教育评价体制在各个社会群体的共谋下愈发僵硬了。教育评价领域的法治进程也就步履维艰。

三、人本评价体系及其设置基本原理

判定教育评价优劣的最终依据是什么？是学生能否成才。人本教育质量评价需要依据成长做评价，依据评价去学习和教学，更好地激发学生的内在潜能，以获得更好的发展。功能上要淡化选拔，倡导发展性评价；方法上倡导质性，定性与定量相结合；主体上倡导自评与他评相结合，实现评价主体的多元化；指标上倡导综合素质评价、成长问题诊断、优势潜能发现，关注个体的差异，实现评价指标全面覆盖和多元化。评价制度改革假如没有思想或思想上有问题，所设计的方案和措施必然不会健全，纯粹从技术层面分析问题和解决问题是不全面的，也是远远不够的，要让思想润滑教育评价的每个艰难环节。

（一）多方参与的评价体系

教育评价是镶嵌在社会中的机制，在中国，与之相关的体系包括考试、招生、考试与招生管理组成的一个整体。

如果不改变行政主导，无论怎么改评价都不可能真正专业。如果还局限在行政主导下的评价技术与方式改变，还属于非专业的行政功能重组，这样的评价最终不能满足学生和学校的多样化需求，不能培养出创新人才，无法满足中国社会发展和建立人力资源强国对教育的需求。

如果现在既改考试，也改招生，但不改变政府在考试招生中的主体地位，在行政主导下的统一考试和以计划为依据的集中录取不可能在这一框架里得到改变，只会是从一种低水平的混乱变成另一种低水平的混乱，不会发生质性的变化。这一做法与习近平同志 2014 年 2 月 7 日在省部级主要领导干部学习贯彻十八届三中全会精神、全面深化改革专题研讨班开班式上所强调的"推进国家治理体系和治理能力现代化"[①]很难一致。因为不改变行政主体的高考招生说到底还是行政治理思路而非法治思维；是部门管理，而非多元共治；是单向的、强制的、刚性的，其有效性难以保证，而非多方参与的、合作的、包容的，考试招生中的角色混乱、定位不明问题不能得到解决，教育评价的诸多矛盾依然存在甚至会加剧。

所以，政府从自己不专业的考试和招生以及教育评价领域退出，使原本就应是考试招生主体的学生和学校归位。同时也是政府简政放权，回归小政府、服务型政府、监督型政府，这才真正符合国家治理体系现代化方向。放出空间让专业组织自主生成，同时加快法治，加快现代学校制度和学校内部专业评价团队的建设，就会形成一个相对完整的稳定体系。客观地说，从政府退出到专业的评价制度建立还需要有一个过程；如果政府不退出，专业的评价体制就不可能启动成长，就缺少自主成长和发展的空间，真实的变革就永远不会到来。因此这样的目标是现实中难以实现的。

从单一走向多样，从一统走向多元，从原理上不存在一个机构设计出

---

① 习近平：《坚定制度自信不是要固步自封》，引自新华网，http://news. xinhuanet. com/politics/2014-02/17/c_119373758. htm. 2014-02-17.

全国各地不同学校都适用的方案,而是要让出各自自主开展改革试验的空间,多方依据协商达成的一定程序和秩序共同建立多方评价的体系,政府发挥监督作用保障公平公正(见图 6-1)。

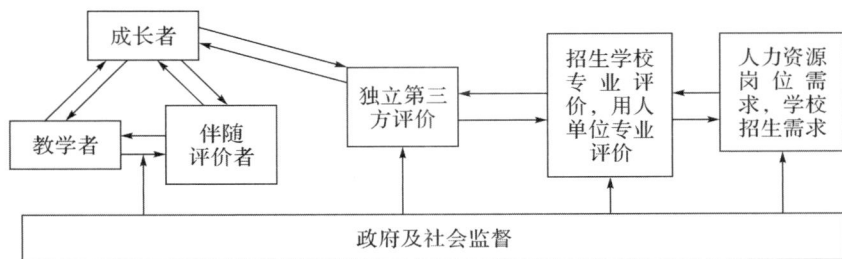

图 6-1 多方参与的教育评价体系简图

多方参与评价的基本原则是学生成长发展的参与者即是评价者,同时将参与者的评价进行专业化、系统化、程序化的加工处理,使之在等值性、权重分配等方面更接近科学合理。

因为在行政主导下就无从建立成熟的专业机制,历史说明,非专业的政府组织僭越了专业的权力,就无法进行真正的改革,建立多方参与的评价体系要循其纹理依次推进,需要从管理入手,建立招生和考试相对分离、学校依法自主招生、专业机构组织实施、政府宏观管理、社会参与监督的运行机制。它是与政府管理体制变革相关的一项重大举措,是国家治理体系变革的一部分,是将考试招生和学生评价的主体由政府还给学生、大中学校和专业的评价组织,将评价的自主权赋予独立第三方专业组织。对现有高考制度的问题进行分析可以得出的结论是,高考招生制度急需改革的主要领域是:行政包揽、计划体制、集中录取。如果不对这三个方面进行改革,其他方面的所谓改革都是不会有多大效果的躁动。

在启动管理改革之后,就应当以招生改革为核心,要让高校成为招生主体负起责任。作为决定考生命运的最终"去向"和"出口",招生模式比考试模式更为关键和重要,甚至可以说,招生决定着考试。在高校获得招生自主权、专业组织获得评价自主权之后再启动考试改革,这一次序不能任意逾越。高校成为招生主体后用什么机制来保障权力运行公平公正?一要靠程序设计得专业,每个学校要在招生章程里明确招生程序和各种标准,尽可能排除一切非专业的干扰;二是公开,学生通过什么途径进来的、各项考试和测试的成绩以及所有不涉及隐私的信息都要公开;三是明确责权边界,学校内部的招生要明确学科到学院再到学校层级的招生权限和责任,建立内部相互监督制约机制;四是建立常规的外部监督,包括建立政府对高校招生的监督问责和招生违规举报查处制度,保障家长和考生的监督权行使。

此外,可运用网络技术建立基于网络的考试招生服务平台,各招生高校以平等身份加入,消除招生分批次或招生有特权的现象,这才是招生体制全面改革而不再是为少数高校开小灶的改革,才是以招生为核心、高校为主体的改革,高校不必过分看重行政权力的制约,有了可靠的考试和信息就用,没有还可以自己考。

世界各国都意识到教育质量评价的复杂与重要,美国联邦政府已投资3.5亿美元支持各州创立更加综合复杂的评估体系,不仅用于发现问题,更用于为教师提供及时准确的信息,帮助他们改善教学,提高学生学业成就。英国从2011年3月31日开始,每所中学的GCSE考试(即学业水平考试)结果要向社会公布,让家长了解学校的总体学科表现和学校教学状况,同时也为孩子选择更适合的学校提供参考。各国研究的共同趋向是从单一测评到全面综合评价,从主观评议到依据实证,评估的重点应放在改进课堂实践,确保所有利益相关者尽早参与以及将学生置于核心,并在此基础上建立评估标准、评估体系和评估政策。

多方参与的教育评价需要极其专业的、大范围的专业团队参与,从多个方面全面了解和评价学生。唯有行政主体退出之后才能进行社会化考试,它是由独立第三方社会中介机构组织,由招生学校自主认可、学生自由选择参加的考试，这一考试的功能不是选拔，而是客观评价，学生可用这一成绩去申请大学，高校将它作为录取的参考，而不是唯一的依据。也就是说，只有高校自主招生，考试评价才可能成为社会化考试，只要高校依旧集中录取，社会化考试就不可能推进。能否有足够的专业人员组成专业团队，能否建立并遵循专业的规范，能否严格依照专业的规则和程序履行考试招生的职责，能否在社会公众面前建立足够的信任度，将成为多方参与的教育评价体系是否有效的决定性因素。

(二)有什么样的人就需什么样的评价

当下在社会上有高度共识的是，分数成为唯一的人才选拔的衡量标准衍生出了很多问题，分数决定一切是现行高考最大的弊端。相对于没有客观依据的推荐，看分数是进步；相对于全面的专业评价，仅看分数是肤浅、粗放、落后的。而这一弊端的主事者就是非专业的行政包揽，以专业的方式评价学生就不会分数决定一切，就不会一考定终身。在教育评价机制设置中要遵循的基本原理就是有什么样的人就需要什么样的评价，而非有什么样的评价就成为那样的人。

人原本就是多种多样的，根据人才成长分类标准，人才大致可分为：学业人才、职业人才、专业人才、事业人才。与人才属性分类标准相对照，职业人才对应操作(技能)型人才，专业人才对应研究(能力)型人才，事业人才对应复合型人才(高度复合了多种知识、技能、能力)。在人才的成长阶段中，学业人才是职业人才、专业人才、事业人才的基础，同时职业(技能)、专业(能力)、事业(复合)也是学业人才分化成长的三大方向。

如何依据上述人才分类方向和标准，形成学业人才的成长与发展的分类标准及其标准细目，并在人才理论模型及学业理论模型整合模型基础上，构建出学业人才基础模型及测量评估基础模型，进一步发展出对应的学业人才基础标准体系以及测量评估内容与指标体系是专业测评当下尚未解决的一大难题。

教育评价与人才评估发展到今天，已经积累了大量丰富的理论可供借鉴和使用。多元智能理论、各种人才理论、教育目标分类理论、认知诊断理论、非智力因素理论、脑科学理论等已经在不少国家的教育评价与人才评估领域中得到了广泛的应用。

多元智能理论为人类提出了一个多元多维多层的智能结构体系，认为人的成长、传承、成才等主要取决于这个基本结构。它提出了全新的人类智能结构：本体智能(听觉—节奏，视觉—空间，动觉—操作)、工具智能(言语—语言，数学—逻辑)、对象智能(交流—交际，自知—自省，感知—探知)、存在智能。这四类八种智能，与文明、文化、社会紧密相关，共同构成了一个复杂的立体智能结构系统。依据多元智能理论来评价人的成长、传承、成才等，必然是一个高度复合了人的认知、行为、文化、非智力因素(情感、兴趣、效能感、动机、风格等)等因素的综合性评价体系。

起源于第二次世界大战前后的各种人才评估与选拔理论，也逐步发展为复合了智能、非智力因素、认知、行为、文化、非智力因素等为一体而做出的综合评估。

教育目标分类理论，把人类教育的目标划分为三个基本领域：认知领域、心智运动领域、情意领域，与多元智能理论、人才理论存在高度的同构性，并容纳和结构化了智能理论、非智力因素理论、认知建构理论等，由此奠定了教育评价的综合评价基本结构和目标模式。

脑科学理论在一定程度上证实了多元智能理论、人才理论、教育目标分类理论及以其为基础和基本结构的综合评价的科学性、有效性等。

中国肩负着学业人才评估与选拔的重要任务的中考和高考都缺乏明确的学业人才评估与选拔理论及相应的模型，人才评估与选拔的效度就无法得到有效保证。美国教育研究协会、美国心理学会以及全美教育测量学会于 2003 年 3 月颁布的《教育与心理测试标准》在规定考试效度标准时明确指出：对每个测验分数的推荐性诠释和用途都应该有理论根据，并附有效度凭证及解释预期用途的理论综述①（标准1.1）。测验研制人员应清楚说明测验分数应该怎样诠释和使用。测验适用的全体对象应清楚界定，测验所想测量的架构也应该清楚描述（标准1.2）。② 也就是说，考试要获得效度方面的有力支持，理论根据、测试对象的界定以及测量的架构都是非常重要的凭据。高利害相关的学业人才评估与选拔考试效度凭据更为重要。这是人本教育评价的待解难题。

在以有什么样的评价就成长为什么样的人的评价假定下，就必然会出现对人超强度、超严格的训练式教育，就必然扭曲人的天性，降低人本值，也就必然不会充分发展人的天性和优势潜能，也就必然不会有杰出人才成长起来，因为他们在成长起来之前已经被摧毁。

人本评价建立的逻辑基础是：成长的需求决定着评价的任务。在人的成长过程中要伴随着测评，实践中不同人说的考试未必是一回事。中国人说的考试第一要义是分出高低，而测试更重要的功能是知道自己在哪里，哪个方向是自己的出路，整体上不存在高低之分，适当的考试，尤其是自测，对于学习效果很有帮助。如果不经常测评一下就没有确切的依据细致地让老师和学生自己去认识到与相关的知识、技能、态度的关系状态。长时间只学不测学生就会身处云雾，不知所向，不知所能，有时甚至会因此完全丧失学习信心。测试对于学生而言，就是要为学生测出可能在内容的某个环节上存在困难，把各环节的漏洞暴露出来，及时反馈，再有针对性地去教或学；另一方面就是借测试带来的信息反馈，让学生知道哪里可以改进，哪里是自己最有可能突破的方向，从而整体学习水平会提高，学习信心会增强。

实践中的测试越及时，学习的对象越微量，改进的可能性就越大，学业

---

① 理论根据应指明研究推荐性诠释需要什么样的前提条件。
② 美国教育研究协会，美国心理学会，全美教育测量学会：《教育与心理测试标准》，2003年3月。

的负担就越轻,既能培养学生的细致感知能力,又可定点测评,精确学习。这样才能真正使测试为学习服务,而不是学习为考试服务。这种形成性测评可帮助学生改良学习的过程,改进学习的效果,让其在可能会遇到的必要的总结性测评中达标。

让考试为学习服务,实质上是为学生的成长发展服务。这种评价对于某一学生个体而言,就是需要在已获取的测量信息基础上,分析出他的优势潜能方向,分析出他的劣势以及这种劣势是否在其成长发展中属于必须改进的障碍,要避免不必要的强化劣势方向的训练和测评。

也就是说,对于不同学生所需要测量的内容是不同的,对一个人的测试需要与教育同步,与学生的成长同步。测评的方式也要依据成长的需要决定,现在中国运用较多的标准化考试,比较关注布鲁姆知识分类中"知道什么"的"低端技能",很难测出分析、综合、应用、创造的才能等更为高端的思维能力。美国则走向另外一个极端,太重视学生的创造能力,太轻视"低端思维能力",导致学生基础薄弱,到了大学阶段再进行严格训练。

因此,人本的教育测量需要更为开放的视野,在设计一定的"低端思维能力"测评的同时,设计出更多主观的、开放性的考题或创新的测评方式,从而更全面地评量学生,提供更全面的反馈。评价不能无休止地划分学生的高低优劣,而需要遵从儿童天性不断地为儿童更好地成长发展提供可信的参考依据。

(三)设置全程跟踪的多样性评价供人选择

评价教育质量已经有了不少技术指标和参数,然而它们仅仅能获得一些客观的情况,很难反映价值与人的感受。教育是否办得好,最终要看人人是否都获得尊重,人人是否都获得充分的发展,人人是否都得到他本应该就有的自主权,并借此走向更加幸福,更加有尊严。

以人为本的教育目标就是为满足生活向前、向上的需要而教育,教育改革是社会追求公正、公平、平等、自由、民主的手段，应该满足人民日益增长的多样化教育需求。对教育的评价需要服从人对教育多样化的需求进行多样化的评价，应该以学生成长需求为导向来构建教育评价体系。

人本教育质量评价的基本逻辑是，第一，要根据人的天性确立培养目标和人才理念，建立科学、多样的评价标准，实现教育质量评价标准多元化，评价方式多样化；第二，要社会各界参与，做好不同评价的赋权、等值转换；第三，要完善对天性不同学生的综合素质专业评价，不做过于刻板的要求；第四，要探索促进学生符合其天性发展的多种评价方式。

全球教育评价发展的总体趋势即教育评价进入了多元化、个性化、全面综合发展评价的时代。建立以学生发展为核心、科学多元的教育质量评价制度，需要借鉴国际经验解决中国教育质量评价实际问题，把教育质量评价作为诊断教育问题、完善教育政策、改进教育教学的重要举措。

全球教育评价发展共经过六个发展时期和五个理论阶段，分别是考试时期（学校出现至19世纪末，也称作萌芽时期）、测验时期（测量理论阶段，20世纪初至30年代）、描述时期（目标中心理论阶段，20世纪30—50年代）、判断时期（标准研制理论阶段，20世纪50—70年代）、结果认同时期（建构理论阶段，20世纪70年代以来）和综合评价时期（多元智能理论阶段，20世纪80—90年代及之后的大发展）。这六个发展时期和五个理论阶段，在一定程度上也指明了中国教育评价改革的基本逻辑与方向。与第六个时期基本同步的是全球新一轮的教育深度改革，标志着以成长为基础、以"幸福＋成功"为目标的多元化、个性化、全面综合发展的教育时代到来。

以美国为代表的教育发达国家的教育评价发展积累了丰富的理论和实践经验，在经历过以单纯的标准化考试（实质就是智力测验、认知测验）为评价标准的"应试"评价模式所带来的各种弊端后，自20世纪60年代起，以评估学生的综合素质为主的"表现性评价"（performance assessment）、"真实性评价"（authentic assessment）或"情境性评价"在美国开始兴起，并成为标准化考试的重要补充。现今，美国在评价学生和学校方面已经形成了"GPA（学业成就）＋综合素质评价＋标准化考试（学习竞争能力考试），或应用、研究潜力测试"的综合评价模式，其中对综合评价的目标结构的界定是：综合评价目标＝学习（成就、能力、素养）评价目标＋成长（程度、个性、素养）评价目标＋应用、研究潜力（或学习竞争能力）测试目标。因此，美国是以"GPA＋综合素质＋标准化考试"为基础，辅之以全国教育进步评估（学业抽测＋综合调查问卷）等构建和实施其教育质量综合评价。这种综合评价模式所隐含的教育理念是教育评价的对象是具有不同特质和倾向的人，学生能力和素养由多方面构成，任何一种评价方式都有其局限性，不能仅依靠一种评价方式得出的结论来评价学生，评价应该根据学生能力和素养的不同方面选取恰当的评价方式和手段。虽然它还不是完全的人本评价，但已向人本方向迈出了坚实的专业的一步。

中国教育评价发展一方面深受传统的科举文化影响，另一方面受行政包揽的权力限制，曾经历了考试时期（周代至清末）、引入美国教育评价时期（民国时期至 1949 年前）、引入苏联教育评价时期（20 世纪 50—70 年代）、"双基测验＋课外活动"时期（20 世纪 80 年代至今），其间的课程改革曾试图推动评价改革而未发生多大效果。

至今中国的教育评价基本上还停留在测验时期。其特点是用教育测量的结果作为教育评价的结果，即用分数取代评价。评价者在评价中仅扮演测量技术员的角色，停留在用比较客观的方法收集教学信息上，在一定程度上克服了传统考试的主观性、随机性和随意性。由此产生的最大问题在于企图用数字来表示受教育者的全部特征，忽视学生的态度、兴趣、创造力、鉴赏力等这些通过这种方式难以评价的人性中更为重要的特征。

对于学生的这些十分复杂、很难全部量化部分的评价，若以测量结果作为评价结果则过于机械化、片面化，缺乏对受教育者完整的和全面的认识。因此，在评价内容上需要对学生成长过程中的心理素质、基本能力、核心知识、职业素养、学习成效、增值状况在一定的时段全程跟踪，作为评价的依据才更为可靠；需倡导多元化、个性化和综合发展的综合教育评价模式，需要建立教育质量综合评价的模型协调各部分之间的结构关系，完善评价标准及内容，健全和完善测量标准，开发测量和评价工具，建立评价结果解释及应用系统，建立教育质量综合评价的标准化实施流程，只有解决上述问题及其实验验证、科学鉴定，及相关配套制度、机制、资源等问题，才能真正突破中国教育评价的困境。

评价方式的科学化主要体现在三个方面：一是注重全面客观地收集信息，根据数据和事实进行分析判断，将评价建立在大量数据支撑和科学分析的基础上，改变过去主要依靠经验和观察进行评价的做法；二是注重考查学生进步的程度和学校的努力程度，改变过去单纯强调结果不关注发展变化的做法，引入增值评价；三是注重促进学校建立质量内控机制，改变过于依赖外部评价而忽视自我诊断、自我改进的做法。

评价的数据不仅可来自对学生的测试，还可来源于对被评价者行为和活动的真实记录，这些记录可集中于社团活动、学习活动、日常生活的某一领域，也可是一般的记录，新开发的学位监测"手环"可作为记录工具。

教育评价的功能转向注重引导、诊断、改进、激励，教育评价的目的是为了改进（improve）而不是证明（prove）、筛选。因此，对评价内容和关键性指标进行分析诊断，分项给出评价结论，提出改进建议，形成学生教育质量综合评价报告而不是简单笼统地说好或不好。在评价结果的使用上，着重强调改进和激励功能。评价结果将作为完善教育措施的主要依据。

中共十八届三中全会后教育部发布相关文件提出的中、高考改革中包括:综合评价＝学业评价＋综合素质评价＋统一考试(学习能力考试,或应用、研究潜力测试)的结构和模式。试图采用以"学业(素质能力)评价＋综合素质评价＋统一考试(或标准化考试)"为基础,辅之以教育质量监测(或全国教育进步评估)的结构和模式。在推进过程中尚需要解决学业评价、综合素质评价以及标准化考试三个领域的理论、技术与方法难题。

学生学业评价在理论上需要设计新的多元、多维的分数结构;在技术上要在试题赋分、计分和统计分析上依据认知与思维等发生过程,为学业诊断和甄别提供丰富的信息,也为不同测试之间的等值转换提供重要的参考;在应用上不仅能提供数据多元、多维、多重比较结果,而且能提供面向不同群体的数据报告,从而能为教育咨询提供可靠、可信、有效的科学工具,也能为教研、教学、教管等提供可靠有效的科学平台和工具,并为教师专业发展提供科学的操作平台。[①]

学生综合素质评价由于概念界定不清,评价的标准和指标体系不够完善;评价方法、技术不科学,存在一定主观性、随意性和随机性;结果不够全面,缺少可比性;评价过程不规范,不透明,公信力较差。美国以档案袋评价法为代表的表现性评价已经成为美国教育评价和人才选拔中一种不可或缺的评价方法,全美采用档案袋评价法的学校已经跨越从幼儿园到大学,群体从学生到行政人员,应用范围覆盖学生的毕业、教育问责、教师的雇佣、评价以及教师职业发展、行政人员的选拔与评价,等等。

档案袋在促进学生自我认识能力的提升和良好素养的培养,教师更好地理解学生及教学效果,为家长、招生单位提供更全面的信息方面都有着不可替代的优势。借助信息化手段和网络而制作的电子档案袋,不仅具有指导学生成长的作用,其存储量大和便于获取的优势还有助于学生在需要时向各个机构呈现。档案袋评价需要解决的技术问题是如何根据评价的

---

① 姚春艳,张勇:《新型教育评价技术破解教育评价改革难题》,《考试(理论实践)》2014 年第 3 期。

目的精心设计档案袋内容,需要有科学的评分标准和评分量表,需要对评价结果加以解释并对应用做出指导,同时还需要对评分者进行培训,规范评分过程以保证评分信度。

中国的学生综合素质评价领域中存在的难题有:(1)如何界定学生综合素质及其评价的概念;(2)构建学生综合素质评价的理论体系及模型;(3)健全和完善学生综合素质的评价标准;(4)健全和完善学生综合素质评价的测量标准;(5)健全和完善学生综合素质评价的指标体系;(6)开发学生综合素质评价的评价工具;(7)制定学生综合素质评价的工具操作标准;(8)改进学生综合素质评价的结果呈现方式;(9)建立学生综合素质评价的结果解释及应用系统;(10)设计学生综合素质评价实验推广模式;(11)设计学生综合素质评价公信力保障系统。

标准化考试首先要解决的难题是如何界定学科人才、学业人才,以及如何界定学术型人才和应用型人才概念的问题;其次要解决学业人才评估与选拔的理论和评价模型构建的难题;最后还需要解决学业人才评估与选拔指标体系构建的难题。

专业评价的改进是一个较长的过程,但前提是需要行政权力让度空间,让各大学和中学根据自身的办学定位,建立自己的专业团队,自主探索,提出本校招生要求,明确考生要提交哪些成绩、材料,而社会考试机构则根据大学的招生要求,提供考试评价服务,有统一的知识能力测试,也有学科水平测试,学生可根据自己选择申请的学校要求,自主选择参加哪些测试,这样的考试和招生,才能让基础教育真正摆脱应试。在考试招生主体没有从行政部门转向专业组织的时候希望实现基于统一高考和高中学业水平考试成绩的综合评价、多元录取、招考分离就是水中捞月,永远不可能有正果。

第七章　教学:为生活而教育

受教育被窄化的观念影响,以及制度化教育体制限制,人在体制面前显得越来越渺小,由此引发教育教学与生活渐行渐远。然而,脱离生活不是好教育,在这方面既有教育先驱所下的判断,也有大量教育实践例证表明教学不能脱离个性化的生活。人本教育所遵从的教学原则是用生活教育,为满足生活向前向上发展的需要而教育。用生活教育就是充分利用生活资源,才能使教育内容、形式、方法更加丰富,需要建立生活本位的课程,教学要在体验基础上嫁接新知。满足生活需要的教育就需要为学生实现人生使命而教,为养成个性而教,为追求真理做真人而教。人本教育需要以教学对象真实的初始状态为起点,紧跟成长发展需求,保护学生的兴趣和自主性,鼓励他们的自主选择,倡导做自己生活的主人,从而使学生能够对自己的未来生活进行规划、设计和全面负责,使学生有能力不断地超越现实生活世界,不断提升自己的生活质量和生命价值。

教育绝不仅是做官、宗教、文化、文字、科学的问题,而是一个生活问题,是人类的生活问题,只有人类生活才能成为教育的中心问题,才无愧于成为教育的中心问题。单凭有形学校教育的营养元素,不足以开出个性发展之花,结出创新发现之果。社会是教育的全部范围,生活是教育的整个过程,人才的长成,创造的发生,必得有实践土壤。学校的教学不宜是简单的喂料,而应依据不同学生的生活向前向上发展的需要给予不同的引导和教学服务。

世界教育教学发展的趋势也表明[①]:全民教育正转向全民学习,全民学习就不仅仅是狭义的学校内的学习,而是学习广义且个性化的生活。以课程为中心正转向以学生为中心,追求全员发展,每个学生都是重要的;个性化发展,即每个学生都是不同的,学校需要多元化发展与之适应,教育的最高决策层需要与学生直接沟通。以能力为导向正在转向以价值观为导向,归根结底就是教育学生如何对待自己、对待他人以及对待社会、国家和世界,建立公正、严格、富有包容精神的学校,把养成学生追求卓越、创新与

---

① 陶西平:《当代世界教育教学改革六大新动向》,《中国教育报》,2014 年 4 月 27 日。

好奇、多样化、尊重他人等方面品格放在更重要的位置。知识授受转向创新精神培养,通过探究式学习、实践式学习和合作式学习来培养学生的创新精神和创新能力,联合国教科文组织2012年可持续发展教育报告《塑造明天的教育》指出,"学习"是指:学习以批判的方式提出问题;学习阐述本人的价值观;学习设想更加光明和可持续的未来;学习有条理地思考问题;学习如何通过实践知识来做出应对;学习如何探索传统和创新之间的辩证关系。信息工具的使用引发了教学模式的改变,关注学生的信息素养提升,信息技术在教育教学领域的应用逐渐从工具与技术的改变、教学模式的改变转向学校形态的结构性改变。

一、脱离生活不是好教育

中国当下的教育教学带有普鲁士起源的印记,这种教学本身贯穿了较多的国家观念、政府意志,并通过评价、管理的杠杆,嵌入课堂教学之中,其中不少与学生当下的生活几乎没有什么关系,导致不少学生在进入青春期后,在初中二年级或三年级选择逃离学校。

(一)与生活渐行渐远的教学

在中国的学校中,普遍看到的标准教学模式包括几个基本要素:早上六七点钟走进教学楼;在长达40~60分钟的课程中全程坐着听课,在课堂上,教师负责讲,学生负责听;穿插在各节课之间的有10分钟左右的休息、午餐以及体育课;下午放学后,学生回家做作业。实际中一些学校学生到校的时间还要早,离校的时间还要晚,更有一些寄宿在学校的学生,晚上还需要上晚自习,其间几乎没有时间和空间让学生学自己喜爱的内容,开展自己喜爱的活动。在标准化课程表的禁锢下,原本浩瀚而美不胜收的人类思想领域被人为地切割成了一块块便于管理的部分,并被称为"学科";原本行云流水、融会贯通的概念被分成了一个个单独的"课程单元"，便于在限定的时间教给学生；一道道问答题，便于考试计算分数。

2015年年初网上流行一条网帖：《原来年轻的时候我也曾知识渊博过！》，说的是自己中学时能做三角函数，能背文言文，知道牛顿定律。出了校门，为什么中学里学的知识都忘了，我的生活却没有受什么影响？该不会是教材有问题吧？

这条帖子反映了众多人都有教学与生活不相关联的共同感受。不妨看看中国普遍认为是优质教学的课堂的情况，它们都是教师事先设定的教学过程。

中国教师课堂教学的每一个细节都是教师预先设定的，几乎不考虑学生在课堂上会有什么要求和表现。无论在大都市还是偏远山村，教师上课前都要准备详细的教案。并且在不少地方教育行政部门专门印制了教师备课本，教师必须依照上级规定的格式写教案，学校将教师的教案作为评价教师的重要依据之一，教案成为教师工作表现的一种记录，在对教师评职称或年终评奖时，教案是必备的材料和依据。久而久之，中国教师难以理解世界上其他国家一般教师上课没有教案的事实，以致要反问"没有教案怎么上课"，"教案，生动地说明了中国教师的教学哲学"。①

由于教案中安排得很仔细，实质上整堂课都是由教师来安排了。教师越是安排得细致，学生在课堂上随机应变积极主动参与的机会越少，更不要说学生越过教师教学计划之外的创造思维能在教学中获得表现的机会。所以程介明说中国"教书教得好的教师不少"，他"听过无数的课，但绝少看到教师类似西方教学由师生共同塑造一堂课的"。② 他列举了两个典型的例证，一个是在北京一所著名小学中被教育界推崇的好的教学法的

① 程介明：《中国大陆教育实况》，台湾"商务印书馆"，1993年，第102页。
② 程介明：《中国大陆教育实况》，台湾"商务印书馆"，1993年，第103页。

课堂①：

  那位教师一看就知道是一位非常有经验的教师。她把课程的流程排得非常好，还造了一些纸的粘贴教具，说话抑扬顿挫有致。讲课过程中提问很多，学生回应很踊跃。整堂课深入浅出，学生肯定是学得很扎实的。但是外来者看，总会觉得有些不舒服。不舒服的地方，是整堂课都完全跟着教师那唯一的思路。教师也提出过许多反问，举过不少反例、错例，激发学生去思考，但那还是教师安排好的思路。还有令外来者看了不舒服的，是学生答问时那种紧张气氛。教师一提问，台下马上有许多人举手争着回答，就仿佛电视上的问答比赛似的；而且纪律严明，每个学生举手的姿势都一律：上臂平放在桌上，前臂与上臂成九十度角竖起。但是更令人不舒服的，是由于"要发言，先举手"的纪律，小学生们希望让自己答问，但又不能出声说："让我答！"或者"我懂！"，于是不自觉地都在喉咙里发出"唔""唔"的声音。参观者一方面会被学生那种积极主动争取的精神所感动，但又会因为小孩子那种自我抑制而感到难忘。

  另一次在浙江的一个复式班的语文教学也是"教师安排得很严密，可能太严密了学生似乎没有了自己去思考、探索的余地"。更可怕的是，"这种情形已经变成了一种传统，一种文化，仿佛教师有责任安排好一堂课的一分一秒。学生也习以为常地觉得应该跟着教师就是了"②，正是这种文化传统压抑了学生本能的创造精神，毁灭了学生自主探索的意识。

  中国"教师的课堂表现是极受重视的。而且有一种潜在的观念，觉得在教学过程中，关键在于教"③。于是各地教改将教师的公开教学作为重头戏，使公开教学演变为表演教学，在一定程度上脱离了学生的具体实际

---

 ① 程介明：《中国大陆教育实况》，台湾"商务印书馆"，1993年，第103～104页。
 ② 程介明：《中国大陆教育实况》，台湾"商务印书馆"，1993年，第105页。
 ③ 程介明：《中国大陆教育实况》，台湾"商务印书馆"，1993年，第106页。

需求。与此相对比,"美国近年流行所谓开放式课堂(Open Classroom)。广义的开放式课堂,是教师完全采取开放态度,由当时当地学生的需求去塑造自己的每一课"①。

依据全国人大常委会执法检查组关于检查《中华人民共和国义务教育法》实施情况的报告,2012 年九年义务教育巩固率为 91.8%,在中西部欠发达地区,尤其是边远、贫困及少数民族地区,农村初中辍学率较高,有的地区超过 10%。② 若以全国的巩固率 91.8% 推算,城区的巩固率超过 99%,部分乡村地区的辍学率就会是 20% 左右。而依据本人实地调查,一些农村地区初中二年级后的辍学率高达 40%～50%,西部某个地区初中一年级招进 17 万人,到初三毕业的才 10 万人。

这些人是什么原因辍学的呢? 对多个地区的实地调查表明,在 2000 年前主要原因是经济困难,2000 年后主要原因是十三四岁的孩子对学校所学课程毫无兴趣,对学校没有归属感,厌学成为排在第一的原因,他们再也难以忍受,便背着家长和教师辍学了。2012 年贵州毕节 5 个学龄孩子在垃圾箱中一氧化碳中毒死亡便是与此相关的典型的案例,5 个孩子中有 4 个处于辍学状态,尽管老师屡次动员,但他们都以"成绩不好,不想读书"为由拒绝上学。从心理上分析,他们认为学校的归属感还不如到处流浪。

这虽然是个极端案例,还是反映出当下教学与学生生活脱离,与学生成长发展的实际需要脱离的问题严重性。因为宁可流浪也不愿上学的是对学校生活极端厌恶者,全国范围内 10% 的辍学率,这是一个庞大的数字,这些人对学校生活与自己的人生相关性做出了否定的回答;还有一部分虽然未辍学,还在父母、同学、教师等各种约束力的作用下待在校园里,对于它们的体验没有全国性实证的调查,但局部的调查表明大约在校生中

---

① 程介明:《中国大陆教育实况》,台湾"商务印书馆",1993 年,第 106 页。
② 黄小希:《中国义务教育尚存四大不均衡　中西部农村初中辍学率较高》,引自新华网:http://news. xinhuanet. com/politics/2013-12/23/c_118675788. /htm.

有一半的孩子认为学校教学与自己的生活无关。

学校的教育与生活脱离,宏观的表现是未能依据学生成长发展的需要设计课程和教学计划,而仅仅是为了考试设计课程和教学计划。要求众多优势潜能和志向各不相同的孩子依照相同的教学计划在相同的课堂中进行教学,要求步调不同的学生按照步调一致的方式学习。同时还用考试连续地淘汰,使越来越多的学生产生被淘汰感,丧失自信心。

在一线从事教学的教师也切身感到学校教育很明显脱离了生活,也深刻认识到课堂教学不能脱离实际生活而独立存在,当学生们追求自己的兴趣和享受生命的时候,他们将学到的东西抛在脑后,在校学习变成了占据孩子和年轻人时间的一种"工作",但这种工作和能指导他们生活的真正学习却很少有联系。脱离了生活实际的课堂教学是枯燥的,不能有效提高学生的参与积极性,很难提高课堂教学效果。一些教师也在深刻地反省自己的教学,意识到要更多地关注学生,试图设计出《个性化学习设计指南》,为那些不适应制定好的课程的学生和那些声称"在学校学不到有用东西"的人提供教学支持。

(二)什么牵引着教学脱离生活

现在中国普遍流行的教学模式是在18世纪由普鲁士人最先实施的。是他们最先发明了如今的课堂教学模式。普鲁士人的初衷并不是教育出能够独立思考的学生,而是大量培养忠诚且易于管理的国民,他们在学校里学到的价值观让他们服从包括父母、老师和教堂在内的权威,当然,最终要服从国王。

普鲁士教育体系在当时的很多方面都具有创新意义。这样的教育体系让上万人成了中产阶级,为德国成为工业强国提供了至关重要的原动力。基于当时的技术水平,要在普鲁士王国实现人人都接受教育的目标,最经济的方法或许就是采用普鲁士教育体制。德国教育在其国家工业化发展中所发挥的巨大作用,使得欧洲乃至整个人类目光投向那里,并学习德国的教育教学体系。

然而,该体制阻碍了学生进行更为深入自主的探究,对他们独立思考的能力有害无益。只是在 19 世纪,高水平的创造力逻辑思维能力也许不如思想上服从指挥、行动上掌握基本技能那么重要。在 19 世纪上半叶,美国基本照搬了普鲁士的教育体系,就像在普鲁士一样,这一举措能够大力推动中产阶级的构建,使他们有能力在蓬勃发展的工业领域谋得一份工作。除了美国,这个体系在 19 世纪也被其他欧洲国家仿效,并推广到欧美以外其他国家。

在欧洲经历新教育运动,美国经历进步主义教育运动洗涤后,普鲁士式教育的影响式微了。中国则从日本、欧洲、美国乃至后来的苏联等多个渠道先后接受到普鲁士教育的影响,并与中国传统教育中注重识记的特点结合起来,与中国历代的忠君思想也十分密合。1917 年后中国也接受了新教育和进步主义教育思潮的冲洗,在 1950 年后一边倒的学苏联中再次极度强化了普鲁士式的教育。具体到学校和学习的操作上,中国近一个世纪以来为了追赶和适应工业化的人才需求而对效率疯狂追求,比起自然发展的欧美教育体系显得短期功利,学校更像泰勒制的工厂的流水线一样,把"人"看作是"经济人",用利益驱动以提高效率,却分不清效率的分子是"成绩"还是"成人",仅仅注重成绩就是整个教育偏离了以人为本,较少顾及人的天性和成长发展需要。

如果把当下中国的学校和泰勒制工厂进行对比,就会发现有不少一一对应的关系,制定很高的学习量和需要考核的大量知识点,选择成绩好的学生组成重点学校、重点班,全国统一的考核标准,大量考试形成的刺激性奖惩,还有学校内部的各种符合要求就给人好处的活动。学校目标形式上也是要开发而非激发学生的潜能,每一分钟都要致力于得到可以用来兑换升学券、奖金、政绩及各种利益的考试成绩,而非每个人依据自己的天性发展。学生好像是流水线上的工业制品,甚至是老师和校长的童工,通过考高分获得一份标签和证据,他们的成绩就成为老师的绩效,校长和地方政府官员的政绩。

泰勒制的学校教学本质上是把学生当成考分的载体,要在每日生活中找到自己的工作成效的标记,对师生们的要求是"把事情做好做对",而不是"做对的事情"。对学生的要求是交上去好看的作业和考卷,而很少考虑在他们相应的关键期和最佳期最为有效地发展他们真正的学习和思考能力,这些在泰勒制学校里是无法进行督导的。

要成为好学生,首要的是明确自己的生活主题,围绕自己的生活主题有效地做好自己该做的事情,要自我决定学习的重点,衡量自己知识的掌握度,管理自己的学习时间和空间,这就需要具有极大的主动性和自由度,绝非泰勒制学校所能实现。

当世界先发展国家通过学校的不断变革逐渐抛弃泰勒制学校教育方式的时候,中国的这种教学在高考升学的压力下却盛行不衰,并在行政权力的支撑下在各地形成"县中模式""超级中学"和"最大备考工厂"。只是未来社会对从业者不再需要顺从且如此严格遵守纪律,相反对从业者的阅读能力、数学素养和人文底蕴的要求越来越高,越来越需要具有创造力、充满好奇心并能自我定位的终身学习者,需他们有能力提出新颖的想法并付诸实施,泰勒制的学校教学目标恰恰与这一社会需求相背离。

显然,泰勒制的学校教学对中国此前 20 年的经济发展做出了重要贡献,在众多劳动力密集型的企业里需要大量从事简单操作的工人,他们就来自中国各地的这类学校批量培养出的大量标准化人才,并延续了勤劳、耐苦的传统,这成为支撑脱离生活的学校教学的一种惯性动力,它还能持续多久,与这类学校自身及其当事人相关,也与整个教育的宏观政策、管理体制、评价体制相关,还与伴生在这种体制上的多个既得利益群体相关,所以很难撼动,即便明眼人看到浪费了大量社会资源,短期内也难以改变。

上述惯性作为一种存在常以隐性的方式发挥作用，它外显为学校的课程、教学、管理、评价等各方面的规则、规章制度，使得那些想关注学生生活的教师的努力与整个学校氛围格格不入，若要关注人与人之间异常美妙的多样性与细微差别，关注人们在智力、想象力和天赋方面各不相同，教学就步履维艰，于是不少教师在努力了一段时间后觉得是自找麻烦，也就归于平静，甚至是归于平庸。

当然，也有一些家长意识到这种教学对自己孩子的伤害，从而选择用脚投票，送孩子去欧美留学，可是除非他们留在国外，如果回国就业，海归不只有可能变为"海待"，日后职业生涯中的各种文化和观念冲突将连绵不断。

（三）教学不能脱离学生个性化的生活

陶行知先生曾批评中国教育"为办教育而办教育，教育与生活脱离"，"先生是教死书，死教书，教书死；学生是读死书，死读书，读书死"。

学生负担不断加大的根子在哪里？当然跟公平有关系，与是否充分有效地利用学生个性化的生活基础有关。过往的教育改革较多是像经济改革那样调整结构，就是没有深入探究并遵从教育的内在规律。因为教育的对象是人，人很难通过结构的调整，通过规模的调整去提升。最关键的就是要把孩子当作人看，看到他的个性化生活特征，把教育当作教育来做，不能把抓教育的质量变成抓教育的 GDP。所以还是应该从哲学的层面，或者说从思想的层面来思考到底什么是教育。要回到教育的原点，就是真正地让孩子能够享受童年，能够真正接受一种幸福、完整的教育，能够真正把最美好的事物汇集在学校，让孩子和自己美好的生活相遇，能够找到自己。事实上对于孩子来说快乐的事情、喜欢的事情、与个性化生活联为一体的事情就不是负担，所以孩子对他喜欢的东西根本不会抱怨。减负不是要简单地让孩子什么都不做，或者说周六、周日不要把孩子送到补习班。而是应该让孩子选择他自己喜欢的事情去做,把负担变成乐趣,变成个性化生活的一部分。

每个学生的生活都是有其独特历程的积累,除了显性知识,还有缄默知识,脱离具体学生个性化生活的教育就忽视了这些前提,也就难以保障教学的有效性。

教学不能脱离学生个性化的生活,是由于唯有紧密联系学生生活的教学,学生才会学得积极主动、兴趣盎然,表现出极高的学习热情,引发他们联想到比教学范围更广、更多、更深的内容,还能不时迸发出一些创造性的想法,课堂气氛才会高潮迭起。反之,脱离生活实际学生就觉得索然无味,显得被动、无奈,机械地完成任务。

教学不能脱离学生个性化的生活,是由于当下的教学比较普遍地简化为书本至上的课堂教学,严重脱离生活实际。信息时代的青少年学生与教师之间存在巨大的信息不对称,教师需要了解学生的生活和个性,才能转换思考问题的角度,建立良好师生关系。在教师生活与学生生活之间建立起融通空间,以人为本地平等相处、彼此尊重、推心置腹,焕发积极向上的信心,才能在亲其师、信其道基础上建立理想的师生关系,增强教学效果,促进双方个性发展。

教学不能脱离学生个性化的生活是由于长期的脱离学生生活的教学方式让每个学生对老师有高度的依赖性,丧失了自主性。要充分发展他们的个性,将依赖转化为学生积极自主,就必须从学生生活中寻找亮点激发出他们的学习热情,让一切智力、情感、兴趣、意志的活力竞相迸发,在同伴中相互碰撞,不同人将不同的技能、信息和兴趣带到一个集体任务中,使所有成员都受益,在合作中达到良好的学习效果。

教学不能脱离学生个性化的生活是要让学生感到教师不只关注他的学习,还关注他的生活,对学生生活抱有适当期望态度,即使是对学生的批评,也要使学生感到批评背后的善意和友情。让学生感到教师放下身段走进学生的内心世界,师生间的交往才具有更深刻、广泛的教育意义。

教学不能脱离学生个性化的生活需要教师常常反思,学生对自己的学习感兴趣并能获得乐趣吗？他们学的知识和他们相关吗？他们能把学到的知识运用到生活中吗？教学如何实现学生生活品质的提升的目标。

教学不能脱离学生个性化的生活,还由于学生受到家庭环境、社会环境等的影响,其认知水平有所不同,每个学生的智力发展快慢不同,故而在课堂中对于同一个教学任务,学生接受的程度不同。教师既要顾及教学任务的完成情况,又要顾及学生的接受情况,还要针对不同的学生启发其个性化发展。教师作为学生活动的组织者、引导者与合作者,教师的行为转向学生的活动,并从感觉效应转向运动效应,让学生学会发展自己的个性学习,教学要满足不同学生发展的需求,引导学生经历合作、探索、交流、领悟、应用而真正走进所学,理解所学。

教育部颁发的《基础教育课程改革纲要(试行)》中提出:"加强课程内容与学生生活以及现代社会和科技发展的联系,关注学生的学习兴趣和经验",充分认识生活对人的发展和教育的重大意义,重视学生的已有经验,将学生已具备的知识作为教学起点,让学生充分地感受和体验生活,了解和认识生活,从而去创造美好的生活,才有可能使学生的学习变成与生活相伴随的更加有意义的终身学习。

二、用生活教育

如何改进教育和教学是个见仁见智的问题,部分美国教育专家列出美国未来的教育五种趋势:一是智慧型的教学方法。一线教育工作者会根据专家们的研究寻找出学生最佳的学习方式作为实际教学时的方针。比如教师应以学生努力的程度而非学习成果为奖励目标,把传授学习策略、帮助学生找出最有效率的学习方式作为主要教学任务等。二是以游戏为基础的学习,游戏可帮助学生学习并增进学习成效。三是磨炼不屈不挠、努力不懈的精神。认为失败是儿童成长的最佳机会,让他们学习从失败中得到教训并改进,这项能力会让儿童终身受用。四是家庭作业被质疑。没有必要为了完成这些作业而剥夺了儿童游戏玩耍和家庭欢聚的时间,家庭社交活动和情绪发展与在学校的课堂学习,对儿童来说同等重要。在美国已有许多教师及校长支持"没有作业的晚上"(no homework nights),或以某项目标取代家庭作业。五是培养创造能力。应该通过科学、科技、工程、数学学科与人文设计学科的整合激发儿童的好奇心和创意。很多学校开始尝试以"项目"为基础的学习。①

更充分地利用生活资源是上述趋势的基本特征。依据陶行知提出的生活教育理论,生活教育是生活的教育,用生活来教育,为生活向前向上发展而教育。"用生活来教育"曾被一些人简单误解为在生活里打滚的教育,其实他强调的是过有计划、有目标与有组织的生活,受有计划、有目标、有组织的教育。强调教育关注学生的生活世界,联系学生的实际生活,赋予课堂教学以生活意义和生命价值。

(一)充分利用生活资源才能丰富教育

曾有一位中国某大学教师给中文系学生上课时,讲第二次世界大战时期流行的一首诗:"春天来了,大地上开满了鲜花/鲜花哪里去了? 鲜花被美丽的姑娘采去了/美丽的姑娘哪里去了? 姑娘被大兵带进军营里了/大兵哪里去了? 大兵都到坟墓里了/坟墓哪里去了? 坟墓被鲜花掩盖了……"

这样一首悲叹战争对人性和美的摧残,寓意美是不可战胜的诗,却被不少大学生理解为姑娘因采摘鲜花而被大兵带到军营里罚款去了! 有人

---

① 陶西平:《当代世界教育教学改革六大新动向》,《中国教育报》,2014 年 4 月 27 日。

还认为诗的最后一句与主题无关,应该删去。中国大学生想象力如此贫乏不能不说与中小学长期把学生关在课堂教学相关。

教育与生活的范畴相等,生活范围有多广,教育的范围也就有多广,学校内的课堂仅是生活的一小部分,如把它与生活隔离,就会变得越来越单调、枯燥;若能依据不同人教育实践的需要,选取生活中的适当内容和资源,教育就会变得越来越丰富,越来越有针对性。

不能充分利用生活资源的教育,就好比一把雨伞,仅能为一两个人挡雨,陶行知说它是无能的教育;充分利用生活资源的教育则如同阳光,人人都能得其照耀;如同雨露,人人都能得其滋润。

人的生活本质上是社会性的,个体的教育本质是社会教育,仅仅看到学校或课堂的教育就难免不出现"5天校内+2天校外=0效果"的现象,教育绝不是某一部分人的工作,而是全社会的工作。不了解社会需要的教育就是盲目的教育,不能为社会服务的教育是消耗的教育,不会运用社会力量的教育是无能的教育,使个体的教育深深扎根于社会,扎根于生活,才能使个体脱离不了社会的本质属性。

依据广义教育观,教育的目的在于生活之提高,不应要求生活所依托的社会实践去依托教育,而应让教育依托于生活,服务于生活。一个人只有把追求更美好生活的实践作为中心,才能使教育有不断的源泉。有丰富的内涵和旺盛的生命力的生活是教育的厚实根基,缺乏生活基础的教育无论有多大投入,开多少课程,请哪位名师,终归是贫瘠的。

课堂教学需要基于学生的现实生活,同时是提升他们的生活质量和生命价值,追求更有意义、更有价值、更为美好和更符合人性的生活的过程。孤立的知识教育难以建构他们完满、丰富的精神生活和精神世界,也不能促进学生生动活泼、主动发展。因此,课堂教学应贴近学生的实际生活,密切联系他们的生活经验,赋予课堂教学以生活意义和生命价值,促进学生在生活质量、生活品位、生活格调上的提升,不仅使他们学会学习,更要学会过美好的生活，在此基础上使学生真正成为学习活动的主体、个人生活的主体和社会生活的主体。

生活需要教育，教育离不开生活，最高尚的精神是人生无价之宝，非金钱所能买得来，也非课堂上所能学到，而是需要在生活中体验、践行。生活中积极、主动、进取远胜于课堂上的道德说教。精神上的主动比被动接受说教更有价值。

充分利用生活资源在教育内容上更为丰富，才能实现科学教育与人文教育的融会贯通。工业革命后发展起来的分科教学，在功利实用主义的规训下，那些具有实用价值的科学课程受到了热捧，而那些有关人的使命、价值、理想的人文课程则受到挤压乃至被边缘化；人文课程在科学教育的强势胁迫下，纷纷按照科学课程的规范与逻辑实施，追求人文知识的客观性与标准化，从而拒斥对其理解的主观性与多样化，最终让提升、丰富人性的教育蜕化为应对考试、获取分数、换取文凭、谋取职业的人力训练所，导致教育与生活分离，需要促进教育与生活的结合加以改善。

紧紧盯着课堂、考试的教育在推崇实用、满足人的物质需求的同时，却放逐了人的精神追求，使人越来越局限于眼前、醉心功利、沉溺于物质世界，一味地追求本能满足、感官刺激，这种教育不再以人的自身发展和完善为终极目的，不再思考"为何而生"的"大而空"的问题，而是一心扑在"何以为生"的现实问题上，沉迷于教人如何为了票子、房子、汽车去奔波、追逐、竞争，从而把人引向不完整的生活，需要用完整的生活反馈这种不完整的教育。

学生的生活世界中蕴藏着巨大甚至是无穷无尽的教育资源，有语文，有数学，有物理和化学，也正是在这个意义上，陶行知认为"教育要通过生活才能发出力量而成为真正的教育"。教育有了生活作资源，才能终身不辍地学习。唯有生活而非有限的学校内部的课程作资源的教育才会更贴近每个人的需要，供所有人自主选择，也才能更加以人为本，满足不同人生活向前向上发展的需要。

(二)生活本位的课程

用生活教育还是需要课程,需要将生活的内容转换成课程以便于教学。衡量课程优劣或是否适合的标准是它是否帮助人成人成才。课堂教学必须关注学生当下的生存状态和生活方式,贴近学生的实际生活,密切联系他们的生活经验,赋予课堂教学以生活意义和生命价值,改善他们的生活质量。

中国政府曾从 1996 年 7 月开始组织专家研讨并制订了九年义务教育课程实施状况的调查方案,并于 1997 年 5 月进行了调查,凸现出种种问题:教育观念滞后,人才培养目标同时代发展的需求不能完全适应;思想品德教育的针对性、实效性不强;课程内容存在着"繁、难、偏、旧"的状况;课程结构单一,学科体系相对封闭,难以反映现代科技、社会发展的新内容,脱离学生经验和社会实际;学生死记硬背、题海训练的状况普遍存在;课程评价过于强调学业成绩和甄别、选拔的功能;课程管理强调统一,致使课程难以适应当地经济、社会发展的需求和学生多样化发展的需求。

20 世纪世界性的教育改革浪潮就有三次,各经济发达国家都陆续进行了旨在提高教育质量、培养更多优秀人才的教育改革、课程改革,不少国家将人才培养看成国家安全的重要保障,通过主导课程改革确保民族优秀传统文化的传承。中国 1949 年以来在基础教育课程和教材领域也至少进行了七次较大规模的改革。多年的实践经验证明,民族优秀传统文化的传承,创新型国家的建设都在很大程度上依赖于学校课程的改革,实现中华民族的复兴必须培养青少年一代具有奉献的品格和创新的精神,而且创新能力是其中的重点,实现这一目标需要相应的课程作为媒介。

从主要依赖于自然资源或物资力量维持的经济发展、国力增强转变为主要依靠具有高度科学和人文素养的人创建幸福社会,这种人必须具备两个条件:一是要掌握基本的学习工具,即阅读、书写、口头表达、计算和问题解决;二是要具备基本的知识、技能,以及正确的价值观和态度,具有改善自己的生活质量、充分发展自己的能力,积极参与社会的发展,并能终身学习。这就要求基础教育的课程必须唤醒学生的创新激情、创新精神,做到这点就不是知识本位的课程所能实现的。

知识本位的课程有其久远的根基,在古代表现为经史中心的课程,中国的四书五经,西方《圣经》、伊斯兰《可兰经》都长期作为经典教材,后来中国又发展出"三百千千"(《三字经》《百家姓》《千字文》《千家诗》),其优点是经过长期积淀,属于文化精华,比较系统完整,缺点是深度不够,难以发展专才。工业文明兴起后,对学问分科研究,也发展起学科中心的课程,使得实科教育迅速发展,其优点是术业有专攻,增进各领域的认知深度;不足则在于学问的完整性被分割的学习和研究破坏,甚至造成人的局部发展。

赫尔巴特看到分科学习的缺陷,倡导大百科全书式的教育,试图矫正分科教育的问题,在获得利于学习系统知识优点的同时,也带来迫使人学习不少他不必学的内容的负担,甚至带来重知轻人,看重知识掌握,忽视人的发展的倾向。为校正这一偏向,杜威提出活动中心的课程,杜威思想的几个基本点就是儿童中心、活动中心、社会中心,克伯屈依据杜威的理论设计出设计教学法,其优点是重视经验,充分发挥学生的主动性,不足则在于缺乏系统性。

有鉴于此,被称为现代课程论之父的泰勒提出课程是经验的有效组合的命题。怎样才能有效地组织这些教育经验?泰勒原理中将确定目标作为最为关键的一步,他强调要以教育目标为中心来设计、组织课程内容并对课程进行评价,从而判断学生所取得的进步,找出实际结果与课程目标间的差距,并利用这种信息反馈作为修订课程计划或更新课程目标的依据。泰勒理论的优点在于强调课程的基本元素是经验,强调体验在课程教学中的作用,经验、体验都必须来源于生活,显现出其课程论向生活的偏向。泰勒理论的不足在于,如何确定目标的权力在谁手中并未明确,若在教师手中则属于教师中心,若在学生手中则属于学生中心。

1957 年苏联卫星上天后,美国惊呼自己的教育落后了,于是有了布鲁纳在美国的结构主义课程改革,他提出的一个命题是:任何知识都可以适当的结构传授给任何发展阶段的任何儿童。其优点是重视知识的逻辑和次序编排,不足是未注意到学生认知的内在特征,普适性不强,结构主义课程改革在美国很短时间内就失败了。

而中国在较长的时间里还不是一般的知识本位的课程论,而是应试中心的课程论,其特点是唯考是学,不考的就不学。例如高考不考微积分,高中也就不学微积分,对有研究天赋的孩子发展的伤害太大。但美国中学生是要学微积分的,20 多岁就能用它做自己感兴趣的相关研究。

中国固有的知识本位、学科本位意识与时代对人的要求形成了极大的反差。工业经济时代学校教育的中心任务是传授知识,系统的知识几乎成为"课程"的代名词。对于知识而言,人们唯一能够做的事情就是"发现"。对于学校里的学生而言,他们的任务乃是接受、存储前人已经"发现"了的知识。在这种知识观的指导下,学校教育必然会出现书本中心、教师中心、死记硬背的现象。"课程即教学的科目"或"课程是教学内容和进展的总和"成了人们普遍认同的观点。这种课程观最大的弊端是:教师向学生展示的知识世界具有严格的确定性和简约性,与以不确定性和复杂性为特征的学生真实的生活世界毫不匹配,教育、课程远离学生的实际生活。在实践中,与知识、技能的传授无直接关系的校内外活动,往往被看作是额外的负担而遭到排斥。这种知识本位的课程显然是不符合时代需要的。学生掌握知识的过程不能外在于学生的生活过程,实质上也是学生科学精神、创新精神培养的过程。

然而,在强大的应试压力下,中国学校的课程体系对于书本知识的热衷追求使学生的学习负担和厌学情绪不断加重,学生为考试而学、教师为考试而教,很难让学生感到学习是生活的需要而不是额外的负担,造成教育质量和水平的提升步履艰难。

为解决中国的教育问题,陶行知生活教育理论中包含的生活中心的课程论可供参考,他主张生活是教育的中心,也是课程的中心。其基本理念是:(1)教育的内容来源于生活;(2)课程内容必须包括改造生活,必须包含做的要素;(3)反对将"生活即教育"简单化为"生活即课程";(4)每个人都要明确自己的生活主题,根据生活主题有目的、有计划、有系统地确定选择课程内容及其结构。

2000年前后,中国曾启动基础教育课程改革,着眼于从功能、目标、课型、管理方式等方面设置课程,立足于培养学生创新能力,确立三维目标,把原来目标单一(知识与技能)的课堂转变为目标多维(知识与技能、过程与方法、情感态度与价值观)的课堂;开设综合课程和综合实践活动;实行弹性课程管理;选取"一纲多本"的教材政策,结束了"一个大纲、一套教材"的历史,后将"大纲"改回到民国时期使用过的"课程标准";建立了国家、地方、学校三级课程管理政策,开发地方课程。上述改革有助于课程与生活的衔接,但由于实施过程中的走形,并未真正实现充分利用生活的课程改革目标。

教育向以人为本的方向发展,课程依然必须更加生活化。但生活化不等于浅化、泛化、随意化,而是在了解个人潜能基础上,选准生活主题不断深化学习。

(三)在体验基础上嫁接新知

用生活教育需要具体用学生的现实生活去教育,生活是教学的根基,课堂教学作为一种以提升学生的生活质量和生命价值与意义为目的的特殊的生活,需要着眼于学生的生活体验,改善学生当下的生存状态和生活质量。在保障儿童的快乐、幸福、自尊、纯真和活泼的生活权利基础上进行教学。

一切都有自己的根,抓住自己的根上的东西才能持久,只有从根上出发的观念才是真实可靠的,教学的根就是体验。

陶行知有过一个精辟的比喻:"接知如接枝。"他说:"我们必须有从自己的经验发生出来的知识做根,然后别人的相类的经验才能接得上去……我们必须有个人的经验做基础,然后才能了解或运用人类全体的经验。"①为此,课堂教学必须关注学生的直接经验,打通书本与生活之间的界限;关注学生的现实生活,改善他们当下的生存状态和生活质量;建构完满的可能生活,提升学生的生活意义和生命价值。

通常,学生的认识方式主要有两种:一是通过课堂和书本学习人类在长期社会实践活动中积累并整理而成的书本知识,获得间接经验,具有外在性、概括性、抽象性、简约性等特征;二是通过自身的经验、实践活动和自主探究获得直接经验,具有亲历性、情境性、具体性、个体性和缄默性等特征。

中美在教学上的显著差异就是一个要求学生在课堂亦步亦趋地听讲、练习,还有家庭作业;一个让学生放松活动,主动参与,学以致用。这两种不同的教育教学方式,在学生的成长与发展中发挥了截然不同的作用,才造成了两国学生成年后表现的巨大差异。

教学脱离了学生的直接经验和现实生活,学生不仅难以掌握比较全面的知识,充分发展自己的才智,形成良好的品德和完满的人格,也不可能体验、领悟到个体的生活意义和生命价值,更无法保证他们日后能够学会过美好的生活。生活是自在的教育形态,课堂教学是自为的生活形态,课堂教学必须以体验为基础又不等同于一般的生活体验,它是基于历史和现实而指向学生未来的可能生存与发展方式的一种生活。课堂教学必须保持对现实生活的适当超越,为学生建构一种新的更为完满的可能生活服务。

在教学层面的以人为本就是教学要以学生已获得的真实体验为基础,

---

① 陶行知:《陶行知全集》(第2卷),四川教育出版社,1991年,第21~22页。

为他的成长发展服务。在教学中要充分发挥学生的主动性与创造性,改变教学的方式方法,积极创设问题情境,激发学生学习的动机。要转变教育教学观念,确立教要依据学、教为学服务的观念,增加孩子动手操作的机会,强化对孩子学习兴趣的培养,充分发挥学生的特长。

中国传统的课堂教学中大多强调学生的学习应以间接经验为主,其主要任务是掌握人类积累起来的科学文化知识,把学习间接经验看作是学生认识世界的"高速公路"和捷径,使学生与现实生活世界脱离,也丧失了本应由此获得感知世界的能力。即便有时在理念上强调学习间接经验应以学生的直接经验和感性认识为基础,但实际教学中常略去这一环节,或把直接经验放在了从属、次要的地位,把学生限制和束缚在书本中,割裂了书本世界与现实生活世界之间的联系,实行满堂灌,全然不顾学生的直接经验和现实生活世界对于丰富、加深个体的认识乃至促进他们的身心得到充分自由的发展具有重要的价值和作用。

中国现行教学与培养创新人才的迫切需求不相协调的是历来重视知识的传授,想当然地认为书本的价值是高于生活的,书本因其具有规律性、系统性和抽象性,不仅可以使人思维清晰,而且可以使人避免在生活中花更多时间面对种种矛盾、困惑乃至情绪上的种种冲突。忽视了书本将人与现实生活隔离开来,除了给予人符号化的存在外,并没有给予人足够的应付生活的能力,而这一点恰恰要在生活中去寻求。不了解学生的体验基础如何,就让学生背起了越来越多的记载前人积累起来的知识的书本,书包变得越来越沉重,教师和家长则要承受比书包还要沉重的压力。

在这种压力下,直接的危害在于迫使师生将时间和精力都用来应对考试,考试压力挤压了师生进行自主融会的时间、兴趣和空间,被迫"填鸭式"地大量灌输应试知识,使学生从清晨至深夜,成天忙于读书、背书、作业和频繁的考试,不堪重负,无暇去消化知识和加深理解,更无暇去阅读课外书报、去接触社会、去联系实际提高实践能力和独立思考,无法完成新知与自己的体验的活性嫁接。有些学校为了应试甚至规定学生不许看报刊、听广播、看电视、读课外书,只许看与考试有关的书,剥夺了学生体验的机会。长此以往,孩子的想象力、创造性都消失殆尽。

即便在一般的在课堂教学中,直接经验和间接经验、书本世界和生活世界同等重要,不能厚此薄彼。学生的直接经验、生活世界是课堂教学得以进行的根基和源泉,是学生学习活动的起点和基础,是间接经验的"母体",是学习间接经验和书本知识的"消化酶",具有"活化"知识、促进知识转化为能力的作用。课堂教学中贬抑学生的直接经验和现实生活世界的地位与价值,仅仅把直接经验视为掌握间接经验的工具,或者是为学习间接经验服务的,缺少对知识的探究和发现过程的真实体验,那么,学生获得的间接经验和书本知识就只能是一堆"没有活力的死知识",不需要多久就会在考试后遗忘,这样的课堂教学本身也会枯燥无味。

现实中,常见一些家长拼命把孩子送到最好的学校去,这些孩子到了学校以后压力很大,负担很重,自信心强不起来,可能他一生就因此毁了。如果家长或学校能在一定程度上顾及孩子的体验去认识教育,认识孩子的问题,类似的事情就可避免发生。尽可能多地了解或依据学生的体验进行教学,就能尽量让学生轻松一点,真正能学到一点东西,真正有兴趣地去学习,进而让学生的个性能够得到发展。

不给体验的机会,久而久之,学生体验的敏感性就会迟钝,毁灭了人进行创新的兴趣。即便是原先对创新兴趣浓厚的人,经过一次次严酷的淘汰式考试,也会对创新逐渐失去兴趣。爱因斯坦在回顾自己学生时代的经历时谈道:"人们为了考试,不论愿意与否,都得把所有这些废物统统塞进自己的脑袋。这种强制的结果使我如此畏缩不前,以致在我通过最后的考试以后有整整一年对科学问题的任何思考都感到扫兴。"创造能力本质上是兴趣推动和非竞争性的,需要宽松、自由、平等、闲暇的环境,需要花费时间去体验。

不给体验的机会还会导致学生不习惯或完全失去体验的能力。有个实际的例证：一位北方老师到南方学习，接受了些新观念，回来后热血沸腾地采取措施充分表现对学生的尊重。令人尴尬的是，他的新教学方式招致不少学生拒绝，他们说："老师，你在南方受什么刺激啦，这么不正常。""是不是电视台要来采访啊？""老师，不要逗我们玩了，赶快上课吧！""我们英语老师动不动就对我们拳打脚踢，虽然不尊重我们，可我们班的英语成绩是全区第一呀。""老师，我们不需要这样的尊重！只要能让我们的分数考得高高的，就是对我们最大的尊重，不管老师怎么对待我们。"

孩子们已经习惯了不被尊重的现实了，也不想自己去体验了，他们已被驯化，被强制成了一种习惯，一种生活态度，拿他们当"人"反而不自在不习惯不知所措了。这样怎么能造就创新人才啊！

现实中这样的故事天天上演，已司空见惯见怪不怪了。这样的现实强烈地显示着一种稀缺、一种需要，那就是教育缺少民主意识，学生缺少学习主人意识，缺少创新型师生关系，70多年前陶行知提出培养创造性人才的"六大解放"，即解放学生头脑、双手、眼睛、嘴、时间、空间。这种解放只有校长、教师、学生、工友、家长共同努力造成一个民主的学校，才能成为现实。

把学生当人，充满人性尊重和人文关怀；尊重个性是创新的重要前提，个性是一个人在天赋、智慧、能力、兴趣、气质、行为等方面表现出来或潜在的独特性甚至独一无二性；自由精神体现在保护学生心灵自由，倡导宽容，激发创造。

创新的源头在于实践，忽视体验教育的意识和准则长期积累导致教育守成有余，创新不足，若要使每一个受教育者都能充分发挥自身潜能，激发学习成长的主动性，就离不开体验过程。倡导为学生的怀疑、提问、发言、创新营造一个宽松的氛围，真理面前人人平等，抛弃师道尊严的旧传统，开创教育教学民主化的新时代。

体验不能仅仅在狭小的学校校园内获取，所以要利用各种机会拓展学生的生活空间，让学生深入社会、了解社会，尤其是丰富学生的活动，理论联系实践，在活动中丰富和加深体验，激发其内在的创新精神。

三、为生活更好而教育

将教育与教学定位为一个当下的目标是教学论的著作中常见的，也是教学实践中常见的现象。这样的界定本身并没有错，但是不够全面，也不够深远。每一具体的教学行为都应与人生幸福的大目标建立一定的联系，才能切实体现人本教育的精髓。

（一）为学生实现人生使命而教

教育教学行为唯有在对当下所面对的学习者的人生使命明了的情况下才会更为有效。学生的人生使命又不是教育者单方面赋予的或强制给予的，而应是学生基于自身的潜能和对社会需求的认识自主生成的。若教学双方出现对学生使命的认识不一致，则需要通过相互沟通、了解、协商，直至达成共识。

现实中，一种倾向性的认识认为学生的使命就是学会生存，学会生活，就在于使个体社会化。个体一降生到这个世界，他还不能适应这个社会，还不具备在这个社会生活的条件，因而必须使之社会化。陶行知在阐述他的生活教育理论时认为学生是社会的一般个体，"学"的意义是要自己主动去学，不是坐而受教；"生"字的意义是生活或是生存。学生所学的是人生之道。人生之道，有高尚的，有卑下的；有片面的，有全部的；有永久的，有一时的；有精神的，有形式的。求学者需要自主判别以求永久持续的幸福生活。

为了学生实现人生使命，就须养成主人精神。每个人都应是自己的主人、社会的主人、人类的主人、生活的主人。教学要教人学做主人,怎样才能教人学做主人呢? 过主人的生活,就是主人的教育。倘若嘴里读的是主人的书,耳朵听的是主人的话,而所过的是奴隶的生活,则断乎要称他奴隶的教育,或是假的主人教育。没有主人精神,只能浑浑噩噩、之乎者也地度世,使个体成为机器、工具,就谈不上有自己的使命。主人精神不是家长精神,自己做主别人也要能做主,所以这里的主人一定得是民主的主人,人中人的主人。

实现人生使命还需要献身精神。没有献身精神就难以履行使命。有献身精神的教育者才能培养出有献身精神的学生,教育是心心相印的活动,唯独从心里发出来的,才能打到心的深处,教育能否见效最要紧的是肯不肯把整个的身心献给被教育者,"捧着一颗心来,不带半根草去",抱着这种精神去教导学生就会让他们染上献身精神。但教师不应成为教徒式的牺牲者,而应是由其知识修养和道德意识所自觉支配的牺牲精神,是充满乐观的奉献和自主成长,是可得到社会广泛承认的奉献,是为了引发更多的学生具有献身精神。

为了实现人生使命,就需要创业精神。创业精神表现在责任感和专心等创业品质上,各人负起自己的责任,各人有各人的岗位,各人应该站在各人自己的岗位上充分发挥创造才能,知责任,明责任,负责任。创业要与社会改造密切联系起来,要认识到创业和改造社会是一件事,不是两件事,其目标是实现自己心中理想的社会,并能运用困难以发展思想及奋斗精神实现人生使命。

实现人生使命还需要养成协作精神和能力。要在协作中培养协作精神和能力,教学中的协作包括教师之间、教师与学生、与家长、与社会、与各教育部门的通力协作。教育要想真正地打开一条光明的道路就需要学生参与协作,和衷共济,把个人的生命放进事业里去,才能发挥出伟大的力量,以完成这个重要任务。没有组织力、不能谋求充分合作、封闭性、做守知奴都是中国传统教育的通病。教师和学生都绝对不是唱独角戏，而是大家共教共学共做共生活，相互做朋友，要有共和精神。

实现人生使命还需养成服务精神。人生使命不是单极的，而是要形成一个闭合回路，需要在为他人服务的过程中才得以实现。缺少服务精神就只能躲进小楼成一统，就只能是自娱自乐。服务精神并不一定是宏大的实现，更多的可能是具体、微观、亲密的体现。

实现人生使命还需要开拓精神。把人类尚有一个未开拓的领域都当成自己没有尽到责任，要有单枪匹马勇往直前的气概，无论什么都不怕。开拓精神要求尽力减少内耗，把力量都用在开拓事业上。开拓精神要求反对一切因循守旧，社会因循则民气不张，政府因循则国魂不振。

为生活更好的真正第一流人物，要敢探未发明的新理，敢入未开化的边疆。在各个领域，不分高低贵贱，有胆量创造和改进的人都是第一流的人物。教育教学的职责就是培养出更多这样的人物。

（二）为养成个性而教

历史上教育家们就养成个性而教的论述很多，政府官员中也有人认识到这点，1987 年 4 月时任国家教委副主任柳斌在九年义务教育各科教学大纲统稿会上就提出"基础教育不能办成单纯的升学教育，而应当是社会主义的公民教育，是社会主义公民的素质教育"[①]。

在养成个性方面，共识程度比较高的是 1996 年联合国教科文组织国际 21 世纪委员会发布德洛尔报告《学习：内在的财富》所提出的学习"四大支柱"，报告认为：教育仅从数量上去满足那种无止境的"知识和技能"需求，既不可能也不合适。教育的功能是培养人具有适应变革的能力，使之在自己的一生中能够抓住和利用各种机会，去更新深化和进一步充实最初

---

① 柳斌：《柳斌谈素质教育》，北京师范大学出版社，1998 年，第 444 页。

获得的知识。这四个支柱就是学会求知（Learning to know），培养"学会学习"的能力，更多是为了掌握认识的手段，"求知"是人一生中无数次反复、不断完成而又重新开始的过程；学会做事（Learning to do），获得能够应付各种情况的一种能力，注重培养包含劳动技能以外的合作精神、创新精神、冒险精神、交往能力的综合能力；学会共处（Learning to live together），能够应付与他人、与群体、与民族之间出现紧张关系的能力，促进每个人的身心、智力、敏感性、审美意识、个人责任感、精神价值等方面的发展；学会生存或学会做人（Learning to be），充分发展每个人的人格，要求人人都有较强的自立能力和判断能力，并加强人们在实现集体命运过程中的个人责任感。

罗杰斯的研究证明：学生的启蒙不是建立在教学技巧上，也不是在学科内容、课程计划或视听教育的生动表达上，真正有意义的学习是建立在正确的人际关系、态度和素质上。人际关系不仅仅是个人发展的重要方面，而且是衡量个人发展的尺度。学会共处体现在学会平等对话，互相交流，互相尊重。在互相交流和各种"磨合"之中找到新的认同，确立新的共识。

作为参照，不妨看看陶行知在养成个性方面的论述：

一是培养共和的精神和自治的能力。要处理好个体与个体之间的关系，必须要有共和的精神。学生有共和的精神先要使他们有共同的生活，有互助的力量，在共和的生活里培养共和精神。自治的内涵指自己管理自己，有自己立法、执法、司法的意思。自治的目的在于达到更大范围内的社会有序运动。学生自治不是自由行动，乃是共同治理；不是打消规则，乃是大家立法守法；不是放任，不是和社会宣布独立或对立，乃是为了社会更有序地发展服务。学生自治就是共同治理，能促进学生社会经验的发展。

二是法治精神。任何个体都只能是人中之人，不能做人上人，也不应为人下人，要遵守社会法律和规则，让法治成为个体自身的自觉行动，内化到个体内心中去。应树立的观念是:法律之内有自由,道德之内有自由。逾越法律,侵犯道德及其他社会法规则是自由之贼,所以真正的自由是属于全人类的自由,每个个体必须在明确自己的权利和责任、自克自制的同时争取更合理更大的自由。

三是与自然和谐相处的科学精神。以科学的态度和精神对待自然,多发些疑问,多些审思,多些批判,切不可武断盲从。知之则知之,不知则不知。

四是改造社会的委婉精神。改造社会是人类所有个体共同进行的活动,因为极为复杂,切不可过于急进,必须周密考虑,非用委婉的功夫不可。委婉精神的培养需要相当长的时期,其最有效的方法也无非是在改造社会的实际生活中进行培养。

五是应付环境的坚强人格和百折不回的精神。紧要关头,利害相冲之时有"仁者不忧,知者不惑,勇者不惧,达者不恋"和"富贵不能淫,贫贱不能移,威武不能屈,美人不能动"①的气概,以失败挫折为成功之母,屡败屡战。个体百折不回的精神必须建立在个体坚定的信念基础之上。信念不坚定或不科学、不明确的百折不回,只会是顽固不化。

有人比较美国学校与中国学校对学生行为规范的要求,看到美国的规定非常具体,美国孩子9岁之前需要掌握25种基本礼节,如向别人询问事情说请;当接受东西时说谢谢;除非有意外,否则切勿打断他人的交谈,大家谈完话后会注意到你的问题;当你打电话的时候先介绍自己,然后问可不可以跟你通话交谈;他人面前不可以说粗话;等等。中国教育在养成学生品质方面缺的就是具体,一说就是感恩、尊重、礼让等抽象的概念,但是没有具体的行为规范。

---

① 陶行知:《陶行知全集》(第9卷),四川教育出版社,1991年,第717页。

(三)为追求真理做真人而教

社会整体的人本值提高了，人的生活才能更好，对真理越明了生活的品质越高，因此教学和教育始终不能舍弃的目标就是引导学生追求真理做真人。

通常，在学问上不断追求真理的人，也会在人格上不断追求真人；在业务上不断追求创新的人，在为人上就会坚守真诚和纯洁。所以陶行知在临终前告诫他的学生们，人生最大的目的是爱，要"千教万教教人求真，千学万学学做真人"。王国维在《论教育之宗旨》中指出："然有知识而无道德，则无以得一生之福祉，古今中外之哲人，无不以道德为重于知识者。"[①]

为了追求真理，教育的内容就必须是真的，必须有求得一真是一真，拒绝一伪是一伪的精神，不断提高学生对真伪的辨别能力；就必须养成只问真假是非，不计得失利害的人生态度，否则就自然培养出精致的利己主义者。

为了做真人，就必须师生共同拒绝虚伪，说真话而不说假话，做真事而不做假事。

追求真理做真人是人生不断进取的过程，没有止境和尽头，需要通过教育教学养成虚心学习、学而不厌、集思广益的个性，以建立自己的主张。要养成对真的热爱，对假的厌恶，与真接近就快乐，与假为伍就羞耻不安的健全情感。

教师如果天天教的是些假的内容，总是戴着面具和学生说话，要求学生做的自己都不能做到，必然有朝一日感到索然无味，感觉到疲倦。以人教人，真诚坦白，才能有教学之乐而无教学之苦。教师必须不断长进才能教学生，只有不断地追求真理才能避免摧残学生。在教学中，教师应让真

---

① 王国维：《教育之宗旨何在》，《教育世界》1906 年第 56 卷上。

理赤裸裸地出来和学生见面,不要给他穿上天使的衣服,也不要给他戴上魔鬼的面具。教师只能说真话,说假话便是骗子。不仅如此,教师还应驳假话。真理是太阳,歪曲的理论是黑云,教师要有勇气吹散黑云。

追求真理做真人不需要强迫,不只要有教师教,更需要有学生自主地学。教会与学会的不一样,学会与会学不一样。追求真理要使学生走进会学的境地,要在教师引导下让学生自主地去学,快乐地去学,高效地去学。久而久之,就会形成属于学生自己的智力发展和追求真理的自觉自发的体系。

真善美是统一的,真即善,真即美,求真也就要求善、求美,教师要做真善美的人,真善美的传播者,学生在这种环境里熏陶才可能成为追求真理的真人。

追求真理需要养成试验精神、方法和技能,摒弃主观,应遵循科学原则去教人,去学习。真理需要探究,探究离不开试验,仅是晴书本是当不好教师,求不到真理的,仅是凭空想象,或是依照古法,或是效仿他人都是危险的。每个人都须由自己的试验得出一些真理,如果想自立,想进步,想完成自己的责任,就须大胆试验,探究那未发现的新理,不怕辛苦,不怕疲倦,不怕障碍,不怕失败。试验就意味着创造,意味着革新,所以试验精神就是创造精神、革新精神。然而沉重的文化包袱往往会压掉试验精神,现实中的不少人就因此而不去试验,人云亦云。

一个人有了追求真理做真人的态度,就获得了一种力量、一种信念,教育人坚守着教育责任,才能为学生健康成长和幸福人生奠基。人人都坚守追求真理做真人,将会给社会的每个个体发展带来福音。

四、教学的起点与指向

人本教育应本着"教是为了不教"的教育理想,着重培养学生的自主发展能力,这种自主发展能力的养成需要教育方法、路径与个人成长的最佳匹配。达成最佳匹配需要教育者不仅精通教材、研究学生,而且要明白教育内容对教师教和学生学都提出了哪些要求,并在此基础上寻求适合的起点、指向、路径和目标,使教育要求落在学生的最近发展区。教师应在熟稔教材、洞察学生的基础上,积极探寻适合不同学习者的教育方式和途径、促进个体成长的最佳程序。

(一)以真实的初始状态为起点

每个学生都是一个独立的发展的个体,有自己的思想和独特的个性,有特定时段发展的特定状态。教学的着眼点是学生的终身发展,教学的着手处则应该是越具体细微越好,越能准确地了解学生的真实状态越好,如此才能促进学生个性化发展和主动发展,实现生命的个体价值和社会价值。

强调找到学生真实的初始状态是从学生的需求出发,让学生的需要和个性发展得到尽可能满足的理念在教学实践中的落实。这是很难实现的,但是作为人本教育价值取向值得不断追求。因为只有在起点上做到这点,才有可能尽量满足学生成长的需求,实现寻找适合学生教育的目标。

苏联教育学家维果茨基曾提出学生的最近发展区理论,把它界定为介于儿童自己实力所能达到的水平(如学业成就)与经别人给予协助后所可能达到的水平之间的一段差距,他希望教师能够发现学生的最近发展区,然后进行教学。

但在具体的教学实践中,对于某一个儿童或许能够发现他的最近发展区,对于所有儿童而言,这是一件很难的事,况且儿童的发展在很大程度上与他的自主选择相关。所以,面对所有的儿童,教师的教学必须找到所教学生的真实的初始状态,然后立足于学生现有的发展水平,与学生互动,寻找到可能的发展区。

初始状态包括初始时刻的认知、情感、态度等与学习相关的各方面的状态，包括学生的智能、学业成绩，性别、性格，家庭背景、自我认同，缺点、暗点、优点、亮点。特别要注意调整自己的心态和视角做出全方位的观察了解，苏联教育家苏霍姆林斯基主张相信"所有的孩子都无例外地是有天赋的，有才能的。发现、显示、爱惜、培养每个学生的独特的个人才能——意味着把个性提高到人的尊严充分发展的高度"。

了解学生初始状态才能科学、整体设计和安排课程以及各种教育教学活动，并通过组织系列的主题教育活动、社会实践活动、丰富多彩的读书、科技、体育、艺术等活动，使每一个学生在集体活动中都有机会得到不同程度的发展，提高教育教学活动的有效性，保证教育教学节奏与学生发展节律的和谐共振。

在班级授课制建立之后，这一体制的基本假定是一个班级的孩子有共同的起点，教师则以与一个班级的孩子相近的某种程度为起点。实践证明，这种假定操作起来是难以精致的，也就是难以落实到以个体的人为本。

人本教育的教师应树立教学是服务的观念，就好比医生要查清病人的病因、病情才能治疗，人本教育严格地说就是要准确地了解某个学生的现状、志向和目标才能实施教学。而不能只管照自己的想法去教学生，照教材和课程要求去教学生，对学生的才能、兴趣一概不顾，或勉强拿学生来凑他的教法，配他的教材，达到他所设定的评价标准。人本教育中教师的服务精神的根本点是要使学生和教师都处于主动的地位，而非被动的地位。

残害人的创造力的教育，在教学起点上就是模糊的，于是在教学过程中难以顺应孩子的天性，而是抑制着人的个性的发展。长期占据教育主导地位的"填鸭教育"、应试教育基本不考虑学生的起点，所考虑的是考试的要求，教师年复一年地使用相同的教案，送走了一批又一批学生，来不及或不屑于了解学生的起点，成败全在随机生成，很少考虑到每个学生的成功会影响到他的一生，失败也会影响到他的一生。

不顾学生和教材实际，一味照搬名家名师的教学设计同样是忽视学生真实起点的做法。在实际教学中，教师往往把学生看作是弱小的、没有能力的、可以支配的，强调他们没有知识、没有能力、缺乏独立性，忽视了学生内在的积极性、创造性和发展的必然性、可能性。这样的名师实际上难以真正地教好学生。

在教学实践中，真实的初始状态的了解是艰难而又复杂的。其了解的方式不能止于测试，而是需要在互动、活动过程中了解，在了解其连续的过程中定位。能否准确了解真实的初始状态与师生能否在教学交往中建立相互尊重、民主、平等、和谐、真诚的师生关系直接相关，因为唯有在这种氛围中，学生的个性才能自由地袒露。

（二）紧跟成长发展需求

每个人的成长是不断进行的过程，人本教育的教学是紧跟学生成长发展需求而非牵引学生的成长发展。

紧跟学生成长发展需求的教学原理是遵从天性为是原则，这一做法在实践中的两个难点是：首先，教师相对于学生是知识的先知者，让先知者紧跟后知者本身就使人费解，感到困难的是先知的人，但教学的角色定位上是不错的，需要教师付出心血去努力；其次，当下的教学几乎都是事先设置好教学大纲、课程标准、考试要求，它们都未必与学生成长发展需求相符合，这些都是与紧跟学生成长发展需求存在一定矛盾的。

真正的人本教育自然应该以学习者为本，所以美国基础教育的理念主要体现为：为谁而学，自己；育人目标，创造力；课堂：自由发言，纪律—人权；师生关系：好朋友；考试：开卷，一周内交；班级人数：30人，31人就违规；上课：每年1000小时左右，孩子有更多自由安排的时间做自己感兴趣的事；成绩单：隐私，只能自己家长看到；教材：浅，对孩子没有严格要求，注重动手、创新能力；课外生活：自发参与，认为教育即生活。

　　在逻辑上理解紧跟学生成长发展需求就必须明了是学生的天性形成的时间更悠久，还是教学大纲、课程标准、考试要求形成的时间更悠久，究竟要哪个去适应哪个。现实中确实有不少人在这点上存在混乱的认识，解决这个问题不能仅仅靠教师的教学环节，要靠清除计划模式的教学大纲，合理化课程标准、考试要求的设置环节，教学制度设置环节。

　　如果这些矛盾未能解决好，最终的冲突和压力就会在学生身上。2014年中国学生自杀的50％是初中学生，30％是高中学生，而且自杀的学生很多是学习成绩很好的、年级前几名的学生。因为在现在的教育中他们没有感受到乐趣，没有感受到实现他成长的梦想，这是最大的悲哀。①

　　上述事实进一步说明紧跟学生成长发展需求的迫切性，然而，在仅有局部见识和思维的人看来，这样做是有难度且不必要的，只有从整体的人生出发，以几十年中国教育的实际绩效为依据，以社会发展的需求为参照，才能得出紧跟学生成长发展需求是比以主观或貌似客观设置的教学大纲、课程标准、考试要求为依据的教学更优的选择。

　　不少成人担心紧跟学生成长发展需求会走弯路。的确，走弯路是不可避免的，学生思维能力的发展就像婴儿学走路一样，有时还会跌跤，但不能因为会跌跤就不让他走路，经过一个个试错的过程，学生才能获得实质性的成长。不让学生经历这一过程或屏蔽掉学生的这一过程就只能使学生失去实质性成长的机会。学生的每一个错误都意味着成长，都是一次难得的成长机会，教师要有"祝贺失败"的修养。

　　紧跟学生成长发展需求就不能千校一面、千人一面、万教一法，而是要根据具体的学生确定个性化的教学方案，设置满足学生多样化需求的学校课程体制。即便是义务教育阶段的中小学，也要实现从机会供给型到需求

---

　　① 方展画：《学生有受教育权但没有选择权》，引自网页：http://learning.sohu.com/20150402/n410727006.shtml.

供给型的转变,规定课程最多占 60％的份额,依据学生个人兴趣和需求的选择课程至少占 40％。高中阶段选修课程的比例还应进一步扩大。在教学上实现这一转变的同时教学管理和评价也需要同时实现向以学生发展为本的方向转变。

紧跟学生成长发展需求是人本教学的总体原则和趋势,在具体教学中也不排除局部的牵引。在中国已惯于牵引的大环境里讨论这个问题,必然会演进为牵引多少的问题。实际操作的选择唯有尽可能地减少牵引,解放学生,保障学生自主学习和选择的权利。

紧跟学生成长发展需求的教学,其收益还远不止学生在校期间,因为这种教学养成了学生终身自主学习的意识和能力。面对"生有涯,知无涯"的现实,每个人都必须牢固确立终身学习的学习观。无论组织还是个人,坚持学习才能获得相对优势,比竞争对手学得更快、学得更好才能胜任岗位工作。而学习什么则需要每个人自主选择。如果在学生阶段没有获得这些能力,即便考试分数高,走进社会便会显出自己的劣势。

在现实中,学习做人,学习做事,学会创造,都不存在谁可以事先设置的课程标准和考试要求,而是需要每个人依据自己的人生历程不断探索,那些习惯了被设置的人,在失去了设置的情况下就会失去学习的动力和方向,即便再勤于思考、善于积累,也难以学有成效。

简而言之,人本教育的教学原则就是紧跟学生成长发展的需求,尽可能少地对学生进行自作聪明的牵引。

(三)指向创造幸福

教学最终的目标不能仅仅是指向考试,这样考试完了学生就不再有动力学习了。就如同当下不少学生把考进大学当作进了保险箱,当作进入可以休息乃至休养的阶段。教学的终极目标是指向创造幸福,创造自己的幸福,创造他人的幸福,创造自己与他人可以共享的幸福。

教学指向幸福并不意味着将课堂的教学目标定位在斯宾塞所主张的那样"为将来生活做准备"①,让学生为一种虚无缥缈的、虚拟的"成人生活"而付出当下,忽视学生此时此刻的需要与兴趣,让教育成为一种"外烁"的东西。创造幸福完全可以从学生当下的现实生活开始,在课堂教学中体验和享受到自己本来的童年生活和乐趣,始终面向未来,一直创造到未来。在这个过程中必然会遇到挫折,但挫折本身不是创造的产物,而是创造历程所需要路过的景物。人不能脱离环境,学校也不能脱离眼前的生活,其中包括脱离不了眼前生活的艰难和曲折。陶行知正是觉察到这点才提出"从野人生活出发,向极乐世界探寻",这更真实地描述了教学的当下境况。

一个人的生活不可完全限定、不可进行全盘计划,人们应该在自己对生活理解的逐渐积累与反思的基础上来选择属于他自己的真正的人的生活,而不是被别人规定和牵引着走向一种既定的生活模式——规定和强迫之下实际上不存在选择。教育所需要做的是培养未来世界未知环境中的未成人,需要人在未来的未知环境中自主生成。因此,课堂教学不应该也不可能规定学生未来生活的一切,这样才可能真正地创造幸福。当教育用已定的标准来规划和设计课堂教学的时候,往往会抹杀本应属于学生的权利和自由。

改进中国教育的当务之急是优化师生的大脑自由思维。长期以来,中国教育存在着许多严重的弊端,其突出的问题就是师生的大脑自由思维量极低,以致绝大多数师生都处于全控思维或接近于全控思维状态,日夜想的是标准答案。大中小学的教材其主要内容都是在向学生灌输知识,严重忽略了(甚至是有意在排斥、压制)培育学生的自由思维,这就不可避免地造成学生的大脑自由思维量极低,很难提出质疑,也就很难创造。

任何人都不能奢望把一个人未来的快乐和幸福建立在今天的痛苦之

---

① 斯宾塞:《斯宾塞教育论著选》,胡毅,王承绪译,人民教育出版社,1997年,第58~59页。

上，可现实中总有一些人希望用今天的痛苦换来明天的幸福，并把自己现在所做的一切都看成是未来生活的准备，那么他必然会遗忘现在的生活，没有现在的生活，也就难以获得当下现实生活的幸福，甚至从而失去体验幸福的能力，也很难体验到未来生活的幸福，最终只能处于时刻准备着能够幸福，却永远都不幸福的状态，这不是人本教育所希冀的。

尊重、关心学生，给予学生当下生活的快乐和幸福是人本教育的重要准则，这是教会学生尊重别人、学会分享的最为有效的方式；同时需要注意的是，并不由此就放松对学生的规范和要求，而是由此引发学生感到学校生活有自尊而热爱学校和学习。因为每一个学生的每一天的健康成长，每一个学生过好每一天的生活不只单纯需要温柔的赏识，好孩子并非只是夸出来的，也都需要规范、惩戒，需要经历磨砺、耐挫，他一生的幸福也需要规则意识来保障，但不需要棍棒教育。无论是课堂内部还是学校之外，感受到现实生活世界的美好和快乐，都需要规范和秩序，才能在发展中愉快地生活，才能养成对生活的热爱，引导他们积极地创造并享受今日的幸福，才能焕发出力量而成为创造未来幸福的真正的教育。

正如梁漱溟先生所言，教育应该着眼于个人的全部生活而领着他去走人生大道。创造幸福在形而上层面与大道相通，需要人的心灵和谐，灵魂自由，思想独立，活得真实而不虚伪，成败顺逆都泰然处之，坦然应对，才能构造人的内在和谐，做到这点需要终身不辍地修行。人的心灵和谐是与外在的环境、身体的健康与否联系在一起的。良好的师生关系和人际环境，优美的学校环境，都会为心灵之美增添色彩。

创造幸福的教学在关注学生的现实生活、密切联系学生实际生活的同时，还应该引导学生去感悟和追求一种更为完满理想的可能生活，创造更为理想的社会，并把理想生活的要求转化为学生的需要和目标，使他们的发展具有明确的未来定向，从而使现实生活世界和可能的理想生活得到有机的结合与统一。创造幸福的教学就是一个不断地引导学生从现实走向理想的动态生成过程。为了达到这个目标,课堂教学必须增强现实感,培养他们做自己生活主人的主体意识和精神,为他们提供适宜的展现自己天性的生活空间和生活氛围,鼓励他们来自主选择和决定自己的生活方式,引导他们去感受、理解、省察和创造自己的生活,让他们以生活主人的身份创造属于自己的理想社会。

创造幸福的教学最为关键的是保护学生的兴趣和自主性,通过培养学生终身受用的兴趣和主体性品质,避免仅仅为考试升学而学习,鼓励他们的自主选择,倡导他们做自己生活的主人,从而使学生能够对自己的未来生活进行规划、设计和全面负责,使学生有能力不断地超越现实生活世界,不断提升自己的生活质量和生命价值。

第八章　教育当事人：我的教育我做主

　　每个人的教育效果如何最终是由自己决定的，所以无论作为社会存在的教育其存在状态如何，坚守我的教育我做主是一条真正对自己负责的底线。长期以来，教育管理者和教学人员僭越了教育当事人的不少权利，教育当事人的教育权利意识尚未觉醒，也缺乏维护和有效使用自身教育权利的能力，以致培养出大量被动型人格的人。人本教育需要创造或自觉选择自由自主的环境，使自己处于觉醒状态，维护并有效运用自己应有的选择权。需要学会在多样性中选择而非跟随，寻找自己的成长路径，生成自己有效的学习方法，充分利用自己可用的教育资源，找到并拥有自己的灵魂，处理好万物与自我的关系，选择适合自己的方式向着自己的人生目标努力，做最好的自己。

不少人谈到当下的教育，总会数出诸多不是。其实，当下教育的不理想每个当事人都有一份责任。面对问题成堆的教育，家长和学生本人究竟有没有选择？有人把当下的公共教育比作一块覆盖了全国的巨型蛋糕，蛋糕的供方唯独一家，而每一位受教育者只是这块庞大蛋糕上的蚂蚁，甚至连螳螂都算不上，靠蚂蚁改变蛋糕几乎是不可能的，如果不吃这些蛋糕就会被饿死。

　　这个比喻确实在一定程度上说明了一些问题，但即便是蚂蚁，也都是活蚂蚁，只需观察蚂蚁的觅食便不难发现，多少还是有选择空间的。当下的教育也不能说一点选择空间都没有，每个人都要自己想明白，并设法找到哪怕一点点空间，让自己能够相对正常一点地成长。家长至少可以不要把家庭变成应试教育的第二战场，而是变成孩子的避风港，在家里进行与应试有所不同的教育，每天让孩子多玩一小时，多睡一小时，或者干脆选择用脚投票。即便您只有一点点的选择空间，也要充分利用好自主选择的权利，因为你的选择就是在推动整个教育的改进。

　　个人选择对教育改进的作用机制是，在有了哪怕一点点的教育差异和选择空间之后，教育当事人的自主选择便成为改变的源头，这是一股强大而持久的力量，那些不被选择的教育必然会因为没有需求而难以存在。如果教育当事人不加以明辨和选择，陈腐落后的教育则会依然存在，整个教育就不会得到改进。

所以，每个教育当事人都抱持我的教育我做主的态度，对教育加以明辨和选择是教育向人本方向改变最远视，也是最强大、最持久的动力。

一、把本该属于我的权利还给我

当下教育诸多问题，最终都体现在对个体基本权利的僭越，学生身边的成人，包括教师、家长、教育行政人员以管理、评价、教学等各种方式把本该属于学生自己的权利占为己有。改革的关键是学生可以做学习的主人，应该由学生自主来判断怎么学习。从人本教育角度观察，当下中国教育众多的问题，假如能够切实保障教育当事人的学习自主权，中国教育的问题也就解决了一大半。

（一）自由自主才最适合教育

当一个人处在被动的状态下也可以学习，并可能取得一定成效，但肯定不能达到他的天性所赋予的最佳程度，所以教育最佳的环境就是让学习者处于自由自主的状态。

1560 年，瑞士钟表匠布克在游览金字塔时做出石破天惊的推断："金字塔的建造者，绝不会是奴隶，而只能是一批欢快的自由人。"这个与世俗观点不同的推论很长时间都被当作笑料。

然而，400 多年后的 2003 年，埃及最高文物委员会宣布：通过对吉萨附近 600 处墓葬的发掘考证，表明金字塔是由当地具有自由身份的农民和手工业者建造的，而非希罗多德在《历史》中所记载的由 30 万奴隶所建造。

400 多年前钟表匠布克凭什么否定了伟大的希罗多德？何以一眼就

能洞穿金字塔是自由人建造的？布克原是法国的一名天主教信徒，1536年，因反对罗马教廷的刻板教规，锒铛入狱。由于他是一位钟表制作大师，囚禁期间，被安排制作钟表。在那个失去自由的地方，布克发现无论狱方采取什么高压手段，自己无论如何都不能制作出日误差低于1/10秒的钟表；而在入狱之前，在自家的作坊里，布克能轻松制造出日误差低于1/100秒的钟表。

为什么会出现这种情况呢？布克苦苦思索。起先，他以为是制造钟表的环境太差，后来布克越狱逃跑，又过上了自由的生活。在更糟糕的环境里，布克制造钟表的水准，竟然奇迹般地恢复了。此时，布克才发现真正影响钟表准确度的不是环境，而是制作钟表时的心情。因此，布克留下这么两句话："一个钟表匠在不满和愤懑中，要想圆满地完成制作钟表的1200道工序，是不可能的；在对抗和憎恨中，要精确地磨锉出一块钟表所需要的254个零件，更是比登天还难。"

正是基于自己的体验布克才能大胆推断："金字塔这么浩大的工程，被建造得那么精细，各个环节被衔接得那么天衣无缝，建造者必定是一批怀有虔诚之心的自由人。一群有懈怠行为和对抗思想的奴隶，绝不可能让金字塔的巨石之间连一片小小的刀片都插不进去。"

布克成为瑞士钟表业的奠基人与开创者，他的制表理念保持至今：不与那些强制工人工作或克扣工人工资的外国企业联合。他们认为那样的企业永远也造不出瑞士表。其背后折射出一个基本原理：严格监管下，人的智能就难以发挥到极致，也不能指望有奇迹发生，人的能力唯有在身心和谐的自由自主状态下才能发挥到最佳水平。

从管理学上依次发展起来的 X 理论、Y 理论、Z 理论也能看出，若进行简单和初级的技能培训，严格的监管能够提高训练的效率。但教育是一门极其复杂尖端的学问，教育过程也是极为复杂的，以束缚、控制、压制、监管为特征对学生进行大负荷、高速度和快节奏的训练，将每节课都变得很紧张,每次测验都要学生一比高低,用统一的标准要求所有学生,就会严重干扰学生正常的生成过程,破坏人的天性,就没有千姿百态的学生,没有杰出人才,甚至严重到没有正常人才。

自由就是要让人免于恐惧,恐惧会让学生失去生命的安全感,此时学生只有小心翼翼的自我保全,没有活泼的主动发展,在这种环境下出来的学生心灵既不会完整,更不会幸福,还会将平和、充满好奇心的教育禀赋逐渐沦丧。

自主性即在承认个体发展在一定程度上由社会决定的同时,也认可个体有选择其发展的主动权。自主不是自私,自私只能束缚自主性的发挥。自主是自觉地选择自己发展与成长的最佳途径,使之能为社会做出最大的贡献。只有充分认识到自己与社会的最佳匹配的自主才能在社会中得以充分实现。

没有自主性的个体肯定得不到充分的成长和发展。自主性要求个体自己选择目标,选择思维方式和解决问题的途径与方法。个体发展的自主性与社会性是相辅相成的,没有社会性,自主性就缺少基础;没有自主性,社会性就缺乏本源。唯有具有强烈自主性的个体,才能自觉地适应各种情况的变化,自觉地发挥自身积极性和创造性,为社会的发展做出贡献。具有高度自主性的个体,其方向明确,成就感、信任感强烈,并能体察到周围的信任感、温暖感、实惠感、舒服感。否定自主,也就否定了生活的意义,也就谈不上什么有效的教育,不善于自主的个体就不善于发展自己。

适合教育的环境必须是你的心不再被恐惧占领,不再被理想、符号、词语所裹挟,你能舒适地敞开你所有的内心和触觉,直接和自然与社会的肌肤接触、碰撞,闻见世界的味道和气息,触摸到它的质地。你所见的是真实、永恒、不受时间限制、不被障碍遮蔽的东西。你能充分运用自己深刻的洞察力、领悟力,你能坚忍地永远保持你的敏感、审思去面对你的学习内容。

有了自由和自主性,人才能成就其精神气质、文化内涵、内在品格和创造性，没有自主性就无法成就这些。当年把春晖中学办得极有生气的朱光潜、匡互生等人因不满国民党企图将国民党的党部设在春晖中学，愤而辞职，出走上海，创办了自己的学校——上海立达学园。很快，这所充满人文气息又拥有几乎原班春晖优秀教员的学校也成为沪上名校，令海内瞩目。匡互生和朱光潜为这所学校写的办学宣言《立达学园旨趣》散发着一股独立、自由的清新空气，直言："我们坚信人类生而平等，个个人都有享受教育的权利，都应该有机会尽量发展天赋的资能，倘若有人因教育上的缺陷，成为社会进化的障碍，社会自身应负其责。教育是社会的义务，不是社会的恩惠。我们现在也只是本良心主张，履行社会的义务。"面对病根益固的现状"我们决计脱离圈套，另辟新境，自由自在地去实现教育理想"[①]。

唯有自由的人才有感悟的闲暇、创造的快乐。不自由的教育就不会有创造，有了自由的教育才有为自己的创造而感动的机会，才能更深层次感受到自己学习的价值和意义，才能选择自以为更有价值的教育，才会有灵感飞扬、思维穿越、自我实现的愉悦。

现实中教育最缺乏的就是自由，对自由最大的压制就是教训而不是教育，教育当事人需要设法争取自主和自由，摒弃不能使人自由的经验，走出阻碍人找到真正自由的各种局限和模式，以获得对自己的不断认识，从而不断达成对人和世界的不断认识。

教育当事人需要更多地选择主动学习，反对强加于人或被人强加，品味主动学习的愉悦，学会独自一个人行动，自主地控制自己的行为，自动地管理自己的意志，免于不假思索地简单受别人指挥，遇事不必非依赖别人不可，不接受哪怕是教师、长辈不断的干涉、禁止、呵斥、诟骂，不做性格懦弱的可怜虫。

显然，生活在一个沉默、压抑、粗鄙、世故、实用、低俗、竞争激烈、令人

---

① 匡互生，朱光潜：《立达学园旨趣》，《解放日报》，1980 年 12 月 2 日。

焦灼,滋生官僚、腐败,排斥个性的社会里,纯正的教育也会发生折射、污染,不会有多少精神含量,也没有多少创造性,只能加重人的物质与精神负担,压制人性。真正的杰出人才不会在恐惧和束缚中产生。让学生获得自由,免于恐惧才会有真正的教育。

自由对于教育之所以重要,在于她能唤醒一个人自身的优异与卓越,也能让人理性地实现自己最大的可能性,让每个人自主生成而非全方位地强加与灌输,生成的是一个符合其天性的自然人,大大减少了因强迫而发生变异导致危险的可能性。

自由的状态下,教育才可能避免狭隘而成为对心灵的培育,按心灵的本性对其内在能力进行照料和提升。所以,自由是外界应该赋予教育当事人适当的态度和环境,也是教育当事人面对分歧时做出自主判断所需要的前提条件,单纯灌输和标准答案虽然来得迅速,却难以生成人的判断能力,也最容易把人引入狭隘的胡同。因此,自由就是兼容并包,就是心灵开放,就能实现有容乃大,实现一个人的杰出人生。

只有在自由自主的状态下,人心内在的一些品质,比如献身、专注、好奇、沉思、深邃等,才能有效生成并发挥作用,才能洞悉并识别现实世界中的真伪、善恶,才能清除世俗社会中的腐蚀性存在。自由教育是促使大众各方面素养提升所需要凭借的梯子,让更多的人以其自己的方式走向基于社会需求的属于自己的卓越。

自由的教育当然需要民主、平等的人际环境,在古人与今人、不同种族和国别的人之间形成共通感(common sense)和共同价值(common value),能顺利地通过阅读他们的著作与人类高尚、伟大的心灵之间的沟通,倾听最伟大心灵之间的交谈,以人本值约等于1的心态与他们"肩并肩"地平等对话,知悉先贤的卓越和高贵之处,得其德性和幸福的熏陶而又不跪倒在伟人脚下。

自由自主的教育是最适合教育的一种状态,它是微妙的、多样的、困难的,甚至是没有成法和规范的,它不存在预设的完全真理,需要每个人自主探索;它对普通的人来说显示出努力的方向,但它又是现实中可以实现的,最有可能把每个人推向杰出的教育。

自由和自主才能使人意识到心灵的尊严的同时意识到人的尊严的基础以及世界的善,让人回到人类精神的发源地去思考在当今或当下难以圆满解释的内容。自由教育本身是一次勇敢的冒险,要求教育当事人抛弃廉价的现成标准,冲破前人设置的知识结构,冲破喧嚣、浮躁、利益,从庸俗中得到解放。自由教育将让人历险后奔向美好。

(二)觉醒的孩子成长得最好

不同的人经受不同的教育可能得到不同的成长,相对而言,只有那些确实被唤醒了的孩子,或已经处于觉醒状态的孩子才能得到最好的成长。现实中常见到的是"被动成长"和"成功压抑"的人。

人的觉醒需要身体的发育和生命成长作为前提,需要一定的知性作为基础,需要悟性作为支撑,需要志性作为导向,唤醒则主要是唤醒人的生命内力,唤醒人的悟性和志性。人的这种力量一旦被唤醒,小则可以获得学业事业的迅猛长进,大则可能志比天高、悟彻大道、力大无限,就能改天换地、无坚不摧、势不可挡。

人的一生强大与否、成功与否、幸福与否、快乐与否,不取决于他的肢体力量,也不主要取决于他的知识多少,而主要取决于他的生命内力是否被唤醒。生命内力是人所能张阔的最强大无比的力量,生命内力被唤醒的人会利用自己掌握的知识、技能、人际关系以及其他东西作工具实现自己的人生目标,而没有觉醒的人只会以追求知识、掌握技术,甚至沦落到追求考分、上名校、出国留学加工资、评职称、争课题、评奖作目标,并在这个方向上越走越远,不知所向。

曾经有一位教师,与学生斗智斗勇了大半年,总是严格要求,指出他们这样和那样的缺点,用严厉的口气震慑他们,关心他们的吃喝拉撒睡,让他们改掉拖沓懒散的坏毛病,让他们热爱学习,让他们变得有礼貌、懂事、上进,殚精竭虑,寝食不安。可事实是班级表面平静如一潭死水,实则波涛汹涌,宿舍里以强凌弱却没有人敢对这位教师讲,闹到家长之间发起责难才被教师知晓。教师才发现自己暴雨下的秧苗不若细雨无声滋润下的茁壮,自己是紧张的,学生是放松的;自己是批评的,学生是抗拒的;自己是强制的,学生是散漫的。

当孩子自己还没有觉醒的时候,常有一些教师或家长赶着孩子上路,结局往往事与愿违。在孩子没有"睡"好的时候,被别人强硬叫醒,不只是双方都感觉到难受,接下来的行程也会因为孩子未必真醒了而迷迷糊糊。初始条件弄错了,就好比人生扣错第一粒扣子,将留下接二连三的不赶趟。

一个人觉醒的最佳方式是自然醒,这种自然醒就如同种子发芽需要阳光、水分,每个人的天性是他的种子,自然醒需要社会、文化和人际间的影响,需要教育的春风吹拂,需要爱的孵化。

然而,这些都是外部条件,觉醒归根结底是每个人自己的事,需要自己以及自己生命的节奏,积极感知外在的各种存在,让自己的生命在反思、觉悟、蜕变中成长,获得更多的能量,让这些能量为我所用,催发自己醒来。觉醒以后所具有的强大力量足以引导人到达人生的彼岸,上什么学,学什么专业,到哪里去上学,受什么教育都是可以迎刃而解的问题。

一般十三四岁的孩子正处在自然觉醒阶段。觉醒之后,每个人才有相对充分的条件为自己的成长发展做主,才会意识到自己的成长发展不是别人的事,需要自己选择路径和目标,才不会懈怠,才会有持续的动力。

教师、家长以及相关当事人对孩子而言,最为关键的是在适当的时候以恰当的方式唤醒孩子,遗憾的是很多父母和教师恰恰忽视了这件最该做到的大事,在孩子还处在"昏睡"状态下,在孩子生命内力没唤醒的状态下就给他施压、折腾、逼迫、严格管理,家长、教师与孩子陷入双累、互恨、互不买账的僵局，其结果只能是残害孩子。

从原理上说，每个人都有自己的生命内力，每个人都会觉醒；但从人生的终点看，总是有不少人一辈子也未觉醒，他的生命内力一辈子也未得到有效发挥。有种子没发芽，主要原因当然在外部环境，包括一个人的人生际遇、家庭、学校等多重因素，或者归结为缺少恰当的唤醒者。

当然，人所受的一切教育都是在激活和唤醒人体内的巨大能量。没有唤醒就既有外部的原因，也有一个人内在的原因，唤醒者与被唤者存在时间机遇或内容、方向等各方面的不匹配。在一个相对宽松的环境里要比在一个相对压抑的环境里更容易唤醒，在一个压力适中的环境里要比在一个完全没有压力或压力过大的环境里更容易唤醒，在一个与自己的兴趣相吻合的环境里比在一个与自己的兴趣不吻合的环境里更容易唤醒，由此可见唤醒是一切教育活动中难度最大的部分。

人们常犯的错误就是把每天完成作业、考上好学校、找到好工作、获得上司的表扬、得到眼前的好处、获得官位和权力这样的小目标当成了大事，而没有觉悟到通过教育寻找机会唤醒孩子。孩子所取得的成绩不是觉醒的结果，而是他的体力加脑力简单结合的结果，这样的力量能够取得短期的效果，却难以维持人生持续的成长，这条费劲的路并不能走多远。在没有觉醒的状态，再大的勤奋努力也都难以充分发挥人的天性内力所能发挥的巨大作用，最多只会有较好的人生结局，而不会有绝妙的人生结局。

中国古人有大成与小成之说，如果只想追求些名和利的小成，靠自己的体力、脑力、关系、机遇就足够了；若想充分发挥自己的天性，强大自己的内心，有幸福感、有满足感、有成就感、有自由、有尊严，这种大成则需要自己充分的觉醒，充分地激发自己的生命力，这样大成的人可能默默无闻，不在名利场上张扬，不为了身外之物放弃自主自由，但可以问心无愧地对自己说一生幸福无憾。

当一个人觉醒了，就能感到自身的强大、安全、自信、幸福、自由，做事有超出一般的自觉,他的成长道路也会有波折,但总体上肯定比其他孩子简单得多,轻松得多,快乐得多,容易得多,一生有使不完的巨大力量,不用成人过多的监督陪护,他自然会在自己感兴趣的领域一环扣着一环地探索新知,提出新的问题,这个过程就是他的自然成长过程。

当一个人没有唤醒的时候,一定要逼着他做这做那,就有可能制造内心的痛苦,阻碍一个人真正的觉醒。即便一个孩子有某方面的天赋,若采取不当的强制教育,则可能因为阻碍他的觉醒而导致这种天赋无法有效发展起来。

简言之,教育是点燃而非灌输、管束,每个人都要明智地拒绝灌输,充分利用外在的文化和教育环境,寻找适当的时机自主自觉地觉醒,再用觉醒后的巨大力量为动力,用觉醒后的清晰见识为导向,驶上属于自己的人生轨道。

(三)维护自己应有的选择权

每个人生来就拥有自己天赋的权利,在成长过程中,幼年人的选择权常常为成年人所僭越。所以在成长过程中,孩子逐渐生成自己的权利意识后,就应该设法维护自己的选择权。

儿童在成长过程中,他的独立自主性决定着他可适度行使作为主人应有的选择权利。儿童逐步离开父母的保护,逐渐摆脱父母的控制,不断丰富自己的内心世界,拓展独立自由的空间,孩子自立性的不断发展,自尊心、荣誉感、成就欲的萌芽和逐渐增强,意味着孩子行使主人权利的能力在不断提高。

在这个过程中,家庭成年成员和学校教师需要尊重儿童,将孩子作为家庭和学校中平等的一员,使孩子的主动积极性得到充分发挥,尤其是在学习方面,尊重他作为学习主人的权利;另一方面,儿童也须本着人本值约等于1的原则尊重他人,不能凌驾于他人之上,不能以"小皇帝"自居,这是维护好自己选择权的前提条件。

维护自己的权利不等于不需要别人帮助，因为幼年人的能力和知识都处在不成熟阶段，成年人在儿童自己的事情上对他们给予鼓励、尊重和支持，对于儿童自我人格的确立和判断、选择能力的开发都非常必要。这种帮助的主要特征是定位于提供各种可能性的参考，最终的决策和决定须由孩子自己做出。

成年人也需要站在孩子的立场换位思考他们的感受，主动了解孩子们对父母有些什么期望和意见，不要自认为是权威和尊严的象征，是规则的当然制定者。孩子要维护自己的权利，就避免不了向父母和老师说"不"，孩子是有权利说"不"的，当孩子内心确实认为是"不"的时候，就应让他直白地说出来。能够说"不"和敢于说"不"，不仅是一个人独立、尊严和自信的体现，更是一种在各种社会活动中不可缺少的能力。孩子也应该勇敢而坦率地说"不"来维护自己的权利，同时注意这种说"不"不是习惯性的逆反，而是依据自己的天性和理性做出的判断。

"听话"是中国传统文化里好孩子的标准，听话的孩子就会得到好处，听话就可能需要放弃自己的权利，就可能对父母、老师的教诲、训导和要求只能说"是"，不能说"不"；只能遵从，不能拒绝和反对。如果有不同或是反对的意见，不管你说的是什么事，也不管意见对不对，没说之前就先已经错了，这种文化常使儿童不得不陷入放弃自己权利的陷阱。

由此可见，依据人本值约等于 1 的原则，建设家长、教师和孩子之间人格平等的关系，哪一方都不要高高在上，也不必匍匐在地，不存在上面和下面，也不会因为说"不"就轻者责骂、打屁股、不给吃饭，重者轰出家门、开除出校。

维护自己的权利的价值不仅仅在于权利，还在于养成自己的独立人格。在轻视孩子合法权益的事例仍屡见不鲜的当下，需要在《儿童权利公约》以及相关的法律框架里依法保障学习者的权利，包括保护未成年人的隐私,保护孩子自主学习的基本权利。

在教学中一个典型的例子是:

> 某校在晨间活动推广"绳操",还准备参加当地组织的比赛,所以
> 要求全体同学都参加。7点50分,广播里就响起了欢快的音乐,学生
> 们条件反射性地赶紧收拾好自己的东西,等待着老师的一声令下准备
> 到户外做操。这是多数学生非常喜欢的活动,却也有几个小男孩不喜
> 欢,但碍于大部分同学拿到绳子后都快乐地玩了起来,又不好意思说
> 自己不喜欢,仅是扭捏着不愿拿绳子。待老师心平气和地问:"你看,
> 别的小朋友跳得多好呀,这也是本领呢! 你们为什么就不学学呢?"他
> 们才说:"我不会跳绳!""我怕女孩子要笑话我。"

> 接下来教师有两种不同的处置:

> 第一种是:不行,为了班级和学校的荣誉,所有人都必须参加,你
> 们几个不能例外。

> 第二种是:大家玩得可开心呢! 你们还想用这绳子怎么玩法? 于
> 是有学生说:我们可以用它来拔河! 我们还可以玩"马拉车"。老师用
> 赞许的口气说:"你们可真会想,让我也和你们一起玩吧?"于是他们到
> 一个空旷的地方开始了愉快的游戏。

上述两种不同的处理体现出对儿童权利的不同态度,教育家蒙台梭利
强调"给予儿童自由的选择权"。每个人心里都应该明白,勇敢地做出自己
的选择可能要担风险,遇到困难,但以这种方式学习效果比被动学习好上
百倍。

有了自由的选择权,首先要依据自己的兴趣学习,始终保持好奇心,始
终保持激情,学习最有成就感的内容;要充分利用好自己的自控力,把自主
与自控很好地结合起来,珍惜宽松的环境;有效利用自己的体验,建立自信
心,发展坚毅等意志品质。对自己选定的长期目标保持持续的激情和坚守。

二、选择适合自己的方式做最好的自己

中国教育长期习惯"齐步走"，走得人们都不知道自己该如何独自去走路了，不会一个人依据自己的兴趣自主地迈开步子；近一二十年又以同一个起跑线为标准，让不少人产生"起跑线上的恐慌"，所有的人都想挤进同一个跑道赛跑。赢在起跑线上的说法只在短跑竞赛中成立，人生是一辈子的长跑，起势凶猛，后劲必然不足，赢在终点才是真赢。让刚入学的小学生突然间承受了极大的压力，这样的"赢法"逼得越来越多的学生厌学。遵从人的成长发展规律，齐步走和所有人在一条跑道上跑步的方式都不对，"散步"才是治愈中国诸多教育病的良方。因为散步是自由、自主地随意走，每人确定自己的目标，不按规定的路线和路程，自己选择时机和路程长短，这样每个人才能成长为最好的自己。

（一）学会在多样性中选择而非跟随

中国教育当下需要的正是每个人的自主，每个人迈出自己的脚步，以自己适合的速度、方式，朝着自己认定的方向、目标，用自己的头脑思考如何走，才能从根子上解决教育的各种问题。

然而，现实中遇到的问题是，由于习惯了模仿，千人一面，不少人在面对多项选择的时候，反倒不知所措。英国著名学者李约瑟在研究中国科学史后曾提出"李约瑟之问"：为什么中国的科技在唐宋时代就已领先西方，却在明清时代落后下来。主要原因就在于政府对思想的禁锢，导致人们都不能思想，时间一长就不会思想，进而认为思想就会招惹灾祸，也就不思想了，长期大面积的不思想就会引发这个社会中人的创造力退步。

正因为此，全球市场大到家用电器、小到服装玩具都销售"中国制造"的产品，但大都是"贴牌"产品，中国企业赚到的只是一点点加工费，绝大部

分利润被品牌拥有者赚走。中国儿童喜欢看动漫，大量看的却是日本和美国的动漫作品，中国人天性中的创造力远未充分发展起来。

谁偷走了中国人的创造力？这个偷窃者不是别人，正是不思想的教育观念下的教育行为，以及在这种教育观念影响下产生或选择的教育体制、教育方式、教育内容和教育评价。中国人天赋的创造力被中国教育方式扼杀了。

扼杀的方式就是从孩子一出生就必须顺从和跟随，只能遵从和信从，不能拒绝、怀疑和反对。如果有什么不同意见，不管你有没有道理，就会想法整治你。进到学校里更是不断用标准答案训练你，选班干部、评好学生，都拿听老师的话做最起码的条件，否则，老师那里绝对通不过。作为生活在这种环境下的人，你不能改变这些的时候，你至少可以选择远离，选择不为那些诱惑所诱，而是通过自己的创造获得更多。

家长要求孩子听话出于让孩子学会自我保护的生存术，出于趋利避害的现实；社会管理者，则是出于社会安定，政权稳固；教育受这种影响而试图满足社会的要求，便不断要求学生符合单一标准的要求，于是十数年下来，一个个先天差异巨大的个体，都被驯养成标准件。当你作为家长的时候，你也可以做出自己的选择，至少是可以不让你的孩子遵守这些毁损人的创造力的规则。

学会在多样性中选择首先需要有看到多样性的能力，一个人要善于借助他人和外物发现自己，你可以从同学身上，从老师那里，从书本上，网络上，到处寻找自己，发现自己。一个人需要有怀疑精神和实证精神，能够面对现实不断提出问题。跟随和顺从则会多变成一，最终走向常规、习惯、多数人遵奉的习俗；质疑则会使一变成多，进而探求出能够经受更多怀疑、更多考验的原则，最终不断地趋向真理。

创造和创新就是摆脱传统观念的束缚，敢于对权威、对传统理论、对已有的结论、定论和规范进行质疑，从而生成问题意识与批判思维，对人们习惯的事物说"不"是一切创新、创造活动的前提。这种能力是在教育过程中不断养护好自己先天的求异思维而形成的,需要始终保持一种健康的怀疑态度;如果在受教育的过程中不断寻找标准答案,尤其是在幼儿园、小学和中学这段思维形成的关键时期不断进行这样的训练,结局就只能是没有创造力,再想改变已是极其困难了。

通常,由于不同人学习目标的多面性、学习内容的多样性和学习者的个性差异,学习就是多样性的,不存在两个人完全相同的学习,当你的学习与他人不同时,那是正常的;若是完全相同,就应该警惕自己是否已落入简单的接受性学习,缺少自主学习、合作学习、探索学习这三种学习方式。有利于人成长发展的方式是确立学习方式多样性的观念,并依据发展目标、学习内容和你自己的特点,灵活地选择适宜的学习方式进行学习。

有效的学习是符合学习者个性的主体性建构,要求学习者能动、积极、自主地支配和调控自己学习的过程,利用学习资源。被动的学习常因为目的不明确,即便被学校或其他人测试出学习成绩,对学习主体成长而言也未必是有效的。

简言之,对自己的成长和发展做多样性预期,才有可能打开适合自己成长的门径。卓越的人可以不受眼前干扰,始终保持自己的最高方向和最佳状态,平庸常是被眼前功利浮华淹没。

(二)寻找自己的成长路径

每个人的成长都是一个多维高阶方程,由多重因素以复杂的组合方式决定其程序。打开适合自己成长的门径之后,还需要找到自己与他人不同的成长路径。

每个人的成长路径是自己的先天禀赋与现实的人际关系的多因多果的机遇性组合。从这个意义上讲,每个人的成长路径都不是一条确定不变、看得清晰的现成路径,而是一个个每个环节都需要探索和选择的迷宫。

但是人们在寻找的时候还是有规律可循的。

首先，当然是可以从自己的祖先那里获得信息。从遗传特征上看，每个人的天赋与自己父辈、祖辈、祖祖辈的同质性远远高于其他人，他们怎样成长发展，他们在哪方面有超群的优势，他们的人生经历对你的成长发展具有极高的参考价值。同时，从文化角度考虑，对祖辈业绩的景仰本身就是一股强大的动力，也是每个人未来生活的引导，在人的成长发展过程中，随着年岁的增长，你会越来越清晰地找到自己与祖辈相对于某个轴的对称。只是这个方面的搜寻是复杂并且微妙的，工作量也很大，不同人只能依据自己所能获得的信息加以不同程度的参考。

其次，当然是依据自己的生活经历，依据自己的体验验证自己的优势潜能在哪个方向，找到特定时间段自己最有可能的突破点，生成真正属于自己的志向。从孩提时代开始就不要去简单模仿任何人，永远依据自己的内心体验和对外在世界的判断做出自己的选择，杜绝依赖某个人或者某个观念做出自己的人生抉择，不要受短期利益的诱惑，不要为权势左右，不要为他人的言辞绑架。正如意大利诗人但丁在他的代表作《神曲》中所言："走自己的路，让别人说去吧。"

再次，就是敏锐地感知社会需求，找到自己的天性与社会需求之间的最大切面，那里有你宽广的成长路径。这条路径常常表现为你发现社会中存在某一重大问题，你最有可能去解决它，你能敏锐地注意到与此相关的一切内容，你一直在兴致极高地学习与此相关的内容，保持永不停息的探索的心态，能从观察、挣扎、快乐与痛苦中学习，这就是适合你的成长路径。

当然，在你的成长过程中，你会发现自己的同路人，他们将成为你探寻属于自己的人生路径的重要参考。你可以通过和他们的切磋、探讨、对话、组成团队等各种方式为自己的人生路径进行更为精确的定位、校正，你会因此大大增加独辟蹊径的可能，走出与前人不同的路径，站到巨人的肩上，到达前人尚未到达的境地。

理论上说，人的成长路径没有终点，它不受人的学历阶段、职业状态、生活际遇的影响。现实中，不少人在成长途中就停歇下来，如果你意识到自己走到终点，也就不会再成长。所以每个人都应当永远处在发问之中，做一个真理的探询者、社会的改造者，努力寻找事情的真相，努力寻找推动社会改造的支点，这样你就会永远处在成长发展之中。

人的成长还在一定程度上由于意识到自己还是不完美的，并知道自己哪里不完美，然后努力使自己完美，不断地累积，不断地丰富，永远处在变化之中，永远在成长之中。认识到你的局限，也就是你的成长发展。

如果你自以为你已经很完美，那么表明需要成长的你已经死了；如果你认为自己的人生大方向不错，一直在发现与了解，不急于寻找终点，只问攀登不问高，你就会发现前路遥远，这才是属于你的人生路径。

常言道，路在脚下，意味着你需要开步行走；需要强调的是，适合自己的路在自己的脑子中，需要不断思考，边走边思考，边走边选择，定时记录、总结、反思、提升自己的行动轨迹，用反思积累智慧，用智慧拓宽自己的成长之路，用智慧延伸自己的成长路径到达新的纵深。

（三）生成自己有效的学习方法

学习方法很多，当下介绍学习方法的文献可谓浩繁，关键是哪些是对自己有效的，怎样把它们变成真正属于自己的，每个人都应有自己独特的学习方法，获得它的方式只有一种，就是在学习过程中自主生成。

不同的人用相同的方法学习不一定会有相同的学习结果。这表明学习方法是有个性化特征的。实际上不同人之间学习效果存在巨大差别的重要原因也就在于它的方法是否得当，或者说在多大程度上形成了适合自己有效的学习方法。对于那些有杰出成就的人，还不仅仅是有适合他的学习方法，他们大多形成了自己使用起来特别有效的学习方法体系。

方法体系无疑是多种方法的组合，比如有人将符号性学习活动（如听讲、阅读、书面作业等以文字符号作为对象和媒介）、感知性学习活动（如观察、参观、调查等对实际事物及其模型、形象的感知）、动作性学习活动（如实验、实习、制作、游戏、音乐、绘画、舞蹈、体育活动等对实际事物的操作或身体器官动作）、交往性学习活动（如对话、交流、讨论等）等不同类型的学习交叉进行，收效高于单一方式的学习，如何组合对不同的人又有时间长短、先后次序、成分比例等方面的差异。

组合的学习方法形成学习方法策略，它是"学习者在学习活动中有效学习的程序、规则、方法、技巧及调控方式。它既可以是内隐的规则系统，也可以是外显的操作程序与步骤"①。通常可以用多种不同的学习方法或策略去实现学习目的。

生成属于自己的学习方法的现实路径就是在学习的过程中，注意对自己使用各种方法进行分析、比较、鉴别，然后不断选优汰劣。在这个过程中也可对别人的学习方法加以观摩，以丰富自己的方法种类，扩大自己的优选空间，即便是未必适合你的方法也可以通过"互补"来自我调节，使自己的智能得到更好的发挥。

通常学习方法单项使用时具有较多的普适特征，比如记忆需要及时复习，使用编码的方法能记住较多的内容，这些对较多的人都适用；越是对方法进行组合，其适用性越低，个性化程度越高，而进行复杂高效的学习则需要对方法进行组合，如何组合就需要每个人细心摸索，很难有通用的法则。

依据现有研究，个人的智力、性格、气质都会对一个人的工作和学习方法适应有着微妙的内在联系。古代教育家孔子就注意到这点，总结出"求也退，故进之；由也兼人，故退之"。对性格软弱的多鼓励鞭策，对好强过人的让他注意谦逊和忍让。选取哪种方法还在一定程度上与学习内容相关，与所学内容相对于你的学习难度相关，与你学习这一内容的目的如何相

---

① 刘电芝：《学习策略研究》，人民教育出版社，1993年，第3页。

关，还与你的年龄特征相关。不区分学习内容、学习目标及相关情况而机械地套用某一方法也是不恰当的，效果未必好。

形成自己独特有效的学习方法是与一个人的成长同步的，所以不要寄希望于短期内一下子形成自己的方法体系，而是需要像建罗马城那样日积月累，当一部分方法能够熟练使用后再寻找新的有效方法，当相对较简单的方法体系能够熟练使用后再建更为复杂的方法体系，这样有效的方法能够助你更好地成长，你在成长的同时又积累了适合自己的独特学习方法体系。

总之，适合自己的学习方法才是最好的方法。有自己的一套行之有效的学习方法，设计好学习的方法策略是成长为最好的自己的必备条件。

(四)向着自己的人生目标前进

人生目标是人成长的方向，新生活从选定目标开始，你选择什么样的目标就会有什么样的人生。

要成为最好的自己就需要明确自己是什么，从哪里来，现在哪里，去哪里。然而，确定人生目标又不是一件简单的事，不少人偶尔似乎有明确的目标，但却没有终身的恒定目标；有些人似乎目标明晰，却不知自己所追求的目标原来是虚无缥缈的一场空；有些人确定了如何升官发财揽权，到晚年方知自己原来追求的目标效价不高；还有些人确定目标后却由于找不到自己可行的路径，最终无法实现而不得不放弃。

坊间流传，威斯敏斯特大教堂地下室的墓碑林中一块十分普通的墓碑改变了曼德拉的人生，其碑文如下：

> 当我年轻的时候，我的想象力从没有受过限制，我梦想改变这个世界。当我成熟以后，我发现我不能改变这个世界，我将目光缩短了些，决定改变我的国家。当我进入暮年以后，我发现我不能够改变我的国家，我的最后愿望仅仅是改变一下我的家庭。但是，这也不可能。

当我现在躺在床上，行将就木时，我突然意识到：如果一开始我仅仅去改变自己，然后作为一个榜样，我可能改变我的家庭；在家人的帮助和鼓励下，我可能为国家做一些事情。然后，谁知道呢？我甚至可能改变这个世界！

不论这段碑文真假，它所阐明的人生目标定位的逻辑是有参考价值的，中国古人也有"行有不得，反求诸己"的说法。人类在经历了长期向外发力的过程之后，转身改变自己就是人本教育的一项重要职能，唯有改变人类自身，才能提升人的素养，人类才能可持续生存与发展。对于个人而言，也是如此，只有找到自己可用并有效的支点，才能瞄准自己的人生目标。

中国古人确立人生目标的基本原则是"士志于道，明道济世"，简言之就是寻求真理，再用真理解决社会问题，在这个方向上去确定自己的人生目标。儿时的梦想，现实中遇到某个急需解决的问题都是确立人生目标的源头或素材。

有研究者统计人类大约只有3%的人能设定自己的人生目标，这也就是有成就者总是极少数的根本原因。而对不同人群的研究又表明，不同人群有明确人生目标的人数比例相差巨大，说明是否设定了明确的人生目标是当事人主观确定的，只要你有意愿，你就可以设定自己的人生目标。

设定明确的目标是所有成就的生长点。历史上有所成就的人，几乎都是将全副精力指向于自己设定的目标。有了目标内心的力量才会找到释放的方向，茫无目标的飘荡终归会迷路。研究也表明，不同人的人生目标明晰程度以及与自身条件相符程度是不一样的，最终成就较高的是那些几十年都不改变自己的人生目标的人，他们始终朝着同一个方向不懈努力，几乎都成为社会各界白手创业者、行业领袖、社会精英。

那些有短期目标的人也能生活在社会的中上阶层，他们的短期目标不断被达成，生活品质稳定上升，他们成为各行各业中的专业人士，如医生、律师、工程师、高级主管等。那些目标模糊的人生活在社会的中下阶层，他们有安稳的生活与工作，却没有什么特别的成绩；没有目标的人几乎都属社会的最底层，生活过得很不如意，常常失业，需要社会救济，并且常常抱怨他人，抱怨社会。

这样说并不意味着人们在确立自己人生目标时可以漫天要价，越高越好，而是要在依据自己意愿的同时，还要依据自己的兴趣和实力来决定，并可以随着自己的实力的变化而变化，无须过高，也不能过低。

确立目标比较谨慎可行的做法是，在起点的时候把目标放低一些。实现一个目标后再在不断超越自己设定的目标中前进。若一开始目标设定太高自己总达不到就会失去前进的动力，半途而废，背负过大的压力，损伤自信心。在实现一个阶段的人生目标之后，才会展开你新的视野，用这种积极的心态去努力，就可以在不断超越目标的过程中体会成功的喜悦，人生的路就会越走越宽。

一个人一旦定下自己的人生目标，就需要竭尽全力去实现。最不完善的行动也要比束之高阁的最好目标强上百倍。即便是不大的目标，不行动就永远不会实现；即便相对较高远的目标，投入兴趣与热情坚持去做，终会梦想变成现实。现实中比较常见的是总有人不知天高地厚地确立了宏伟目标，却找不到实现目标的方向和现实路径；没有做事之前信誓旦旦，但是一到事情真正做起来就只有三分钟热度。

实现自己的人生目标首先就需要找对方向，传说在撒哈拉沙漠中有一个小村庄，村里的人没有一个走出过大漠，他们尝试过很多次都没能走出去。待到一个外地人到了那儿，听说了这件事后不解，他决心带两名村民做一次试验，他们从该村向着北斗星的方向一直向北走，结果三天半就走出了沙漠。原来该村村民之所以走不出大漠，是因为他们根本就不辨方向。这位外地人告诉村里的一位青年，要想走出大漠，只要白天休息，夜晚朝着北面那颗亮星星走就能走出大漠。

实现人生目标还可以将远期目标分解为近期或阶段目标,将大目标依逻辑条理和可实现顺序分解成小目标,逐一实现;对分解的目标还可以从目标的作用、功能、价值、意义、主次关系等方面考虑删繁就简,主攻选择核心目标,并从失败中获得教训,从成功中获得经验,从创新中获得灵感。

需要注意的是,任何目标都不意味着人生的终点,不要认为只要实现目标就万事大吉,忽略了人生还会生成新的目标。在向自己人生目标前进的途中,你没有终点,因为你的最终目标应瞄准创造人类的幸福,有做不完的事。

三、充分利用教育资源成长自我

当你为自己的教育做主的时候,一定要明了自己不是孤家寡人。只要你细心,就会发现身边有不少可用的资源,其中一些是政府应尽的责任,另一些是父母及其他人早就为你准备好的,还有一些是你付出后的回报。你能管理、利用好这些资源,就能更好地成长发展。

(一)丢失了自己的成长怎么办

有一则关于成长的寓言,说的是一棵苹果树开始结果了,第一年结了10个苹果,9个被拿走,自己得到1个。对此,苹果树愤愤不平,于是自断经脉,拒绝成长。第二年结了5个苹果,4个被拿走,自己得到1个。"哈哈,去年我得到了10%,今年得到20%!翻了一番。"苹果树心理平衡了。

苹果树还可以这样想:继续成长。譬如,第二年,它结了100个苹果,被拿走90个,自己得到10个。很可能它被拿走99个,自己得到1个。但没关系,它还可以继续成长,第三年结1000个苹果……

其实,得到多少果子不是最重要的。最重要的是,苹果树在成长!等苹果树长成大树的时候,那些曾阻碍它成长的力量都会微弱到可以忽略。

不要太在乎果子，成长是最重要的。

现实中不少人就是过于在意自己做了多少成绩、结了多少果子、得到多少果子而丢失了自己的成长。每个人在成长中遇到的阻力、挫折、冷眼、排挤、算计都不会少，能否因此就放弃自己的成长呢？你能否因此愤怒、懊恼、牢骚满腹，就决定不再努力，得过且过呢？待到暮年回首，发现成长不再，曾经的激情和才华不再，你能得到什么呢？当然不能这样，在人生中无论你失去什么，都不能失去成长，因为丢失成长就意味着丢失了自己获得一切的本金和进行各种改变的可能。

丢失成长的另一种形式是总与别人相比而丢失有自己特点的成长，丢失与自己天赋相匹配的成长，原本自己的成长比较缓慢，却硬要和别人成长得一样快；自己成长的路径不同于其他人，却硬要跟在别人后面，或者是与别人挤在一起，或者是与别人赛跑、赌气，这样都可能丢失自己的成长。

每个人都需要对自己负责，一方面做事积极主动；另一方面做了错事不怪别人，自己承担责任。自己需要管理自己的行为、态度和情绪，不用别人说也会去做正确的事情，没有人在看与有人在看表现是一致的。

常见的诱使人丢失自己成长的诱因有：一是名，为名所囿。为了面子，诸如博士、教授、院士、典范、榜样、人才，优秀、杰出、著名之类的头衔都可能让一个人丢失自己的成长。二是利，为利所困。诸如各种酬劳、福利、奖励、工资、饭碗等，都可能成为限制一个人依据他的天性成长的因素。众多的人在未获得稳定的工作和工资福利前是不断成长的，或许其成长的动力就是要端上铁饭碗，一旦他获得稳定的工作，有的甚至仅仅是考上了大学就丢失了自己的成长，这些人的成长时间只占他一生的四分之一，当然不可能充分。你的成长永远比拿多少钱重要，为利所困放弃成长显然得不偿失。三是权，为权所羁。有了一个权位，就一切围绕着保住权位、保住乌纱帽，向赋权者弯腰，位子决定脑子，从而丢失自己的成长。

当一个人在某一段时间丢失自己的成长之后，当然可以再次回归，前提是需要坚强的意志，需要彻悟，需要抵制得住名、利、权的诱惑，需要独立人格，需要用自己的头脑思考，用自己的脚跟站立，用自己的眼睛看清事实和方向，看到生命是一次历程，是一个整体，不能认为自己已经成长过了，现在该到结果子或摘果子的时候了；不能太过于在乎一时的得失，而忘记了成长才是最重要的。

德国哲学家雅斯贝尔斯有言，如果人被迫只顾眼前的目标，他就没有时间去展望整个的生命。只有那些终身不放弃自己的成长的人，才有可能最充分地发挥他的天性，最充分地体现人本。

（二）找到并拥有自己的灵魂

一个人成长为最好的自己就应有属于自己的灵魂，这样才能体现人的最高属性是完整的。现实社会中不少人恰恰处于丢心失魂的状态。不少人把教育之事看得重于教育之人，心灵被边缘化。"心不在焉"状态使教育蜕变为简单的训练，把天性禀赋的人训练成为失去人的灵性的一般动物，其发展的外在动力绑架内在动力，这成为影响人身心健全发展的关键性障碍。

人的生活可以分作三个层次：一是物质生活，解决人的生物性生长和安身立命问题；二是精神生活，解决人的智力发展和心理归属问题；三是灵魂生活，解决人的心灵寄托问题。由于生活的艰难，不少人用过多的精力去解决自己的购房和衣食问题、职业和饭碗问题，投入精神生活和灵魂生活的时间与精力过少，以致很多人不知道自己的心安在何处，灵魂如何安放。

人的成长就是一个多层结构，不只是纺一条线，也不是织一张网，更不是编"美德袋"，做"知识框"，更为重要的是要陶冶一颗健全的心灵。教育原本不仅是灌输知识，更在于涵养个性，确立志向，产生信仰，怀抱理想，生成自由思想，培养独立精神，增强合作意识，追求真理做真人；教育原本在于提升个人涵养,启发自觉性,焕发创造力,养成合格公民,而非仅仅为地位、职业、文凭、学位、报酬、奖励的兑换券;教育原本在于人的成长发展,是社会追求公正、公平、平等、自由、民主的手段,而非直接的政治原则、政绩筹码、经济指标,更非商业机构或行政机构的复制品和附属品。

图 8-1 是根据中国传统文化里有关心灵的文献归纳出的健全心灵结构图示。

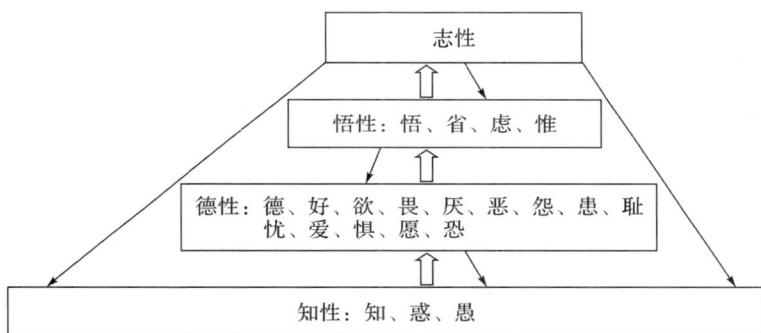

图 8-1　健全心灵结构

心灵健全的人需要有信仰、责任、良知。

信仰给予人终极的价值、终极的目标、终极的追求、终极的寄托、终极的关怀,人有了信仰才会真幸福,就有巨大的精神动力,具有普通人难以具有的心态和毅力去对待生活和人生。没有信仰就缺少自我约束,就没有精神支柱,就会在社会行为中意志行事,忽视道德和真理,忽视公平和正义,做人没底线。

长期以来,社会上乃至教育领域以功利的眼光忽视信仰教育,或以强迫的手段进行单一的信仰教育,造成绝大多数人自觉自主的信仰并未真正确立,用虚假的信仰作为获得晋升的入门券,导致说假话的风气流行,不诚实的品行生成。导致人的精神空虚,没有罪恶感,遇到矛盾分歧时,便显出人性中的残忍和冷漠,衍生出一系列社会问题。

作为社会成员应该诚信并具有责任感,对国家和社会承担责任和义务,然而现实中太多的人不了解自己有哪些权利、哪些责任。简单将责任和义务等同于服从,甚至将服从等同于爱国,反而将独立思考的人当作不爱国的"卖国贼"。认为自己只需对自己的家庭和亲属关心,遇到问题采取情感为主、理性不足的双重标准,对非直接相关人所遇到的困难和遭受的苦难漠不关心。或者认为自己没有获得应有的权利,于是就放弃本应承担的责任。

致良知是王阳明时代的追求,不少人只将它当作书斋的讨论,并不能切实履行,没有善待自己、善待他人、善待自然、敬重生命。现代意义的良知还包括科学素养,主要是科学与理性思维,勇气、胆量、正直和诚实的品性。而现实中不少人过于依赖运气或身边的权势,不愿探求规律并一步步付出努力;缺乏冒险精神,不想经历风险寻求完善内心和改善自己生活的机会。还有不少人体面和尊敬的体验不足,不懂得如何为了个人和社会的福祉去进行富有成效的生活,"面子"重于"里子"的心理阻碍着人接受真理并尝试富有意义、有尊严的生活,没有勇气追求自己认为正确的事情,缺少从错误中筛选正确事物的能力。

在法治社会,良知还包括人的法治观念。100多年前商务印书馆出版的《共和国教科书》中就有《公民须知》一册,可谓是中国法治教育进课堂、进教材的肇始,后来由于整个社会法治进程遭遇挫折,导致中国法治教育长期未得到深入有效实行,中国人的思维、习惯都和法治存在较大距离,人情高于法律,导致徇私枉法、贪赃受贿、法律不公正现象较多。

人与其他动物的最本质性的差别就在于人性,人性又集中体现在灵性,教育需要保护并增长人的灵性,以便更好地去探求真理,提高生活品质,追求更多人共享的幸福。找到并拥有自己的灵魂才能不迷失人生方向。

(三)万物为我所用

一个人的成长在很大程度上是怎么处理好"物"与"我"的关系。"物"

与"我"两分的人，为物所役的人都不是人本发展。万物为我所用是人本发展中物我的基本定位。

人类生命的诞生就是物质结构的不断发展变化的结果，这种发展变化又导致了物我的不断觉醒，这种觉醒最终导致了物我分离，产生了人类的"生物我"。生物我的思维水平大大超过了原始的物我，有了人的生物本能。

从猿发展到人，可以直接操作的工具的出现是个重要的媒介，使人的神经细胞或大脑进一步发展，也增大了物我的距离，人的成长发展从而更多地依赖于后天的学习，大脑可在一定范围超越基因的控制进行思维，进入到"本我"的范围，有更为丰富的自我意识。

正常人的思维都受到他的基因控制，即便是极为杰出的人能够超越基因控制的思维也仅能占到他思维总量的 5% 左右，而那些思维能力有限或缺乏洞察力、理解力的人大多是因为他的思维能够超越基因控制的部分比别人更少，只能进行常规的有限直观思维。

在人的可以超越基因控制的那部分思维中，又有一部分受到他所生活的文化的控制。人们通常只记住那些他感兴趣的事情，甚至只能够看到他想看到的事物，或者只愿意理解他喜欢看到的事物，形成思维定式或成见、偏见、熟视无睹、见怪不怪，其实都是他的思维直接或间接地受到文化的操纵，能够超脱出自己文化进行思维是极其困难的，这样的人又是极少的，扣除可超脱基因的思维中被文化所控制的部分，一个人的自由思维空间所剩无几。

所以，当一个人能够尽可能减少自己思维中的文化控制，尽可能扩大自己思维中超越基因控制的部分（十分有限），就能更深刻地彻悟自己和人生。如果一个人能够自由地控制自己超越基因控制部分的思维，随时调节基因控制思维与非基因控制思维，调节大脑细胞自由地但又服从自己意愿地进行思维，他便达到了一种处理物我关系的最高的境界。这种人的洞察力特别高，理解力特别强，大彻大悟，得道开悟，达到物我同一重构宇宙的地步。

现实中，为物所役是常见的现象，有这样一则寓言：一位喜静的老人家很讨厌一群孩子在自己家门前嬉闹，他一开始劝他们走就是无效，后来他想了个办法，第一天说你们在这里玩很热闹，为了表示感谢每人给25美分。第二天孩子们再来时老人又给了每个孩子15美分。他解释说，自己没有收入，只能少给一些，孩子仍然兴高采烈。第三天老人只给了每个孩子5美分，孩子们勃然大怒，"一天才5美分，再也不会为你玩了！"这里的关键是孩子究竟是为谁玩，是"为自己快乐而玩"还是"为得到美分而玩"。

不少人习惯把自己的成长或工作与外部的物质联系起来，使自己的行为被外部因素所左右，甚至成为它的奴役，不少人的成长就是被自己的工资、奖金等各种各样的外部因素限制，以致位子决定脑袋，或嘴巴决定脑袋，限制、定型了自己的成长，或导致不能成长。

在万物中确立自己的主动地位成为能否利用万物的先决条件，可现实中不少人为了养家糊口，需要一份稳定的工作，被迫将外部评价当作参考坐标，就很容易偏离自己的内部期望，久而久之，你就忘记了自己，做什么都很在乎外部的评价，养成为物所役的习惯，并失去成长的快乐。

做到万物为我所用而非所有，还需要建立起自己的内部评价体系，明了哲人所言"古之学者为己，今之学者为人"的内涵，让学习、工作和成长都变成自己的，而非为了别人。

做到万物为我所用就不要把知识放进大脑储藏，而是转化为自己的行动；放进大脑里多年以后依旧是个藏品，还会陈旧遗忘；而转化为行动就会产生新价值，还会不断更新。没有身体力行，知识就只是知识，并没有化成你自己的生命体验，也就没有真正为你所用。有点知识就立即在自己的生命中去施行，知识就变成了你的生命的一部分，就可以帮助自己，并帮助很多人。

无论你遇到千难万险，最重要的力量永远在你自己的身上，任何外在的炫目存在，都远不如你自己身上已有的力量重要。因为用你的力量和智慧可以巧妙组合外部的事物，形成适合你使用的力量。

犹太哲学家马丁·布伯说：你必须自己开始。假如你自己不以积极的爱去深入生存，假如你不以自己的方式去为自己揭示生存的意义，那么对你来说，生存就将依然是没有意义的。

万物为我所用并不需要万物为我所有，在相当多的时候只需要共用、共享或分享，为而不有。如果你想万物为你所有，最终可能会转化为你为万物所累，甚至被万物压死，此时你依然不能健全成长。就如同土壤生长了禾苗，禾苗并不需要拥有土壤，而是禾苗生于土壤，终将归于土壤，人生原本也是来也赤裸裸，去也赤裸裸。因此只有在明确了自己的目标之后，再确定你需要用什么，对于不需要用的就舍得放弃。

人的成长发展受生命的限制，但任何人的成长发展又都是没有止境的，每个人需要建立一个自我完善的机制，这个机制就是你的成长—反馈系统，就是将你成长一段时间的结果反馈到你的大脑中，包括正反馈和负反馈，来修正你今后的成长。正反馈就是使你的某一特性得到加强和激励。负反馈就是使你的某一特性得到减弱或消除，如受到惩罚、批评等。

所有的反馈都需要经过你的大脑进行深入分析，而不是机械地处理信息，要根据你的志向及对人生根本问题的深度认识对各种反馈进行筛选，分析不透或分析不当就会让你再次面临为物所役还是驾驭万物的十字路口。没有反馈，你将会成为孤立封闭的人，得不到完善的发展；有了反馈而不能恰当使用，也可以使你变得庸俗、市侩、圆滑，失去创造力，同流合污，失去应有的个性，同样难以成为健康的人，更不要说成就最好的自己。

陶行知曾说,"出世便是启蒙,进棺材才算毕业",人的一生都需要不断学习,不断怀疑,探索发现,敢于坚持,执着追求,特立独行。没有自由的灵魂就没有真正的创造,要汲取世间万物的营养,才有可能发展成为最好的自己。

中国乃至人类教育的未来最终是由每个教育当事人能做出怎样明智的选择决定的。

主要参考文献

[1]S. E. 佛罗斯特. 西方教育的历史和哲学基础[M]. 吴元训,等,译. 北京:华夏出版社,1987.

[2]陈启天. 中国教育政策[J]. 中华教育界,1929,16(3).

[3]程介明. 中国大陆教育实况[M]. 台北:台湾"商务印书馆",1993.

[4]储朝晖. 中国教育六十年纪事与启思(上、下)[M]. 太原:山西教育出版社,2013.

[5]戴晓霞. 两岸大学教育学术研讨会论文集[C]. 厦门:厦门大学出版社,1998.

[6]杜威. 杜威教育论著选[M]. 赵祥麟,王承绪,编译. 上海:华东师范大学出版社,1981.

[7]福禄培尔. 人的教育[M]. 孙祖复,译. 北京:人民教育出版社,1991.

[8]高长舒. 湖北教育 50 年[M]. 武汉:湖北教育出版社,1999.

[9]古楳. 中国之乡村教育运动[J]. 教育研究(中央大学教科所编),1928(6).

[10]管子. 管子[M]. 上海:商务印书馆,1936.

[11]国家教育委员会计划建设司. 中国教育统计年鉴 1988[M]. 北京:北

京工业大学出版社,1989.

[12]何昌东.中华人民共和国重要教育文献 1949—1975,1976—1990[M].
海口:海南出版社,1998.

[13]亨瑞克.学习瑞吉欧方法的第一步[M].李季湄,译.北京:北京师范大
学出版社,2002.

[14]胡启立.《中共中央关于教育体制改革的决定》出台前后[J].炎黄春
秋,2008(12).

[15]胡卫清.近代中国教育民族主义的畸变[J].历史教学,2001(7).

[16]黄济,王策三.现代教育论[M].北京:人民教育出版社,1996.

[17]黄崴.主体性教育论[M].贵阳:贵州人民出版社,1997.

[18]金耀基.中国的现代转向[M].香港:牛津大学出版社(中国有限公
司),2004.

[19]瞿葆奎.教育基本理论之研究 1978—1995[M].福州:福建教育出版
社,1998.

[20]孔多塞.人类精神进步史表纲要[M].何兆武,何冰,译.北京:生活·
读书·新知三联书店,1998.

[21]礼记·学记.礼记·大学.

[22]李忠东.记住,你的参与能改变一切[J].检察风云,2014(2).

[23]刘电芝.学习策略研究[M].北京:人民教育出版社,1993.

[24]刘克选,方明东.北大与清华:上 [M].北京:国家行政学院出版
社,1998.

[25]柳斌.柳斌谈素质教育[M].北京:北京师范大学出版社,1998.

[26]卢梭.爱弥儿[M].李平沤,译.北京:商务印书馆,1978.

[27]论语.

[28]马斯洛.人性能达到的境界[M].林方,译.昆明:云南人民出版
社,1987.

［29］马延奇.现代大学制度与高等教育评估制度创新［J］.江苏高教,2008(1).

［30］毛泽东.毛泽东书信选集［M］.北京：人民出版社,1983.

［31］毛泽东.毛泽东同志论教育工作［M］.北京：人民教育出版社,1992.

［32］蒙台梭利.童年的秘密［M］.冯荣根,译.北京：人民教育出版社,1990.

［33］千年生态系统评估(MA)国际合作项目组.生态系统与人类福祉：评估框架［M］.张永民,译.北京：中国环境出版社,2006.

［34］上海交通大学党委办公室.上海交通大学管理改革初探［M］.上海：上海交通大学出版社,1984.

［35］沈百福,杨治平.居民教育支出与公共教育支出的国际比较［J］.教育理论与实践,2013(19).

［36］斯宾塞.斯宾塞教育论著选［M］.胡毅,王承绪,译.北京：人民教育出版社,1997.

［37］宋荐戈.荐戈文存［M］.北京：中国国际文艺出版社,2006.

［38］陶行知.陶行知全集：第1卷,第2卷,第3卷,第4卷,第9卷［M］.成都：四川教育出版社,1991.

［39］涂尔干.教育思想的演进［M］.李康,译.上海：上海人民出版社,2003.

［40］王国维.教育之宗旨何在［J］.教育世界,1906(56)上.

［41］威尔·杜兰特,阿里尔·杜兰特.历史的教训［M］.倪玉平,张闰,译.北京：中国方正出版社,2015.

［42］雅斯贝斯.雅斯贝斯哲学自传［M］.王立权,译.上海：上海译文出版社,1989.

［43］姚春艳,张勇.新型教育评价技术破解教育评价改革难题［J］.考试(理论实践),2014(3).

［44］余家菊.国家主义下之教育行政［J］.中华教育界,1928,15(1).

［45］喻岳青.政府对高等教育宏观管理的职能调控与服务［J］.辽宁高等教育研究,1995(6).

［46］张天宝.主体性教育［M］.北京:教育科学出版社,1999.

［47］中国留学发展报告(2014)［M］.北京:社会科学文献出版社,2014.

［48］中华人民共和国教育部.共和国教育 50 年［M］.北京:北京师范大学出版社,1999.

［49］中央教育科学研究所.中华人民共和国教育大事记(1949—1982)［M］.北京:教育科学出版社,1983.

［50］朱小蔓,刘贵华.功能·环境·制度——基于生态理念的现代学校制度建设［J］.华东师范大学学报(教育科学版),2006(2).

［51］Thomas A Metzger & Ramon H Myers. *Two Societies in Opposition*：*The Republic of China and the People's Republic of China after Forty Years* ［M］. Stanford：Hoover Institution Press,1991.

［52］Herbert Courthope Bowen. *Froebel and Education by Self-Activity* ［M］. Charleston，South Carolina：Nabu Press,2009.

后　记

　　2014 年年初,接到此前未曾有任何联系的中国(海南)改革发展研究院的杨女士的电话,邀我参加"大国大转型——中国经济转型与创新发展丛书"中教育专题一书的撰写,由于当时手边还堆积着《20 世纪中国教育家画传》续编 4 本书的主编和《叶企孙画传》的撰写,一套早期教育丛书的主编和《亲子成长游戏》的撰写,《中国现代教育社团史》8 本书的主编和《中国现代教育社团发展史论》的撰写,自感应接不暇;由于视网膜脱落已经做过手术的眼睛也吃不消,我当时就推辞了。

　　不料一个多月后,她再次找到我,说是经过反复筛选,还是觉得我写这本书比较合适,在几次电话交流后感到越来越难以推辞了。于是只能依据本丛书的主题,根据本人 30 多年实地调查和专业研究的判断,撇开当下对教育众说纷纭的迷雾,确定将教育由国家主义转向以人为本作为中国社会转型所面临的最为重大的教育变革,并以此作为本书的主题。事实上,这才是中国转型时期教育转变的最重大、最本质的主题,包括慕课、互联网＋等都仅是工具和环境的变化,或仅是成为这一转变媒介,远远不能与人本教育转型相比。

经过近一年的构思、查找资料、撰稿，总算在规定的时间内完稿了。但不满意处依然太多，由于各种因素的限制，不少表达总感到不够充分、准确，或词不达意。由于时间限制，本书从内容上说也仅是选择中国教育最为重要的问题进行了破题，要实现这一转变还有很多深层和细致的问题甚至是一个问题体系需要探讨，在一些关键问题上很难知无不言，这是本书所不能实现的目标。但愿本书能够起到为众人标示的作用，吸引更多的教育当事人更加明晰地关注到当下教育变革真正关键的问题所在，不要走偏；分辨出这才是推进中国教育进步的中流，不要滞迟盘桓于支流。

本书写作过程中得到中国（海南）改革发展研究院、浙江大学出版社的鼎力支持，责任编辑吴伟伟做了大量细致的工作，由于本人一向反对多人拼接的写作方式，这就使整个写作过程十分紧张，爱人胡翠红帮助做了不少资料搜集和录入的工作，在此一并致以诚挚谢意！

本书不当之处，请各位读者不吝指正，直接发到本人邮箱：chu.zhaohui@163.com，致谢在先。

储朝晖

2015 年 8 月